AF551890

Mit dem Wohnmobil durch ÖSTERREICH

Vor allem in den Sommermonaten punktet der beliebte Attersee im Salzkammergut mit einer Fülle an Freizeitmöglichkeiten: segeln, schwimmen, wandern ... und das alles vor grandiosem Panorama.

Mitten durch die eindrucksvollen Lechtaler Alpen führt der nördlichste Gebirgspass über das Hahntennjoch auf 1894 Meter. Die Serpentinen sind zwar für so manches Gefährt eine kleine sportliche Herausforderung, die Aussicht belohnt jedoch für alle Mühen.

Mit dem Wohnmobil durch Österreich

Wie wäre es mit einem aussichtsreichen Stellplatz an einer Hochalpenstraße? Oder mit einem Campingdomizil auf einem Weingut mitten zwischen idyllischen Weinbergen? Österreich steht nicht nur für majestätische Gebirgsregionen, türkise Badeseen, gemütliche Heurigen und kulinarische Genüsse – es zählt auch zu den attraktivsten Reisezielen für Campingfreunde.

Dieses Buch vereint die 13 schönsten Wohnmobilrouten durch die Alpenrepublik. Die Zugspitzregion, Silvretta, Dachstein und Hohe Tauern sind ebenso dabei, wie die wunderbaren Naturseen des Salzkammerguts und Kärnten. Innsbruck, Salzburg und Linz entzücken mit Architektur, die eine reiche Historie widerspiegelt. In besonderem Maße gilt dies für die Hauptstadt Wien, die bequem von dem in diesem Buch vorgestellten Campingplatz aus zu erkunden ist. Auch die Städte südlich des Alpenhauptkamms, etwa Klagenfurt oder Graz, lohnen einen Besuch. Abstecher führen nach Südtirol und Slowenien. Eine Runde um den Neusiedler See bezieht das ungarische Südufer ein, die Fahrt entlang der Donau startet in Deutschland, in der alten Bischofsstadt Passau. Spektakulär wird es, wenn man mit dem Wohnmobil einen der zahlreichen Gebirgspässe überquert, dann locken grandiose Blicke auf gletscherbedeckte Berge und Felsen. Und wer es ruhig mag, wählt eine der wenig befahrenen Nebenstrecken im Burgenland oder der Steiermark. Sie winden sich über sanfte Hügel und folgen idyllischen Tälern zu pittoresken Orten.

Egal, wo es Sie hinverschlägt, wir wünschen eine gute Reise!

INHALT

132

Den **Soundtrack** zum Buch gibt es bei Spotify unter »Mit dem Wohnmobil durch Österreich«. Einfach über die Spotify-App scannen und genießen ...

Die Landschaft ist »leiwand«,
die Leute zum »abbusseln«,
und das ganze Land?
»Geh Oida!«

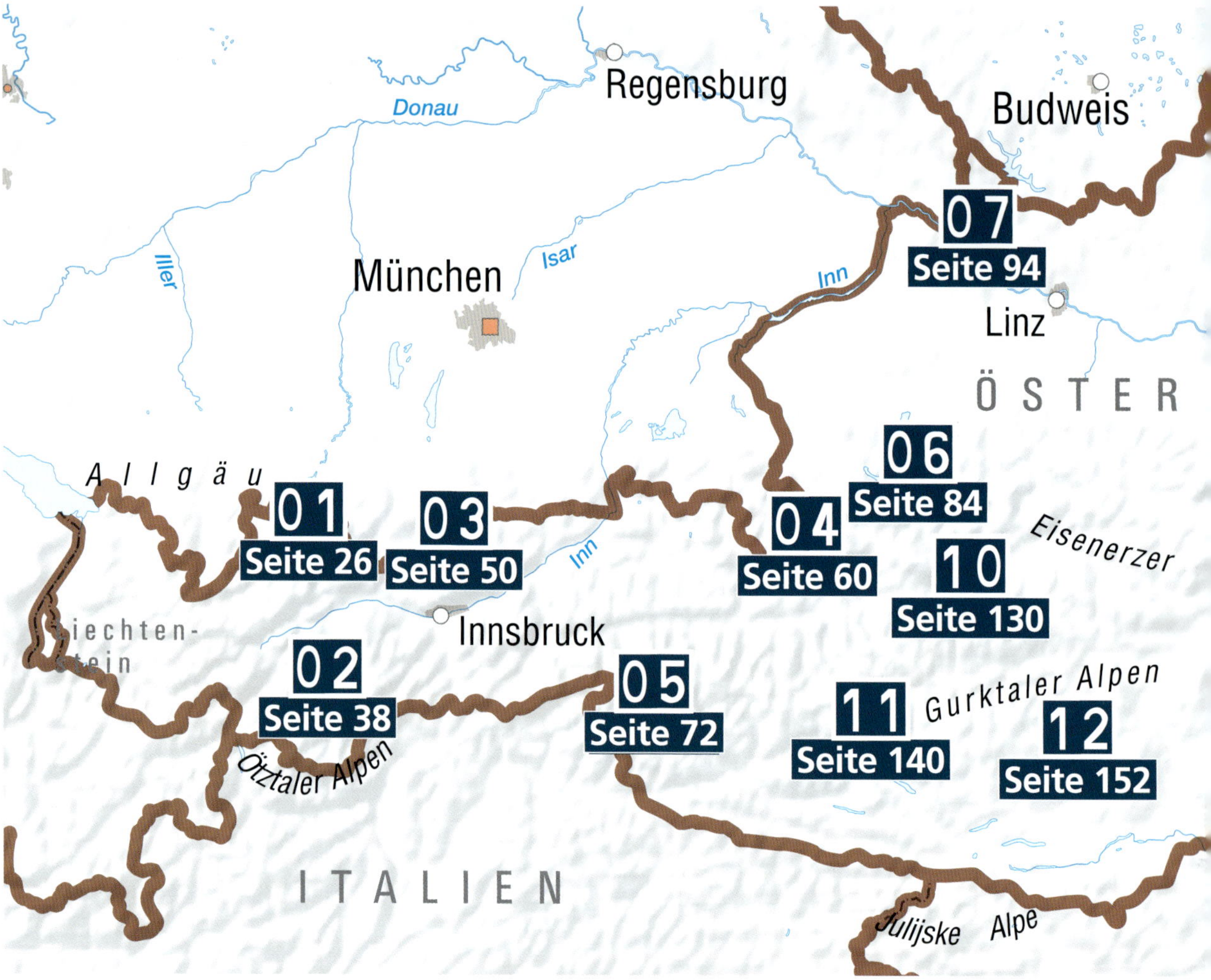

Regensburg
Budweis
Donau
München
Isar
Iller
Inn
Linz
ÖSTER
Allgäu

01 Seite 26
02 Seite 38
03 Seite 50
04 Seite 60
05 Seite 72
06 Seite 84
07 Seite 94
10 Seite 130
11 Seite 140
12 Seite 152

Eisenerzer
Liechten-stein
Innsbruck
Ötztaler Alpen
Gurktaler Alpen
ITALIEN
Julijske Alpe

ZEICHENERKLÄRUNG FÜR DIE ROUTENKARTEN

	Verlauf der Route	05	Sehenswerter / beschriebener Stopp auf der Route
	Autobahn (im Bau)	45 A6 M2 A1 A6 4	Autobahn-Nr.
	4- oder mehrspurige Schnellstraße (im Bau)	E54	Europastraßen-Nr.
	Fernstraße/Nationalstraße (im Bau)	471 203 N79 31	Bundes-, Nationalstraßen-Nr.
	Wichtige Hauptstraße (im Bau)		Sonstige Anschlussstelle
	Hauptstraße (im Bau)		Pass
	Nebenstraße mit Mautstelle		Für Wohnwagen ungeeignet
	Fernstraße im Tunnel		Für Wohnwagen gesperrt
16 %	Straße gesperrt / Steigung		Internationaler Flughafen
	Ferienstraße		Nationaler Flughafen
	Stell- und Campingplatz		Regionaler Flughafen

BESONDERE SEHENSWÜRDIGKEITEN

- UNESCO-Weltnaturerbe
- Gebirgslandschaft
- Felslandschaft
- Schlucht/Canyon
- Gletscher
- Höhle
- Wasserfall/Stromschnelle
- Seenlandschaft
- Nationalpark (Landschaft)
- Nationalpark (Flora)
- Nationalpark (Fauna)
- Biosphärenreservat
- Naturpark
- Botanischer Garten
- Depression
- Quelle
- Arena/Stadion
- Rennstrecke
- Skigebiet
- Badeort
- Freizeitbad
- Mineralbad/Therme
- Freizeitpark
- Spielcasino
- Aussichtspunkt
- Wandern/Wandergebiet
- Berg- Wanderhütte/Alm
- Bergbahn
- Schutzhütte
- Klettergebiet
- Autoroute
- Bahnstrecke

- UNESCO-Weltkulturerbe
- Vor- und Frühgeschichte
- Römische Antike
- Keltische Geschichte
- Kirche allgemein
- Christliches Kloster
- Romanische Kirche
- Gotische Kirche
- Barocke Kirche
- Kulturlandschaft
- Historisches Stadtbild
- Burg/Festung/Wehranlage
- Burgruine
- Palast/Schloss
- Technisches/industrielles Monument
- Spiegel- und Radioteleskop
- Staumauer
- Bergwerk geschlossen
- Herausragende Brücke
- Grabmal
- Denkmal
- Mahnmal
- Sehenswerter Turm
- Herausragendes Gebäude
- Freilichtmuseum
- Museum
- Olympische Spiele
- Theater
- renaissance Kirche
- Naturvölker
- sehenswerter Leuchtturm

PACKLISTE

An dieser Stelle eine ebenso detaillierte wie umfangreiche Packliste abzudrucken würde den Rahmen dieses Buches sprengen. Hilfreich sein kann es in jedem Fall, sich auch ein paar Kategorien zu überlegen, damit das Ganze übersichtlich(er) bleibt. Dazu hier ein paar Beispiele:

- **Dokumente und Finanzen** Ausweispapiere, Bargeld und Kreditkarten, Notfallnummern, Versicherung ...
- **Elektronik** Fotoausrüstung, Handy, Ladegeräte ...
- **Essen und Trinken** Aufstriche/Marmeladen, Gewürze, trockene/haltbare Lebensmittel (Nudeln, Reis) ...
- **Gesundheit** Vom Erste-Hilfe-Set über Mullbinden und Pflaster bis zu allgemeinen Schmerzmitteln und Medikamenten gegen Magen-Darm-Erkrankungen bis hin zu den persönlichen Medikamenten ...
- **Grundausstattung** Abwasserschlauch, Adapter für Campingstrom, Decken und Kissen, Gasflasche, Sanitärflüssigkeit für Campingtoilette ...
- **Hygiene** Cremes, Duschgel, Seife, Handtücher, Zahnbürste & Co.
- **Küche** Besteck, Geschirr, Teller, Töpfe, Pfannen, Müllbeutel, Spülmittel ...
- **Persönliche Dokumente** Von A wie Auslandsversicherung bis P oder R wie Personalausweis oder Reisepass
- **Sicherheit** Von A wie Abschleppseil über S wie Starthilfekabel bis W wie Warndreieck und Werkzeugkasten
- **Reiseunterlagen** Von A wie Apps (Stellplätze, Währung, Wetter) über F wie Führer- und Fahrzeugschein bis R wie Reiseführer
- **Unterhaltung** Bücher, Spiele, Filme, Musik ...
- **Unterwegs arbeiten** Ladekabel, Tablet, mobiler Router mit geeigneter Antenne

Bei einer Reise durch Österreich
sind Badefreuden inklusive

»Steht a kloans
Dirndl
drausst …«

Früh übt sich – gerade in der Steiermark gehören Volkstänze zum Kulturgut. Entsprechend viele Varianten gibt es: Untersteirer Landler, Rosenwalzer, Sternpolka und Paschater Zwoaschritt sind nur eine Auswahl.

Legendäre Urlaubsorte

Der idyllische Mirabellgarten diente bereits als Filmkulisse, u. a. für das Hollywood-Musical »The Sound of Music«.

»Felix Austria«, glückliches Österreich, so wird die Alpenrepublik gepriesen. Geschaffen sowohl von Menschenhand als auch der Natur. Eine Multikulti-Region mit imperialem Glanz. Die barocke Festspielstadt Salzburg, herrliche Seen-, Fluss- und Gebirgslandschaften, vornehme Bäderorte … Schon früh erblühte der Fremdenverkehr und lockte Gäste aus vielen Ecken der Welt.

Zu einer wahren TV-Berühmtheit wurde Schloss Velden durch die TV-Serie »Ein Schloss am Wörthersee« mit Roy Black.

Ein idyllisches Bild bietet sich den Reisenden im Bregenzerwald, der sich entgegen dem Namen eher baumlos zeigt.

Die Kaiservilla in Bad Ischl ist untrennbar mit Kaiserin Elisabeth von Österreich verbunden. Selbst die Grundform der Anlage, die ein großes »E« darstellt, erinnert an die Monarchin.

Wien bleibt Wien

»Wien bleibt Wien, und das geschieht ihm ganz recht.« (Hans Weigel, österreichischer Schriftsteller und Theaterkritiker)

Kopfsteinpflaster und enge Gässchen, Heurige und Tanzbälle, prunkvolle Schlösser und imposante Museumsbauten: In der österreichischen Hauptstadt »an der schönen, blauen Donau« treffen Biedermeier-Idylle und imperiale Pracht aufeinander. Viele Dichter und Denker, Musiker und Maler eroberten von hier aus die Welt – kein Wunder!

Schloss Schönbrunn besticht durch zahlreiche Augenweiden, eine davon ist der Neptunbrunnen mit seinen imposanten Meeresgöttern.

Im 4. Bezirk betört u.a. die Jugendstilfassade von Otto Wagner am Majolikahaus.

Wiener Melange, Einspänner, Verlängerter, der Kleine Schwarze und der Große Braune … Österreichs Kaffeespezialitäten sind allein wegen der originellen Namen legendär.

Weit mehr als nur Schmarrn

In Sachen Kulinarik bietet die österreichische Küche gerne bodenständige und deftige Hausmannskost. Auf der Speisekarte der gemütlichen »Beisl« stehen Gulasch, Talfelspitz, Backhendl-Salat und Knödel aller Art. Ebenso vielseitig zeigen sich die süßen Varianten von Grießnockerl, Germknödel bis Kaiserschmarrn, die man auf Hütten oder in den zahlreichen Kaffeehäusern genießt.

Bei Kaiserschmarrn gibt es nur einen Streitpunkt: verführerische Nachspeise oder unwiderstehliches Hauptgericht?

Das ist nicht einfach eine saftige Schokoladentorte mit Marillenmarmelade – das ist DIE Sachertorte!

Auch das berühmte Wiener Schnitzel aus Kalbfleisch mit Eier-Mehl-Panade genießt internationale Beliebtheit.

DER RICHTIGE ORT FÜR …

 Panorama

 Gewässer

 Bademöglichkeit

 Berg, Gipfel

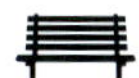 Ruhepause

 sakrale Kunst

 Altstadt

 Essen und Trinken

 Kulturgenuss

 Burg, Schloss

 Shopping

 Schlucht, Canyon

 Nachtleben

 Therme, Heilbad

 Wald und Natur

 Wanderung

 Radtour

Hoch über der Altstadt thront markant die Festung Hohensalzburg. Ziel dieser Route ist die Mozartstadt Salzburg, die so facettenreich ist, dass man hier unbedingt ein paar Tage mehr einplanen sollte.

Gipfelglück und Kulturfreuden

Was Vorarlberger, Tiroler und Salzburger eint, ist neben einer gesunden Mischung aus Traditionspflege und Fortschrittsglaube die überaus prachtvolle Natur ihrer Heimatländer.

Unsere Route durch das Inntal führt vom Ufer des Bodensees in Vorarlberg bis nach Salzburg, dem barocken Gesamtkunstwerk an der Salzach, vom Bregenzerwald hinauf in eine hochalpine Welt, vorbei an mondänen Wintersportzentren in bezaubernde Städte voller Kunst und Kultur. Zum Abschluss kann man noch mit einem lohnenden Abstecher das Salzkammergut erkunden.

Westlich des Arlbergs, im »Ländle« am Bodensee, herrsche, so besagt das Klischee, alemannische Nüchternheit. Östlich davon bestimme knorrige Freiheitsliebe die Denkweise. Was diese beiden Gegenden gemeinsam haben, sind (Hoch-)Gebirgswelten wie aus dem Bilderbuch, tiefblaue Seen und Stadtjuwele, in denen Kunstfreunde große Augen machen.

Wer auf dieser Route den Umweg über die Krimmler Wasserfälle macht, wird noch einmal extra zur Kasse gebeten. Die Fahrt über den Gerlospass ist gebührenpflichtig und für den Besuch der Wasserfälle ist Eintritt zu zahlen.

Die Nutzung der in diesem Kapitel beschriebenen Straßen ist ansonsten kein Problem. Sie sind breit genug, die Steigungs- und Gefällstrecken stellen keine besonderen Herausforderungen dar, und auch die Park- und Rastmöglichkeiten sind unproblematisch. Auf Parkplätzen zu übernachten »zur Wiedererlangung der Fahrtüchtigkeit« ist solange erlaubt, wie kein »Campingverhalten« sichtbar ist, also die Campingstühle im Fahrzeug bleiben und die Markise nicht ausgefahren wird. Zum Stillstehen ist diese Tour ohnehin zu schade.

- **Routenlänge:** ca. 500 km
- **Zeitbedarf:** ca. 10 Tage
- **Start und Ziel:** Bregenz | Salzburg
- **Charakteristik:** Die Fahrt von West- nach Ostösterreich bietet ein einmaliges Natur- und Landschaftserlebnis, aber auch viele kulturelle Sehenswürdigkeiten wie z.B. in Stams oder Salzburg.
- **Hot Spot:** Kaiserliche Hofburg in Innsbruck
- **Schönster Campingplatz:** camping-achensee.com
- **Best place on tour:** Am Fischersteg von Bregenz einen Sundowner genießen.

bregenzerwald.at, salzburg.info

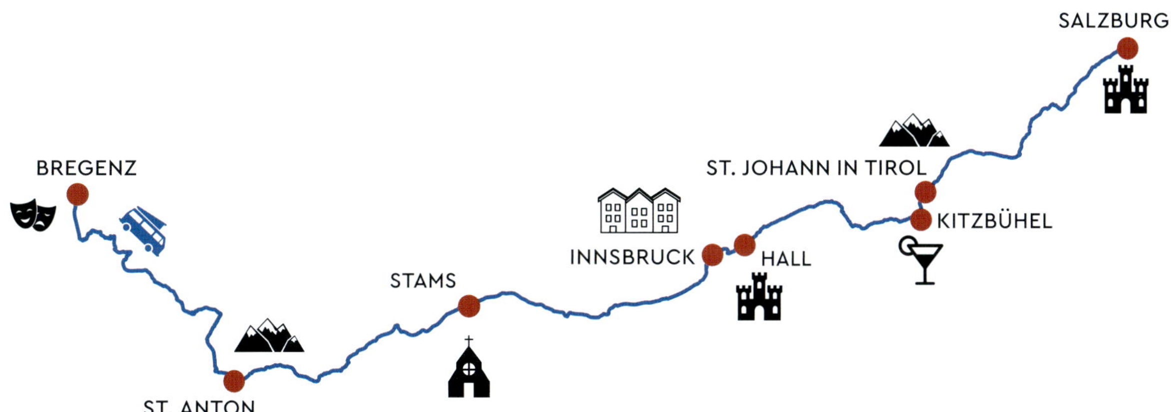

01 Bregenz

Ausgangspunkt für diese Tour ist Bregenz am Ufer des Bodensees. Die Hauptstadt des »Ländles«, wie die Vorarlberger ihre Heimat, Österreichs westlichstes Bundesland, nennen, bietet reichlich Sehenswertes: In der hübschen Oberstadt ragen der Martinsturm, das Deuringschlösschen und das alte Rathaus hervor, im Stadtzentrum die Nepomuk- und die Seekapelle sowie das Vorarlberg Museum, etwas außerhalb liegt das Zisterzienserkloster Mehrerau. Vielfältig ist die Kulturszene, wie das Theater am Kornmarkt und das Kunsthaus Bregenz zeigen, Letzteres ein ikonischer Glaskubus am Bodenseeufer von Peter Zumthor. Höhepunkte sind unbestritten im Sommer die legendären Festspiele, für die man mit jährlich wechselnder Kulisse den ganzen See in eine Bühne verwandelt. Dass die Stadt zwischen Gebirge und Wasser, wie der irische Mönch Kolumban im Jahr 610 feststellte, gleichsam »in einer goldenen Schale« liegt, erkennt man am schönsten vom Bregenzer Hausberg aus, dem per Seilbahn bequem erreichbaren Pfänder (1064 Meter).

02 Dornbirn

Vor allem wegen zweier Museen lohnt dieser Ort einen Halt: wegen des Naturkundemuseums Inatura und des weltgrößten Rolls-Royce-Museums. Nicht versäumen sollte man einen Ausflug zur Rappenlochschlucht, einem der imposantesten Naturwunder der Ostalpen.

03 Bezau

Bis zu ihrer Einstellung war Bezau die Endstation der 1912 eröffneten Bregenzerwald-Bahn (besonders sehenswert ist das Heimatmuseum). Ein altes Dampfross erinnert noch daran. Im nahen Schwarzenberg mit seinen prächtigen, für diese Region typischen mit Holzschindeln verkleideten Bauernhäusern steht das Elternhaus der vor allem für ihre Porträts (darunter viele Selbstbildnisse) berühmten Malerin Angelika Kauffmann (1741–1807). 1768 wurde sie Mitglied der Royal Academy in London. Seit dem Jahr 1782 lebte sie in Rom, wo ihr Haus ein gesellschaftlicher Mittelpunkt war: Künstler und Gelehrte wie Winckelmann, Herder und Goethe verkehrten dort.

04 Bregenzerwald

Noch vor zwei, drei Generationen war diese von der Bregenzer Ache durchflossene Gebirgslandschaft ziemlich weltabgeschieden. Ihre Stille, Unberührtheit und außerordentliche Schönheit hat sie sich bis heute bewahrt. Das Dorf Mellau, wo sich das bis dahin enge Tal weitet, wird beherrscht von der gewaltigen Kanisfluh, deren Felswände von rund 2000 Metern Höhe nahezu senkrecht ins Tal abfallen.

Von hier geht die Fahrt über Schoppernau und Schröcken, entlang grüner Almmatten und der Serpentinen des Hochtannbergpasses (1675 Meter) nach Warth, weiter über Lech und Zürs, den Flexen- (1773 Meter) und den Arlbergpass (1793 Meter) nach St. Anton, dem bekanntesten der drei Wintersportorte auf dieser Strecke, für die alle das Gleiche gilt: Kaum irgendwo sonst fällt auf vergleichbarer Seehöhe ähnlich viel Schnee, finden sich 1500 Höhenmeter hindernisfreie Hänge. Hinzu kommt eine auf alle erdenklichen Wünsche abgestimmte Hotellerie, Après-Ski-Vergnügen inklusive.

05 St. Anton

Das Wintersportparadies rund um den Arlberg gilt als Wiege des alpinen Skilaufs, woran das Museum St. Anton in der Villa Trier etwas oberhalb des Zentrums erinnert. Von November bis mindestens Ende April bietet es schneesichere und bestens präparierte Pisten und urige Hütten – mit und ohne Après-Ski-Rummel. Auf der Arlbergpasshöhe steht in St. Christoph das Hospiz, in dem 1901 der »Skiclub Arlberg« gegründet wurde. Heute ist es ein Nobelhotel mit dem Kulturzentrum arlberg 1800. Der Name rührt von der Höhe, auf 1800 Meter finden hier seit 2015 Ausstellungen, Vorträge sowie Musikkonzerte und kulinarische Events statt.

PARK-CAMPING LINDAU AM SEE

Die schöne parkähnliche Anlage liegt in einem Landschaftsschutzgebiet direkt am Bodensee und bietet alle notwendigen Ver- und Entsorgungseinrichtungen sowie Plätze in drei verschiedenen Komfortstufen. Geöffnet Mitte Januar bis Anfang November. Bregenz ist zu Fuß oder mit dem Fahrrad über den Seeuferweg bequem zu erreichen.
Fraunhoferstr. 20, 88131 Lindau, park-camping.de
GPS 47.53735, 9.73000

ARLBERGLIFE CAMPING

Sowohl im Sommer als auch im Winter ein idealer Ausgangspunkt für Wanderungen oder Skitouren und anderen Outdooraktivitäten. Die Stellplätze sind großzügig angelegt, alle nötigen Sanitär- und Versorgungsanlagen vorhanden.
Pettneu 58c, 6574 Pettneu am Arlberg
arlberglifecamping.com, GPS 47.14317, 10.32939

FERIENPARADIES NATTERER SEE

Am Natterer See liegt dieser sehr gepflegte gebührenpflichtige Platz in fast unberührter Natur. Er ist mit allen notwendigen Ver- und Entsorgungseinrichtungen, Duschen, Waschmaschinen, Trocknern und WLAN ausgestattet. Ganzjährig geöffnet. Inklusive ist eine kostenlose Busverbindung nach Innsbruck, die Stadt ist rund sieben Kilometer entfernt.
Natterer See 1, 6161 Natters/Tirol, natterersee.com
GPS 47.23743, 11.34191

Von links: Im Sommer verwandelt sich der Fischersteg mit Pavillon in Bregenz zur beliebten Sunset Bar.

Jenseits der Steilwand aus Fels führen relativ leichte Wanderwege über Almwiesen auf den markanten Gipfel der Kanisfluh.

ZWISCHENSTOPP

KäseStrasse Bregenzerwald
Ihre Stille, Unberührtheit und außerordentliche Schönheit hat sich die Vorarlberger Landschaft bis heute bewahrt. Geografisch reicht der Bregenzerwald von der Weißach nahe der Grenze zum Allgäu im Norden bis zum Hochtannberg- und Arlberg-Gebiet im Süden. Wer die Region intensiver entdecken möchte, kann entlang der »KäseStrasse« in teilnehmenden Hofläden, Dorf- und Alpsennereien lokale Käsesorten und Milchprodukte erwerben. Auch Hotels, Restaurants und Ausflugsgasthöfe machen mit und bieten hochwertige Produkte an, die die Marke »KäseStrasse Bregenzerwald« tragen. Vielerorts kann man an Besichtigungen und Verkostungen teilnehmen.
kaesestrasse.at

06 Landeck

Schon in der Römerzeit war der Landecker Talkessel an der Via Claudia Augusta und dem Pfad über den Arlberg ein wichtiger Verkehrsknotenpunkt. Im Mittelalter wurden Handel und Verkehr von den drei Burgen des Talkessels kontrolliert: Burg Landeck, Schrofenstein und Kronburg. Landeck diente als Gerichtssitz der Grafen von Tirol, die um 1250 das »landesfürstliche Gericht Landeck« schufen. Noch heute wacht die Burg aus dem 13. Jahrhundert (mit spätgotischer Pfarrkirche) über den schmucken Kern des gleichnamigen Orts.

07 Imst

Der am Ausgang des Pitztales gelegene Marktort war vom 16. bis ins 18. Jahrhundert hinein in ganz Europa für seine Kanarienvogelzucht bekannt. 1949 gründete Hermann Gmeiner hier das erste SOS-Kinderdorf. Die historische Bausubstanz fiel im 19. Jahrhundert großteils einer Feuersbrunst zum Opfer. Sehenswert sind die romanische St.-Laurentius-Kirche, die im Kern aus dem 5. Jahrhundert stammt, und die spätgotische Pfarrkirche mit dem höchsten Turm des Landes (86 Meter). Das Haus der Fasnacht dokumentiert den Brauch des Schemenlaufens.

08 Stams

Vor dem prächtigen Panorama der Mieminger Kette steht das wohl bedeutendste Kloster des Landes – ein im 13. Jahrhundert gegründetes und im 17. und 18. Jahrhundert barockisiertes Zisterzienserstift. Es fungierte als letzte Ruhestätte der Fürsten Tirols. Die Klosterkirche ist eine Hauptattraktion für Kunstfreunde, die von den zwei achteckigen Zwiebeltürmen, der Heiligblutkapelle und der Fürstengruft begeistert sind. Heute ist hinter den weiß-gelben Fassaden das Internatsgymnasium für Österreichs angehende Skistars untergebracht.

09 Telfs

Sehenswert in der Marktgemeinde Telfs, 27 Kilometer westlich von Innsbruck in einer beckenartigen Erweiterung des Inntals am Fuß der Hohen Munde gelegen, ist vor allem die Pfarrkirche – eine monumentale dreischiffige neuromanische Basilika mit zwei Fassadentürmen. Für grenzüberschreitende Zusammenarbeit und den Frieden im Alpenraum läutet im

oberhalb gelegenen Ortsteil Mösern täglich um 17 Uhr die 1997 eingeweihte, in einem offenen Glockenstuhl hängende Friedensglocke – sie gilt mit ca. 10 600 kg Gewicht und 260 cm Durchmesser als die größte Glocke Tirols.

10 Zirl

Ausgangspunkt für Wanderungen im Bereich des Karwendels, zur Neuen Magdeburger Hütte etwa oder zum Solsteinhaus, ist die im Jahr 799 erstmals urkundlich erwähnte Marktgemeinde Zirl, in Sichtweite des mondänen Sommer- und Wintersportortes Seefeld und nur noch zehn Kilometer von Innsbruck entfernt. Die östlich gelegene markante Martinswand bietet anspruchsvolle Kletterrouten.

11 Innsbruck

Umrahmt von den steilen Kalkwänden der Nordkette (2641 Meter) und im Süden von den sanfteren Formen des Patscherkofels (2247 Meter), bildet die Tiroler Metropole die nach Grenoble zweitgrößte Stadt in den Alpen und zugleich das Verwaltungs-, Kultur-, Handels- und Verkehrszentrum des Landes. Wahrzeichen des am Inn gelegenen, über 800 Jahre alten historischen Ortskerns ist das berühmte Goldene Dachl, ein mit rund 2700 feuervergoldeten Kupferschindeln gedeckter Prunkerker. Zwischen den mit Lauben und hohen Erkern verzierten Häusern liegen Juwele verborgen wie die Ottoburg, ein Wohnturm aus dem späten 15. Jahrhundert, oder das hinter der herrlichen Rokokofassade ebenfalls gotische Helblinghaus, der Stadtturm mit Aussichtsplattform, der barocke Dom St. Jakob und die Alte Universität mit der Jesuitenkirche. Traditionell im Zentrum der Aufmerksamkeit steht die gelb-weiß getünchte Kaiserliche Hofburg mit einer Reihe sehenswerter Prunksäle und der Hofkirche. Letztere birgt das (leere!) Grab Maximilians mit den »Schwarzen Mandern«, 28 überlebensgroßen Bronzestandbildern. Unter den Museen von Innsbruck ragen das Landesmuseum Ferdinandeum mit seiner Zweigstelle, dem Zeughaus, sowie das Tiroler Volkskunstmuseum hervor. Über die Maria-Theresien-Straße, an der die Annasäule, das Alte Landhaus und die Triumphpforte Beachtung verdienen, gelangt man an den südlichen Stadtrand. Im Stadtteil Wilten begeistern sowohl die Stiftskirche des Prämonstratenserklosters als auch die Wiltener Basilika mit ihrem üppigen Spätbarock. Auf dem Bergisel am Ausgang des Wipptales, wo der legendäre Freiheitskämpfer Andreas Hofer Anfang des 19. Jahrhunderts an der Spitze der Tiroler Bauern gegen die napoleonischen und bayerischen Truppen drei blutige Schlachten schlug, ragt die von Zaha Hadid entworfene Skisprungschanze kühn in den Himmel. Ein Stück östlich steht noch Schloss Ambras, eine ursprünglich mittelalterliche Burg, die Erzherzog Ferdinand II. um das Jahr 1570 zum prachtvollen Renaissancesitz ausbauen ließ. Ein Ausflug auf das linke Innufer führt zum Alpenzoo und per Seilbahn auf die Hungerburg (Hoch-Innsbruck), von wo aus man das Stadtpanorama von Innsbruck auf 868 Meter Höhe genießen kann.

Von links: Die Burg Landeck wird im Herbst von leuchtenden Laubbäumen umrahmt.

Waldeinsamkeit und badewannenwarmes Wasser – Sommerglück am Natterer See südwestlich von Innsbruck, wo ein Fünf-Sterne-Campingplatz auch Lodge-Zelte auf Stelzen vermietet.

12 Hall

Am linken Flussufer zu Füßen des Karwendelgebirges gelegen, nennt Hall die größte intakte Altstadt Tirols sein Eigen. Die Stadt verdankt ihren Reichtum jenen Salzvorkommen aus dem Halltal, die man in der hiesigen Saline seit dem 13. Jahrhundert versotten und innabwärts verschifft hat. Hall erhielt 1303 das Stadtrecht und durfte das in Schwaz gewonnene Silber zu Münzen prägen. Zentrum der Altstadt ist der Obere Stadtplatz, an dem das Rathaus, das Bergbaumuseum, die Magdalenenkapelle und die Pfarrkirche St. Nikolaus stehen. Letztere ist eine gotische, innen barock ausgestaltete Hallenkirche, die die wertvolle Waldaufkapelle umschließt. Im Osten der Oberstadt liegt das einst einflussreiche Damenstift. Wahrzeichen der Stadt ist Burg Hasegg mit dem Münzerturm. In dem vorbildlich restaurierten Komplex ist das Stadtmuseum untergebracht, wo regelmäßig Ausstellungen stattfinden.

13 Wattens

Hauptattraktion des Industrieortes sind die Swarovski-Kristallwelten, ein von André Heller im Auftrag des gleichnamigen hier ansässigen weltbekannten Schmuckerzeugers aufwendig gestalteter Erlebnispark mit Kreationen von Künstlern wie Salvador Dalí und Andy Warhol – eine fantastische Reise in kristalline Welten, nicht nur für Kinder.

Von oben: Innsbruck vereint auf eindrucksvolle Weise urbanen Lebensstil mit Tradition und alpinem Naturerlebnis.

Die Stadtpfarrkirche in Hall in Tirol reckt sich deutlich über die Hausdächer. Gewidmet ist sie dem heiligen Nikolaus. Auch ihr restauriertes Inneres ist sehenswert, besonders durch die großflächigen Fresken von Josef Adam Mölck.

14 Schwaz

Im Mittelalter besaß Schwaz eines der ergiebigsten Silberbergwerke des Kontinents. Im 15./16. Jahrhundert zählte das Städtchen bereits über 20 000 Einwohner (heute sind es 13 000). Obwohl vieles in den Kriegen zerstört wurde, haben sich bedeutende Kunstdenkmäler erhalten wie die Pfarrkirche mit ihrer zweistöckigen Totenkapelle (schöner Schnitzaltar), Franziskaner-, Spital- und Martinskirche, das Rathaus mit seinem Arkadenhof, die Wohnhäuser der Fugger und Rabalder sowie Schloss Freundsberg, dessen Bergfried ein Heimatmuseum birgt und dessen Kirche Tirols einzigen unveränderten Sakralbau aus der Spätrenaissance darstellt. Besuchenswert sind am östlichen Stadtrand das Schaubergwerk und, auf der anderen Talseite bei Vomp, die Benediktinerabtei Fiecht mit ihrer schönen Barockkirche.

15 Schloss Tratzberg

Zwischen Schwaz und Jenbach, wo nach Norden eine Serpentinenstraße und eine alte Dampfzahnradbahn zum Achensee führen und aus dem Süden das Zillertal in das Inntal mündet, thront linker Hand auf einer Bergschulter eine der prachtvollsten Festungen Österreichs: Schloss Tratzberg. Die kolossale spätgotische Anlage erhielt ihre heutige Gestalt im 16. und 17. Jahrhundert durch die Fugger. Den Innenhof schmücken Arkaden und Fresken. Höhepunkte jeder Besichtigung sind der Habsburgersaal mit dem gemalten Stammbaum der Dynastie und die reich bestückte Rüstkammer.

16 Kramsach

Die Gemeinde Kramsach ist für ihre roten Marmorbrüche, die Glasschleifereien und den kuriosen Museumsfriedhof bekannt, auf dessen Grabkreuzen skurrile Inschriften zu lesen sind. In der Nähe locken mehrere idyl-

ALPEN CARAVAN PARK ACHENSEE

Am Nordufer des Achensees liegt diese sehr gepflegte Anlage mit großzügig angelegten Plätzen und allen notwendigen Ver- und Entsorgungseinrichtungen, Duschen, Waschmaschinen, Wäschetrocknern und WLAN. Sie besitzt außergewöhnliche Kinderspielplätze und einen Badestrand. Ganzjährig geöffnet.

Sixenstraße 17, 6215 Achenkirch, camping-achensee.com
GPS 47.49906, 11.70528

CAMPINGPLATZ SCHWARZSEE

Ein Luxus-Campingplatz mit eigenem Pool, Spa, Sauna, Restaurant, Minimarkt sowie allen notwendigen Ver- und Entsorgungseinrichtungen sowie Duschen, Waschmaschinen, Trocknern und WLAN. Ein Campingplatz der Extraklasse, auch im Preis. Ganzjährig geöffnet; drei Kilometer von der Ortsmitte Kitzbühels entfernt.

Reither Str. 24, 6370 Kitzbühel
bruggerhof-camping.at
GPS 47.45918, 12.36186

TERRASSENCAMPING SÜD-SEE

Der kostenpflichtige Campingplatz auf 60 Terrassen liegt am Südufer des Walchsees und ist ein guter Stand- und Startpunkt für Wanderungen im Kaisergebirge, im Winter lockt das gut ausgebaute Loipennetz Langläufer an. Landschaftlich äußerst reizvolle Lage. Alle notwendigen Ver- und Entsorgungseinrichtungen sind vorhanden. Ganzjährig geöffnet.

Seestr. 76, 6344 Walchsee/Tirol
terrassencamping.at
GPS 47.63751, 12.32409

WOHNMOBILPARK AN DER RUPERTUSTHERME

Der gebührenpflichtige Platz an der Saalach ist mit allen notwendigen Ver- und Entsorgungseinrichtungen ausgestattet. Ganzjährig geöffnet. 350 Meter bis zur Therme mit ihren umfangreichen Wellnessangeboten. Zwei Kilometer bis zur Alten Saline.

Hammerschmiedweg 1, 83435 Bad Reichenhall
rupertustherme.de, GPS 47.73397, 12.87612

CAMPING TEMEL

Der freundlich geführte Familienbetrieb ist ein sehr gepflegtes, weitläufiges Areal mit allen notwendigen Ver- und Entsorgungseinrichtungen sowie Internet. Kostenpflichtig, geöffnet von Anfang Mai bis Ende September. Zehn Minuten Fußweg bis zum See.

Puchen 137, 8992 Altaussee
camping-altaussee.com
GPS 47.62860, 13.77382

ZWISCHENSTOPP

Karwendel
Das Karwendel ist eine der ursprünglichsten Gebirgsgruppen der Nördlichen Kalkalpen. Begrenzt wird es vom Inntal im Süden, vom Achensee im Osten und von der Isar mit dem Sylvensteinstausee im Norden. Nur ein kleiner Teil des Gebirges liegt in Bayern, der weitaus größere liegt im österreichischen Tirol. Das Karwendel umfasst vier große, von West nach Ost verlaufende Gebirgsketten, zwischen denen tief eingeschnittene Täler liegen. Die meisten Gipfel sind sehr abgelegen. Um die Birkkarspitze – mit 2749 Metern der höchste Berg des Karwendels – zu erreichen, muss man zu Fuß oder mit dem Mountainbike 18 Kilometer zurücklegen. Im Karwendel haben sehr viele Tiere und Pflanzen einen Rückzugsraum gefunden. Fast die gesamte Gebirgsgruppe steht unter Naturschutz und ist damit das größte Schutzgebiet Österreichs.
karwendel.org

Rechts: Früher das Jagdrevier von Bayerns Königen, heute ein beliebtes Wandergebiet und seit Urzeiten ein Ort der Mythen und Legenden: Der landschaftlich reizvolle Kleine Ahornboden schmiegt sich malerisch zwischen Birkkarspitze, Falkengruppe und Östlicher Karwendelspitze.

lische Badeseen und das Freilichtmuseum Tiroler Bauernhöfe mit rund 50 Originalgebäuden.

17 Rattenberg

Ein historisches Kleinod duckt sich direkt gegenüber von Kramsach unter eine mit Fichten bewachsene Felswand: Rattenberg, Tirols kleinste Stadt und ein Zentrum der Glasbläserei, blühte im 15. und 16. Jahrhundert dank der Zolleinnahmen aus der Flussschifffahrt, aber mehr noch wegen des Bergbaus, den die Fugger von Kaiser Maximilian übertragen bekamen und von hier aus landesweit überwachten. Vom einstigen Reichtum zeugt heute noch immer das prachtvolle mittelalterliche, von stattlichen Bürgerhäusern mit Grabendächern und Erkern geprägte Stadtbild; sehenswert sind u. a. die spätgotische Pfarrkirche St. Virgil, das ehemalige Augustinerkloster mit der Hofer-Kapelle und, hoch droben, die Burgruine, zu der es sich schön spazieren lässt.

18 Wörgl

Der am Ausgang des romantischen Hochtals Wildschönau gelegene Hauptort des Unterlandes besitzt eine barocke Pfarrkirche, deren kostbarster Schatz die berühmte Wörgler Madonna (um 1500) mit dem Jesuskind auf den Armen ist.

19 Kitzbühel

Eingebettet in die sanft gewellten Hänge des Stuck- und des Steinbergkogels, des Hahnenkamms und anderer Gipfel der Kitzbüheler Alpen, entwickelte sich das einstige Bergwerksstädtchen in den letzten Jahrzehnten zu einem Treffpunkt der internationalen Hautevolee. Die dichten Wälder und idyllischen Almen der Umgebung machen Kitzbühel zu einem Wanderparadies, das sich im Winter mit mehr als 60 Liften und Seilbahnen sowie der dichten Lokalszene für das Après-Ski in ein Dorado für ausgehfreudige Wintersportler verwandelt. Wer nur kurz Halt machen will, der sollte durch die ummauerte Altstadt mit ihren spätmittelalterlichen Häusern und den Barockfassaden oder, am Ortsrand vor der Kulisse des Wilden Kaisers, zum Schwarzsee – einem malerischen Moorsee – spazieren. Sehenswert sind auch die spätgotische Pfarrkirche und Schloss Lebenberg (16./17. Jahrhundert, heute ein exklusives Hotel).

20 St. Johann in Tirol

In dem einst durch Kupfer- und Silberbergbau reichen Ort sollte man die barocke Pfarrkirche, die St.-Nikolaus-Kirche und die 1782 in eine Felshöhle des Niederkaisers gebaute Gmailkapelle mit ihren volkstümlichen Fresken besuchen. Eine reizvolle Wanderung führt zu den Schleierwasserfällen, die sich wie ein Vorhang über eine 80 Meter hohe Felswand ergießen (ca. 3,5 Stunden). Gleich nebenan gibt es einen schönen Klettergarten.

21 Salzburg

Das »Herz vom Herzen Europas« nannte Hugo von Hofmannsthal Salzburg, die Hauptstadt des gleichnamigen Bundeslands, deren historisches Zentrum zum UNESCO-Weltkulturerbe zählt. Dazu gehört auch die Hohensalzburg, die hoch über den Dächern der barocken Altstadt thront, sie ist die größte vollständig erhaltene Burg Mitteleuropas. In Salzburg hat man den Eindruck, als hätten der Schöpfer und seine irdischen Helfer der Menschheit an diesem Ort vor Augen führen wollen, welch harmonische Schönheit europäischer Geist im Verbund mit einer großmütigen Natur zu schaffen imstande ist. Vor allem die Altstadt am linken Salzachufer rund um die Residenz und den Dom bildet ein einzigartiges Gesamtkunstwerk. Sie steht denn auch im Zentrum jeder Erkundungstour durch Salzburgs historisches Herz. Ausgangspunkt ist in der Regel der Dom. 1614 bis 1628 nach Plänen Santino Solaris errichtet, war er der erste barocke Kir-

CAMPING BERAU AM WOLFGANGSEE

Kostenpflichtiges parkähnliches Areal mit allen notwendigen Ver- und Entsorgungseinrichtungen sowie gutem Restaurant. Ganzjährig geöffnet. Ausgezeichneter Standort für eine Radtour rund um den Wolfgangsee (28 Kilometer).
Schwarzenbach 16, 5360 St. Wolfgang, berau.at
GPS 47.73056, 13.47852

REISEMOBIL STELLPLATZ SALZBURG

Ein großer Platz mit allen notwendigen Ver- und Entsorgungseinrichtungen, Sanitär- und Waschbereichen und WiFi. Ganzjährig geöffnet, ideale Lage, um Salzburg zu besuchen.
Carl-Zuckmayer-Str. 26, 5101 Salzburg
reisemobilstellplatz-salzburg.at
GPS 47.83564, 13.06036

chenbau nördlich der Alpen. Wer nach der Besichtigung des mächtigen Kuppelbaus über die weiten Plätze der Umgebung flaniert – den Domplatz, auf dem alljährlich im Sommer der legendäre »Jedermann« aufgeführt wird, den Residenz- und den Mozartplatz, von wo aus man dreimal täglich dem Glockenspiel lauschen kann –, versteht, weshalb diese ehemalige Hauptstadt der unabhängigen Erzbischöfe den Beinamen »Rom des Nordens« trägt. Unerlässlich ist ein Bummel durch das angrenzende malerische Gassenlabyrinth, vor allem durch die Getreidegasse, wo in dem nach seinem Eigentümer benannten Hagenauer Haus in der Getreidegasse 9 am 27. Januar 1756 Wolfgang Amadeus Mozart zur Welt kam. Von Salzburg bietet sich noch ein ausgiebiger Abstecher auf der B158 Richtung Sankt Gilgen in das wunderschöne Salzkammergut an.

Rechts: Die Fahrt durch den Großen Ahornboden ist eine wahre Genusstour mit spektakulären Panoramablicken.

ROUTE 1

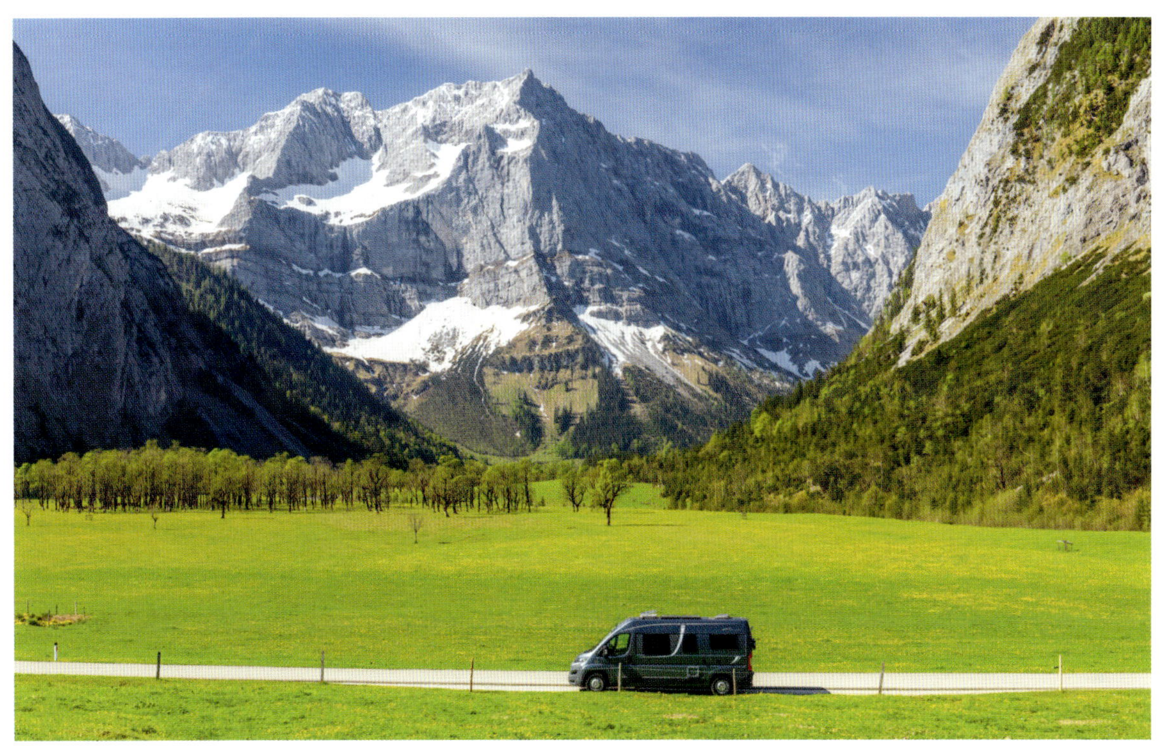

VON BREGENZ NACH SALZBURG

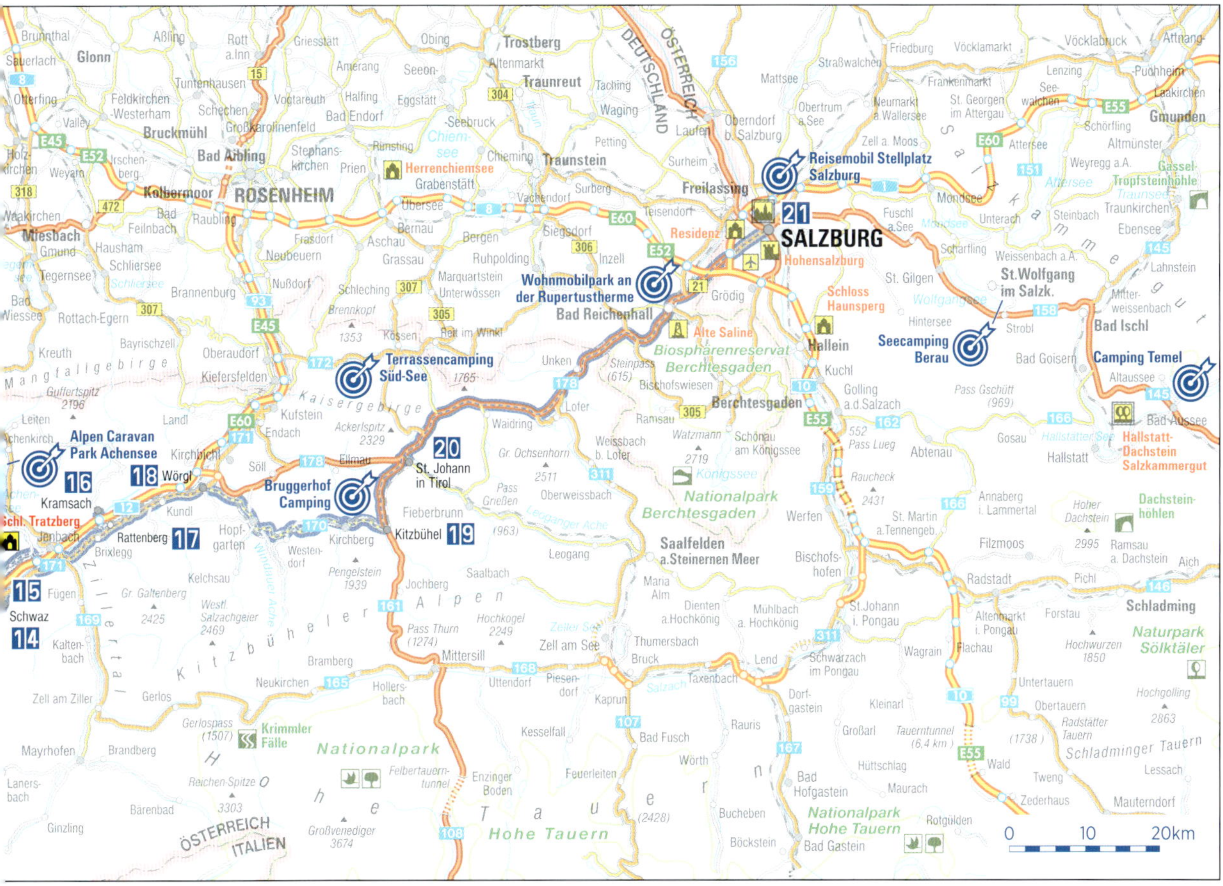

Reisemobil Stellplatz Salzburg
21
SALZBURG
Wohnmobilpark an der Rupertustherme
Bad Reichenhall
Terrassencamping Süd-See
Seecamping Berau
St. Wolfgang im Salzk.
Camping Temel
Bad Ischl
Alpen Caravan Park Achensee
16
18
Wörgl
Bruggerhof Camping
20
St. Johann in Tirol
Kitzbühel
19
17
Rattenberg
15
14
Schwaz
Kramsach
Schl. Tratzberg
Jenbach
ROSENHEIM
Traunstein
Trostberg
Traunreut
Freilassing
Residenz
Hohensalzburg
Schloss Hausnperg
Alte Saline
Biosphärenreservat Berchtesgaden
Berchtesgaden
Hallein
Herrenchiemsee
Chiemsee
Nationalpark Berchtesgaden
Königssee
Saalfelden a.Steinernen Meer
Nationalpark Hohe Tauern
Hohe Tauern
Krimmler Fälle
Hallstatt-Dachstein Salzkammergut
Dachstein-höhlen
Tropfsteinhöhle
Gmunden
Schladming
Naturpark Sölktäler
Schladminger Tauern
Zell am See
Mittersill
Bischofshofen
Radstadt
Bad Hofgastein
Bad Gastein
Kufstein
Kaisergebirge
Kitzbüheler Alpen
Mangfallgebirge
Miesbach
Bad Aibling
Bruckmühl
Kolbermoor
Mondsee
Wolfgangsee
Attersee
ÖSTERREICH
DEUTSCHLAND
ITALIEN
0
10
20km

Ein Wunderwerk der Ingenieurskunst nennt sich die Silvretta-Hochalpenstraße und bietet Motorradfreaks wie Wohnmobilisten anspruchsvolle Serpentinen und nach jeder Kurve wieder eine grandiose Aussicht auf die Landschaft.

Wenn der Berg ruft …

Für Wohnmobilisten eine unwiderstehliche Herausforderung sind die Silvretta-Hochalpenstraße und das Timmelsjoch, zumal in Kombination. Dazwischen locken berühmte Bergdörfer und der sonnige Vinschgau.

Mit seiner charmanten Altstadt überzeugt Feldkirch im Bregenzerwald. Bludenz liegt zu Füßen der Alpen am Beginn einer einzigartigen Fahrt durch die grandiose Silvretta. Die steile Bergstrecke berührt kristallklare Bergseen und bietet atemberaubende Aussichten.

Vom Scheitelpunkt geht es zum malerischen Bergdorf Galtür hinab und weiter im Paznauntal nach Ischgl, wo im Winter die Skiparty steigt. Im Sommer geht es durchaus ruhiger zu. Bei Landeck biegt die Route ins Oberinntal, um über Pfunds dem Reschenpass zuzustreben. Dort ragt aus dem Reschensee noch der Kirchturm von Alt-Graun, das bei der Aufstauung der Etsch 1950 geflutet wurde. Hier ist der Vinschgau erreicht. Diese klimatisch begünstigte, für den Anbau von Pfirsichen und Marillen (Aprikosen) berühmte Region in Südtirol zieht sich an der Etsch entlang bis nach Meran. Dank ihrer Thermalquellen wurde die mediterran anmutende Stadt schon von den Habsburgern im 19. Jahrhundert als Kurort geschätzt.

Steil steigt nun die Straße zum Timmelsjoch an, das wiederum die Grenze zu Österreich markiert. Jenseits des Passes warten die Ferienorte Hochgurgl, Obergurgl und Sölden darauf, entdeckt zu werden. Vergletscherte Gipfel der Ötztaler Alpen bilden hier die Szenerie. Das Ötztal hinab und auf aussichtsreicher Nebenstrecke über den Kühtaisattel, der das Wohnmobil noch einmal alpin herausfordert, wird der Erholungsort Axams erreicht.

- **Routenlänge:** ca. 390 km
- **Zeitbedarf:** ca. 8–10 Tage
- **Start und Ziel:** Feldkirch | Axams
- **Charakteristik:** Zwischendurch zwei steile Hochalpenstraßen mit Wintersperre, beide sind mautpflichtig. Alle Straßen gut ausgebaut.
- **Hot Spot:** Silvretta-Bielerhöhe mit Blick zum Piz Buin
- **Schönster Campingplatz:** naturcamping.tirol
- **Best place on tour:** Hüttenschmankerl auf der Sonnenterrasse der Jamtalhütte.

Hier geht's zum GPS-Track

silvretta-bielerhoehe.at
timmelsjoch.com

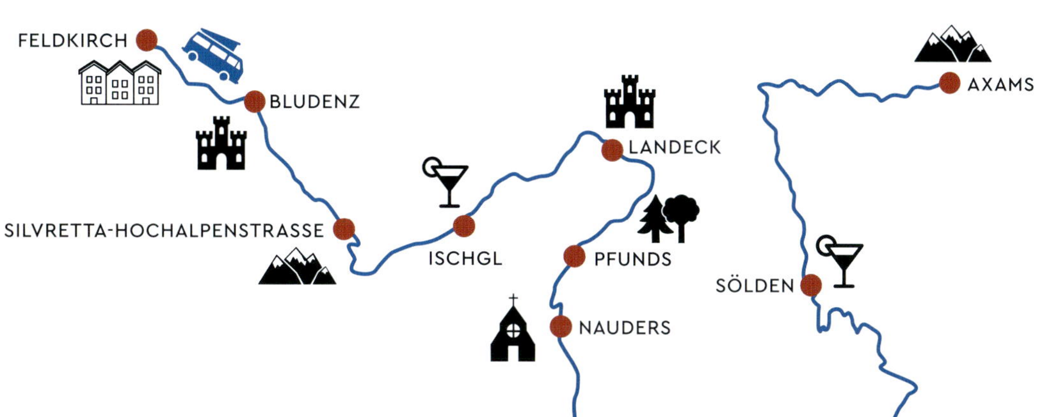

WALDCAMPING FELDKIRCH
Von der Gemeinde betriebene, grundsolide ausgestattete Anlage, in der es sowohl schattige Parzellen im Wald als auch sonnige, jeweils großzügig bemessene Stellplätze gibt. Mit Kiosk, Grillstelle und Aufenthaltsraum für kühle Stunden und Regentage. Geöffnet von Ostern bis Oktober. Freibad gleich nebenan.
Stadionstr. 9, 6800 Feldkirch
freizeitbetriebe-feldkirch.at, GPS 47.258768, 9.582953

01 Feldkirch

Graf Hugo I. von Montfort hatte unzweifelhaft ein Gespür für strategisch günstige Standorte, als er um 1190 seine Residenz von Bregenz auf die Feldkircher Schattenburg verlegte und in deren Schutz eine neue Stadt anlegen ließ. Feldkirch, heute mit 36 000 Einwohnern Vorarlbergs zweitgrößte Stadt, liegt am Ausgang des Illtales in die Rheinebene, exakt an der Gabelung der Straßen Richtung Arlberg und zu den Alpenpässen Graubündens. Seinen geometrischen Grundriss und die von Laubenhäusern umrahmten Plätze hat es sich aus dem Mittelalter bewahrt. Und auch von den Wehranlagen stehen noch etliche Türme. Deren imposantester ist der 40 Meter hohe Katzenturm, in dessen Stube die mit 7,5 Tonnen schwerste Glocke des Landes hängt. Besuchenswert sind auch das Heimatmuseum in der Schattenburg und der spätgotische Dom St. Nikolaus mit seiner kostbarer Innenausstattung.

02 Bludenz

Am Ende des Walgaus, kurz vor dem Abzweig aus dem Ill- ins Klostertal, liegt Bludenz. Die 15 000-Einwohner-Stadt verdankt ihre Entstehung Graf Hugo I. von Werdenberg. Ihm waren als Spross einer Nebenlinie dieses für die spätmittelalterliche Geschichte Vorarlbergs bedeutsamen Adelsgeschlechts 1258 in der Region Besitztümer zugefallen. Zu deren Sicherung ließ er in Bludenz eine Burg erbauen und unterhalb dieser auf quadratischem Grundriss eine Stadt anlegen. 150 Jahre später verkaufte sein letzter Nachfahre den Besitz an die Habsburger. Der historische Kern rund um Werdenberger-, Sturnen-, Mühl- und Rathausgasse mit Laubengängen zeugt noch von jenem alten Erbe. Anstelle der mittelalterlichen Burg erhebt sich inzwischen das als Behördensitz genutzte Barockschloss Gayenhofen. Das Wahrzeichen im Stadtbild ist die spätgotische Pfarrkirche St. Laurentius.

03 Silvretta-Hochalpenstraße

Eine Hauptattraktion des südlichen Vorarlberg ist die Silvretta-Hochalpenstraße, die durch das Vermunt und über die Bielerhöhe das Montafon mit dem Tiroler Paznaun verbindet. Dieses kehrenreiche Wunderwerk hochalpiner Ingenieurskunst entstand im Zuge der Bautätigkeit für die Stauseen und Kraftwerke der Region sukzessive ab den 1920er-Jahren und wurde 1954 für den öffentlichen Verkehr freigegeben. Bis heute im Besitz des landeseigenen Energieunternehmens illwerke vkw AG, verschafft die Straße auch weniger geübten Berggängern bequemen Zugang in die Welt aus Fels, Firn und ewigem Eis.
Südlich von ihr liegen der Silvretta-Stausee sowie die gleichnamige Gebirgsgruppe, in der nicht weniger als 74 Gipfel die Dreitausender-Marke überragen.

Links: Das Churer Tor in Feldkirch wurde schon 1491 erbaut, erhielt aber erst 100 Jahre später seine heutige Gestalt mit dem charmanten Treppengiebel. Früher hieß es »Salztor« wegen des benachbarten Salzlagers.

Unten: Der Vermuntsee wird von grandiosen Gebirgszügen umrahmt, auf östlicher Seite verläuft die Silvretta-Hochalpenstraße.

ZWISCHENSTOPP

Hohenems
Bei Hohenems existierte im 9. Jahrhundert eine Burg, die später unter Führung des Uradelgeschlechts derer von Ems zu einer der größten Festungen im süddeutschen Raum anwuchs und deren 800 Meter lange Ruine noch heute zu besichtigen ist.
Zu ihren Füßen steht mit dem Palast Hohenems der wohl bedeutendste Renaissancebau Westösterreichs.
Er wurde als Fundort zweier Handschriften des Nibelungenliedes berühmt.
Vom 17. bis ins 19. Jahrhundert war Hohenems Wohnsitz jüdischer Familien. Über deren Geschichte informiert das preisgekrönte Jüdische Museum in der Villa Heimann-Rosenthal.
hohenems.at

Klostertal
Das Klostertal, das bei Bludenz von der Ill abzweigt und zwischen Verwallgruppe und Lechtaler Alpen 30 Kilometer weit Richtung Osten führt, steht seit alters im Bann des Überlandverkehrs. Grund dafür ist der an seinem Ende aufragende Arlberg. Um den schwierigen Weg über diesen knapp 1800 Meter hohen Pass zu erleichtern, gründeten Johanniter bereits 1218 an dessen Fuß ein Hospiz – die Keimzelle von Klösterle, dem das Tal seinen Namen verdankt. Der Bau der Arlbergbahn im Jahr 1884 bescherte schließlich die touristische Erschließung.

04 Galtür

In diesem hinteren Teil des Paznauntals geht es ruhiger zu als im trubeligen Ischgl. In Galtür gibt man sich gelassen, das Skigebiet Silvapark ist klein, aber fein. Hier hat man sich auf Snowboarder spezialisiert. Auffallend sind die beiden großen Wände an den Talflanken. Sie sollen seit der Katastrophe von 1999, bei der 31 Menschen starben und der Ort eine Woche von der Umwelt abgeschnitten war, vor weiteren Lawinen bewahren. Auch nach Galtür zog es schon früh viele Touristen. Bereits Albert Einstein machte hier Station, und Ernest Hemingway verewigte den Ort in einer Kurzgeschichte. Im Sommer lohnt eine Wanderung in das romantische, ursprüngliche Jamtal. Unter den Augen der Jamtalspitzen und der Dreiländerspitze geht es zur trutzigen Jamtalhütte. Von hier aus kann man auch herrliche Bergwanderungen und Hochtouren unternehmen. Eine Wanderung durch das romantische Jamtal ist ein Muss für jeden Tirolurlauber.

05 Ischgl

Ischgl – dieser Ort steht für mondänen Winterurlaub. Hier trifft sich der internationale Jetset zum Skifahren und natürlich – viel wichtiger – zum Après-Ski. Den jährlichen Höhepunkt der kalten Jahreszeit bilden die »Top of the Mountain Concerts« auf über 2000 Meter Höhe. Drei Konzerte von nationalen und internationalen Musikgruppen sind hier geboten. Die Silvretta Arena, das riesige Skigebiet Ischgls, umfasst über 240 Pistenkilometer und 45 Lifte. Im Sommer wird das Gebiet von Mountainbikern erobert: Auf insgesamt über 1000 Kilometern können verschiedene Touren gefahren werden. Auch zu Fuß gibt es einige Wege, die lohnen und nicht selten einen erfrischenden Bergsee zum Ziel haben. Am Vidersee lockt zudem ein kleiner Wasserpark mit Attraktionen. Das einstige Bergdorf mit alten Bauernkaten ist aber heute überwiegend von Hotels geprägt.

Unten: In den Sommermonaten wirkt das einstige Bergdorf Ischgl fast noch bescheiden und ursprünglich – ganz im Gegenteil zur trubeligen Winterzeit.

Rechts, von oben: Das idyllische Jamtal lässt das Herz von Bergfans höherschlagen.

Und auf der Silvretta-Hochalpenstraße kommen Liebhaber von Serpentinen auf ihre Kosten.

06 Landeck

Mit gleich zwei Burgen kann die Bezirkshauptstadt Landeck aufwarten. Der einstige Sitz der Schrofensteiner Rittersfamilie ist zwar nur noch eine Ruine, dennoch hält sich dessen Bergfried beeindruckend am Berghang. Das Schloss Landeck steht der Ruine noch in alter Pracht gegenüber. Es stammt aus dem 13. Jahrhundert, wurde aber im Laufe der Zeit immer wieder um- und ausgebaut. Heute kann man hier im Sommerhalbjahr das Bezirksheimatmuseum besuchen und unter anderem die ältesten Spielkarten (um 1460) im deutschsprachigen Raum bestaunen. Unter Kunsthistorikern wird auch das Rippengewölbe der Pfarrkirche gerühmt. Diese befindet sich im Südosten der Stadt. Hier kann

man auch noch einem der Besitzer der Burgruine begegnen: Ritter Oswald von Schrofenstein, verstorben 1492 und aus der alten Tiroler Adelsfamilie stammend, hat hier seine letzte Ruhestätte gefunden.

07 Pfunds

In knapp 1000 Meter Höhe liegt dieses pittoreske Bergdorf zwischen Almen und Zirbenwäldern. Hier sind so ziemlich alle alpinen Outdoor-Sportarten im Angebot. Im Sommer wird gewandert, etwa auf dem Klammsteig am Radurschlbach. Zum wunderschönen, an Wildorchideen reichen Hochtal Pfundser Tschey verkehrt jeden Donnerstag ein Wanderbus. Auch werden Mountainbiking, Rafting, Klettern im Waldseilgarten und Bogenschießen auf einem eigens geschaffenen Parcours betrieben. Im Winter stehen Alpinski, Langlauf, Schneeschuhwandern und Eislaufen auf dem Programm. Eine ehemalige Grenz- und Zollstation wurde als mittelalterliche Erlebnisburg Altfinstermünz hergerichtet. In der Greiter Mühle wird im Schaubetrieb wie in alten Zeiten Brot gebacken, die Brennerei Gspan lädt nach Anmeldung zur Verkostung der in Pfunds produzierten Edelbrände und Liköre ein.

08 Nauders mit Burg Naudersberg

Der Kleine Schafkopf, der Piengkopf, der Große Schafkopf, der Wölfeleskopf und der Mataunkopf blicken auf die idyllisch gelegene Berggemeinde Nauders an der Grenze zu Italien. Schon die alten Römer unterhielten hier eine

Eingebettet in die Berghänge und im tiefen Tal des Inns thront Schloss Landeck.

Wer mal das Leben von Burgfräulein und Burgherr nachempfinden möchte, kann sich im Schloss Naudersberg einquartieren.

CAMPING NOVA

Da für Kurzaufenthalte zusätzliche Gebühren entstehen, lohnt es sich, in dieser wunderschön gelegenen Anlage etwas länger zu bleiben. Wandern, Radfahren und Skilanglaufen sind direkt vom Platz aus möglich, per Bus sind weitere interessante Stellen zu erreichen. Ein Erlebnisfreibad liegt gleich nebenan.

Campingstr. 138a, 6793 Gaschurn
campingnova.at, GPS 46.998249, 10.013604

AKTIV-CAMPING PRUTZ

Hübsch eingebettet zwischen Bergen und Inn ist dieser Platz, der mit seiner verkehrsgünstigen Lage punktet. Trotz der Nähe zur Straße hört man eher den Fluss rauschen. An der hauseigenen Sauerbrunnquelle kann man frisches Quellwasser zapfen. Zu einer Raftingbasis wird ein Shuttleservice angeboten. Ganzjährig geöffnet.

Pontlatzstr. 22, 6522 Prutz
aktiv-camping.at, GPS 47.080327, 10.659415

STELLPLATZ VIA CLAUDIASEE

Neben einem Campingplatz angesiedelter Wohnmobilpark, der sich auch für sehr große Fahrzeuge eignet. Die Sanitäreinrichtungen für Camper dürfen allerdings nicht genutzt werden. Man steht auf gut befestigtem, geschottertem Untergrund. Der Check-in ist ganzjährig rund um die Uhr möglich. Brötchenservice gibt es auch.

Rauth 714, 6542 Pfunds
camping-pfunds.at, GPS 46.954459, 10.513228

CAMPING THÖNI

Naturnaher Campingplatz am Rande des Ortes im Süden des Reschensees. Der Platz ist klein, familiär und ideal für Camper, die nah am Reschenpass übernachten wollen. Es sind 30 geräumige Stellplätze vorhanden, außerdem Grillplatz, Spielplatz und ein Aufenthalts- sowie ein Skiraum. Eine Bushaltestelle liegt in der Nähe. Ganzjährig geöffnet, Brötchenservice auf Anfrage.

Landstr. 83, 39027 San Valentino alla Muta
camping-thoeni.it, GPS 46.769897, 10.532529

CAMPING IM PARK

In Glurns im Obervinschgau gelegen, direkt an der Etsch. Die meisten Stellplätze in der überschaubaren Anlage sind für Wohnmobile gedacht. Für diese ist jegliche Infrastruktur vorhanden. Ein besonderes Extra ist die Hundetoilette. Ein Radweg verläuft unmittelbar neben dem Platz. Von Ostern bis Herbst.

Parkweg 1, 39020 Glurns
campingimpark.com, GPS 46.670456, 10.545977

Wegstation, denn die Römerstraße Via Claudia Augusta führte zum südlich gelegenen Reschenpass. Von der Station hat sich nichts erhalten, das imposanteste historische Bauwerk ist Schloss Naudersberg. Die im 14. Jahrhundert errichtete Burganlage war bis 1919 Sitz des Gerichts, weswegen man noch heute für das umliegende Gebiet den Namen »Oberes Gericht« hört. Im Schlossmuseum werden Führungen durch die ehemalige Folterkammer angeboten. Unweit der Burg sollte man auf jeden Fall die St. Leonhardskapelle besichtigen. Die Wandmalereien darin stammen aus dem 12. Jahrhundert und zählen zu den ältesten Nordtirols.

09 Glurns

Im Jahr 1519 machten die Stadtherren von Glurns ihren Mäusen den Prozess. Einer Überlieferung zufolge sollten dann die Nager aus den mittelalterlichen Stadtmauern »in freiem Geleit« in die Schludernser Leitn hinüberziehen. In Schluderns war man darüber nicht erfreut, doch gegen die Bürger von Glurns und die über dem Ort ansässigen Herren der Churburg hatten die Bauern nichts zu sagen. Die Macht von Glurns wurzelte im Salzhandel, dessen Wege entlang der Etsch gen Norden über den Reschenpass und gen Westen in die Schweiz führten. Heute herrscht Frieden zwischen den Nachbarorten. Die Glurnser sind auf ihr Städtchen mit Lauben und den herbstlichen »Seala-Markt«, den Seelenmarkt, stolz, die Dörfler ehren ihre Burg, die seit über 500 Jahren im Besitz der Adelsfamilie Trapp liegt.

Die prachtvollen Gärten von Schloss Trauttmansdorff sind ein Highlight in der Kurstadt Meran. Sie wurden mit einem Höhenunterschied von 100 Meter angelegt.

Am Timmelsjoch ist die Vegetation eher karg, dafür sind die sich bietenden Panoramen umso beeindruckender.

10 Meran

Meran ist von Klima und Anmutung her eine mediterrane Stadt und liefert ein Rundumpaket: Neben den Kuren, die hier genossen werden können, bietet sie auch einiges für das Auge. Sehen und gesehen werden lautet die Devise und sie gilt nicht nur für Sehenswürdigkeiten. An der Pfarrkirche steht lebensgroß der heilige Nikolaus und deutet mit erhobenem Finger durchs Bozner Tor hinaus zur Passer, als wolle er sagen: »Bürger von Meran, passt auf ihre Fluten auf!« Die Schäden von früher sind vergessen, seit flussaufwärts Staubecken die Wassermengen regulieren. Die eleganten Laubengeschäfte stammen aus der Zeit um 1420, als Meran Landeshauptstadt war, und lassen kaum ahnen, dass sich hier früher Kuhställe befanden. Entlang der Passer wird jetzt promeniert, in den nahen Geschäften geshoppt, im Kursaal getanzt und im Jugendstiltheater applaudiert. Wegen ihres milden Klimas wird die 41 000 Einwohner zählende Stadt seit Jahrhunderten von Persönlichkeiten wie Kaiserin Elisabeth besucht. »Sisi« residierte in Schloss Trauttmansdorff inmitten des wunderschönen botanischen Gartens. Jeden Freitag findet ein vielfältiger Markt am Praderplatz statt, neben Südtiroler Spezialitäten werden auch Taschen, Schuhe und Kleidung angeboten.

11 Timmelsjoch

Die Timmelsjoch-Hochalpenstraße über den 2491 Meter hohen gleichnamigen Pass verbindet spektakulär das Südtiroler Passeiertal mit dem österreichischen Ötztal. Sie wird zu Recht als Erlebnisstraße bezeichnet. Der Timmelsjoch-Pass ist Österreichs höchstgelegener Straßengrenzübergang und generell einer der höchsten Alpenpässe überhaupt. Seit Baubeginn 1933 unter dem italienischen Diktator Benito Mussolini dauerte es bis ins Jahr 1968, ehe die Verbindung als Mautstraße in beide Richtungen freigegeben werden

ZWISCHENSTOPP

Serfaus
Gemeinsam mit den Gemeinden Fiss und Ladis teilt sich Serfaus die Sonnenterrasse, eine Talschulter in der Samnaungruppe. Zu bieten hat der Ort vor allem ein beliebtes Skigebiet. Im Jahr 1942 wurden bei einem Großbrand viele Häuser zerstört. Eine Besonderheit ist die Serfauser U-Bahn. Weil der zunehmende Autoverkehr zur Last von Ort und Bewohnern wurde, baute man 1985 kurzerhand eine unterirdische Luftkissenschwebebahn mit einer Streckenlänge von 1,28 Kilometern. Seitdem genießen Urlauber und Anlieger gleichermaßen die gute Luft in ihrem autofreien Ort – und die gute Sonnenstundenbilanz.
serfaus-fiss-ladis.at/de

Obergurgler Zirbenwald
Auf Höhen von 1950 bis 2100 Meter werden etwa 20 Hektar Zirbenbestand des Obergurgler Landschaftsraums geschützt. Zirbelkiefern – die »Königinnen der Baumgrenze« – wachsen hier umgeben von Gletschern. Die Bäume sind zum Teil über 300 Jahre alt. Zur Vermehrung und Erhaltung dieses einzigartigen Baumbestands trägt der Tannenhäher wesentlich bei. Der zur Familie der Rabenvögel zählende Häher frisst vorwiegend Nüsse und Samen der Zirbelkiefer. Ein 4,4 Kilometer langer Erlebnisweg durch den Zirbenwald vermittelt per Schautafeln Interessantes über den Naturraum.

CAMPING BADLERHOF

Ländlich mit ein wenig Luxus wie modernen Sanitäranlagen, Café und sogar Wellnessangeboten präsentiert sich dieser Campingplatz in Laas im Vinschgau. Der kleine Platz ist ein idealer Ausgangspunkt für Wanderungen oder Erkundungstouren in den Alpen. Er liegt an der Via Claudia Augusta, dem Vinschger Radweg.

Kugelgasse 4b, 39023 Laas
camping-badlerhof.it, GPS 46.615662, 10.698756

CAMPING HERMITAGE

Die Lage ist wunderbar: Am Ortseingang von Meran gelegen und dem Prinz Rudolf Smarthotel angeschlossen, gefällt dieser sehr familienfreundliche Platz auch wegen der Nähe zur Seilbahn. Von dort bieten sich Wanderungen ins idyllische Schenna ebenso an wie zum nahe gelegenen Schloss Trauttmansdorff.

Via Val di Nova 29, 39017 Meran
prinzrudolf.com, GPS 46.670897, 11.204016

NATUR CAMPING KUPRIAN

Zelte, Wohnmobile (auch Dickschiffe) und Wohnwagen stehen in dem weitgehend naturbelassenen Gelände munter beieinander. Besonders beliebt: die Panorama-Terrassenplätze mit Blick auf die umliegenden Berge. An allen Stellplätzen gibt es Strom, Wasser, Gasanschlüsse und WLAN. Und zwar das ganze Jahr über.

Huben 241, 6444 Längenfeld
naturcamping.tirol, GPS 47.037480, 10.975763

ÖTZTAL CAMPING

Ein sehr attraktiv zu Füßen eines gewaltigen Wasserfalls gelegenes Gelände, das langgestreckt einem Bach folgt. Der archäologische Freilichtpark Ötzi-Dorf mit Greifvogel-Flugshows ist unschwer zu Fuß zu erreichen, ebenso der Ort Umhausen mit Restaurants und Geschäften. Auch für Wintercamping geeignet.

Mühlweg 32, 6441 Umhausen
oetztalcamping.com, GPS 47.135360, 10.931577

konnte. Beliebt und gefürchtet ist die Ausflugsstraße von Radfahrern, die hier auf 30 Kilometern 1800 Höhenmeter zu überwinden haben. Im Rahmen eines architektonischen Straßenprojekts, das sich »Timmelsjoch-Erfahrung« nennt, informieren auffällige Skulpturen am Straßenrand über die zwei Grenztäler.

12 Sölden

Sölden ist größer als Wien, zumindest was die Fläche betrifft. Rund 470 Quadratkilometer zählen zur Gemeinde, ein Großteil davon ist allerdings nicht besiedelt, denn es befinden sich auch einige Gletscher und Gipfel darunter. Im Winter steht Sölden ganz im Zeichen des Skisports. Derzeit befördern 31 Liftanlagen die Skiläufer und Snowboarder auf die Pisten, die bis zu 3340 Meter hoch liegen. Zwei Gletscher wurden ebenfalls für Touristen erschlossen. Die längste Abfahrt führt über 15 Kilometer hinunter ins Tal. Für nachtaktive Wintersportler bleibt die Rodelbahn in den Wintermonaten jeden Mittwoch bis 21.30 Uhr geöffnet. Über sieben Kilometer kann man zu später Stunde unter Flutlicht in Richtung Sölden flitzen. Im Ort gibt es dann genug Möglichkeiten, seine sportlichen Erfolge zu feiern, das Nachtleben ist ähnlich wie in Ischgl. Sölden ist übrigens auch Austragungsort des Skiweltcups.

ROUTE 2

13 Axams

Wenige Kilometer im Südwesten von Innsbruck liegt dieser 6000-Einwohner-Ort, der zusammen mit den Ortschaften Birgitz und Grinzens ein attraktives Erholungsgebiet bildet. Dichte Wälder, grüne Almen, schöne Wanderwege und faszinierende Aussichtspunkte gibt es hier am Tor zu den Stubaier Alpen zu entdecken. In Axams selbst kann man Wellness genießen oder den Postkutscherhof besuchen. Bekannt ist das Olympia-Skigebiet Axamer Lizum, in dem 1964 und 1976 die Olympischen Winterspiele ausgetragen wurden. Es zählt zu den größten Skigebieten von Innsbruck.

Das letzte Licht des Tages fällt auf das Hochplateau um die Birgitzer Alm.

SILVRETTA UND ÖTZTALER ALPEN

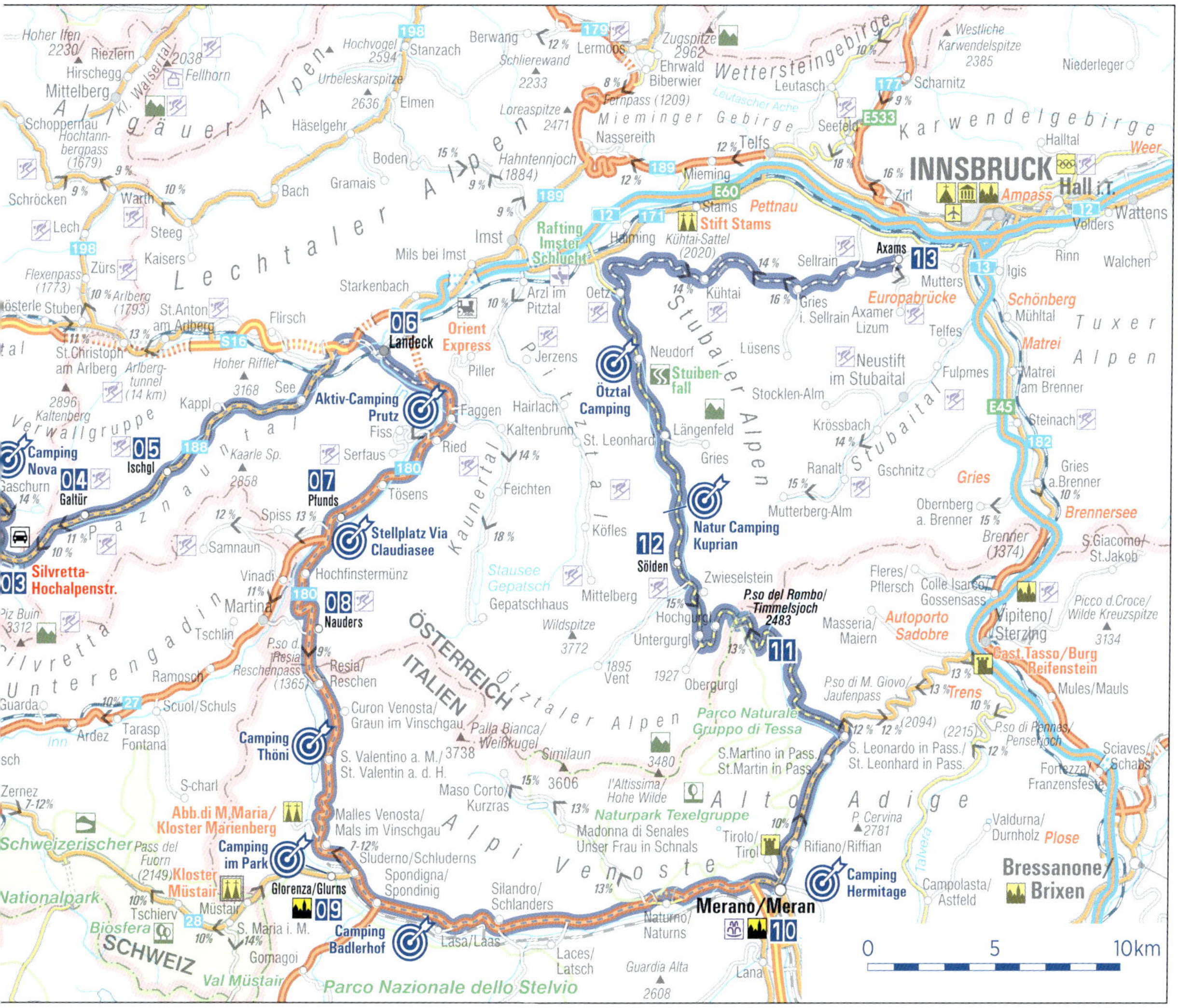

In den Bergen wird das frühe Aufstehen meist belohnt. Bei klaren Wetterverhältnissen fangen bei Sonnenaufgang die Bergspitzen als Erstes an zu leuchten. Sie verkünden einen traumhaften Tag, so wie hier über den Großen Ahornböden im Karwendel.

Kreuz und quer durch das Karwendel

Wenn sich fotogene Berglandschaften mit Sehenswürdigkeiten in Bayern und Österreich abwechseln, verspricht das eine Mischung zu werden, die für einen verlängerten Wochenendausflug perfekt ist.

Auf in die Berge! Die Zugspitze misst als höchster Berg Deutschlands 2962 Meter. Hier genießt man einen atemberaubenden Rundumblick, von den umliegenden Bergen des Wettersteingebirges bis hin zu mehr als 300 weiteren Gipfeln. Die Gebirgslandschaft rund um die Zugspitze mit Lermoos in Tirol, Grainau und der Touristenhochburg Garmisch-Partenkirchen sowie weiter hinaus nach Murnau mit dem Murnauer Moos wird als Zugspitzregion bezeichnet. Auch das daran anschließende, schroffe Karwendelgebirge hat seinen eigenen Reiz.

Rund um Lenggries, Jachenau und Oberammergau erstrecken sich die Gipfel bis ins Tiroler Inntal. Viele Quellen und Bäche sprudeln hier. Ein großer Teil des Wassers fließt im Sylvensteinstausee zusammen. So schlängelt sich auch die Isar als prominentester Fluss zwischen Kiesstränden und Auen durch das Tal.

Der Walchensee und der Kochelsee liegen am Fuße des Werdenfelser Landes, wo bereits der berühmte Expressionist Franz Marc Inspiration für seine Gemälde fand. Kein Wunder, schließlich sind sattgrüne Wiesen, Wälder und Almen, urige Häuser und imposante Berge die ständigen Begleiter. Mit farbenreichen Feldern erfreut das Tölzer Land den Blick aus dem Wohnmobil. Nicht weit entfernt erhebt sich die dunkle Nordflanke der Benediktenwand vor dem Hintergrund grüngrauer Gipfel des Karwendelgebirges. Mit dem Wohnmobil durch die Alpen zu fahren, ist einzigartig!

- **Routenlänge:** 375 km
- **Zeitbedarf:** ca. 4–10 Tage
- **Start und Ziel:** Innsbruck
- **Charakteristik:** Stets gut ausgebaute Straßen, die das Vorankommen problemlos machen. Viele traumhaft schöne Parkplätze.
- **Hot Spot:** Deutschlands höchster Gipfel, die Zugspitze
- **Schönster Campingplatz:** zugspitz-resort.at
- **Best place on tour:** Hausgemachte Kuchen im Eibsee-Pavillon genießen.

Hier geht's zum GPS-Track

tirol.at
zugspitz-region.de

01 Innsbruck

Innsbrucks Lage begeisterte schon Johann Wolfgang von Goethe, der von der »herrlich in einem breiten, reichen Tale zwischen hohen Felsen und Gebirgen« gelegenen Stadt gefangen war. Ein Mann prägte die Geschicke Innsbrucks besonders: Kaiser Maximilian I. Der Habsburger regierte von 1508 bis 1519 über das Heilige Römische Reich Deutscher Nation und erkor Innsbruck nicht nur zu seiner Lieblingsstadt, sondern auch zu seiner Hauptresidenz. Eine bekannte Hinterlassenschaft ist das Goldene Dachl: 2657 vergoldete Kupferplatten zieren Europas wohl berühmtesten Erker. Auch die Altstadt mit der Hofburg, der Hofkirche, dem Grabmal Maximilians I., dem Dom und dem Stadtturm neben dem historischen Rathaus laden zu einem Spaziergang ein. Für Wintersportfreunde ist die Skisprungschanze auf Bergisel interessant, es lockt zudem ein Panoramarestaurant.

02 Axams

Dichte Wälder, grüne Almen und faszinierende Aussichtspunkte gibt es am Tor zu den Stubaier Alpen zu entdecken. Sehenswürdigkeiten sucht man im 6000-Einwohner-Ort Axams aber vergeblich, nur die Johannes dem Täufer gewidmete Pfarrkirche lohnt einen Besuch. Bekannt ist vor allem das Olympia-Skigebiet Axamer Lizum, in dem 1964 und 1976 mitunter die Olympischen Winterspiele von Innsbruck ausgetragen wurden. Mit rund 40 Kilometern präparierter Pisten zählt es zu den größten Skigebieten Innsbrucks.

03 Kühtai-Sattel

Über Sellrain, Gries und St. Sigmund geht es bis auf die aussichtsreiche Passhöhe von 2020 Metern. Vom Inntal ins alpine Hochgebirge führt die maut- und vignettenfreie Straße mit 16 Prozent Steigung durch die überwältigende Bergwelt. Nahe dem Scheitel liegt der Winterskiort Kühtai. Unglaublich, wie sich die einstige Kuhalm (»Chutay«) entwickelt hat. Während hier im Winter der Bär steppt, liegt der Ort im Sommer wie ein Geisterdorf in der Landschaft. Entsprechend verkehrsarm ist die Strecke. Doch Vorsicht auf der Fahrt, denn – wie der Name schon sagt – es sind immer wieder Kühe auf der Straße anzutreffen.

04 Imst

Mit mehr als 10 000 Einwohnern gehört Imst zu den größten Städten Tirols. Erste Bedeutung erlangte es durch den Abbau von Blei und Zinn in der Frühen Neuzeit. Noch heute zeugen historische Bürgerhäuser vom damaligen Wohlstand. Auch reinlich scheinen die Einwohner gewesen zu sein: Über 40 Brunnen gibt es hier, und so kann sich Imst stolz den Beinamen »Stadt der Brunnen« ans Revers heften. Hermann Gmeiner gründete hier übrigens 1949 das erste

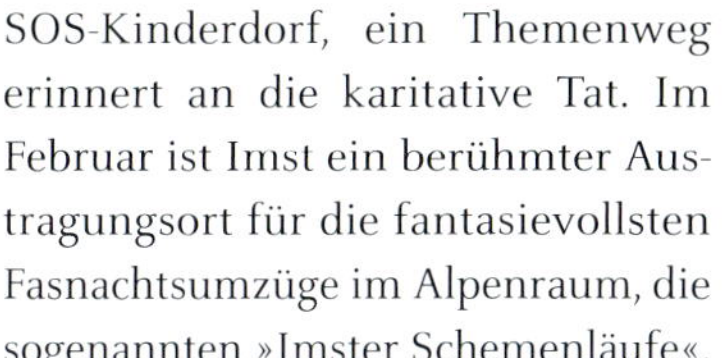

SOS-Kinderdorf, ein Themenweg erinnert an die karitative Tat. Im Februar ist Imst ein berühmter Austragungsort für die fantasievollsten Fasnachtsumzüge im Alpenraum, die sogenannten »Imster Schemenläufe«.

05 Fernpass

Am Grenztunnel Füssen startet die Fernpassstraße, die über Pinswang, Pflach, Breitenwang, Heiterwang und Bichlbach durch den Lermooser Tunnel über den Fernpass nach Nassereith führt. Dabei verbindet sie auch den Reschenpass mit Italien, eine viel befahrene Route. Die maximale Steigung beträgt 8 Prozent, der von Reutte zur Passhöhe zu überwindende Höhenunterschied 359 Meter.

06 Lermoos-Ehrwald

Das Ehrwalder Tal ist mit den Ammergauer und Lechtaler Alpen sowie den Gipfeln der Mieminger Kette Teil

CAMPING NATTERER SEE

Modern, idyllisch und doch ruhig – dieser Platz verwöhnt seine Gäste mit der Nähe zu Innsbruck und der Naturidylle am See. Nadelbäume spenden Schatten, und für Familien mit Kindern gibt es ausreichend Attraktionen am Platz.

Natterer See 1, 6161 Natters, natterersee.com
GPS 47.2368, 11.34002

AKTIV-CAMPING IMST

Direkt am Imster Schwimmbad befindet sich dieser Campingplatz. Er liegt günstig für Wanderausflüge oder Freizeitaktivitäten und eignet sich für alle, die traditionelles Camping mögen, ohne Luxus zu erwarten.

Schwimmbadweg 10, 6460 Imst, camping-imst.at
GPS 47.23987, 10.74532

Von links: Auch im Sommer ist die Bergregion Axams bezaubernd.

In der Innsbrucker Maria-Theresien-Straße erinnert die Anna-Säule mit der Mondsichelmadonna an die Vertreibung der bayerischen Truppen am St.-Anna-Tag (26. Juli) 1703.

ZWISCHENSTOPP

Stift Stams
Wuchtig prangen die Doppeltürme des Stifts Stams in weiß-gelbem Glanz in der Landschaft. Der Ursprung des Stifts liegt einer Legende zufolge in einer historischen Tragödie. So fand Elisabeth, verheiratet mit Graf Meinhard II. von Görz-Tirol, erst aus ihrer Trauer um ihren hingerichteten Sohn Konradin heraus, nachdem ihr Gatte 1273 das Kloster als Ort des Gedenkens gestiftet hatte. Mönche aus dem schwäbischen Kloster Kaishaim bezogen die Anlage, die im 17. Jahrhundert ihr jetziges barockes Gewand bekam. Die hauseigene Dauerausstellung widmet sich der wechselvollen Geschichte. Highlights sind die Orgelkonzerte.
stiftstams.at

Olympiaregion Seefeld
Blumenwiesen unter blauem Himmel und mittendrin das weiße Seekirchl mit Kuppeldach, das Wahrzeichen von Seefeld. Einst waren es Wallfahrer, die es in das beschauliche Dorf mit der Pfarrkirche St. Oswald als »Ort des Wunders« zog. Heute sorgen Wintersportler für Leben im Naturpark. Zusammen mit Leutasch, Mösern, Reith und Scharnitz bildet Seefeld die Olympiaregion Seefeld. Beliebte Freizeitziele sind der Wildsee mit dem Reither Moor und die von einer Bergbahn erschlossene Seefelder Spitze.
seefeld.com

einer grandiosen Berglandschaft. Ebenso zeigt sich im Osten das Wettersteingebirge mit der alles überragenden Zugspitze. »Tiroler Zugspitz Arena« nennt sich die Region touristisch. Ehrwald ist der größte Ort. Von hier aus führt die Seilbahn auf die Zugspitze, den mit 2962 Metern höchsten Berg Deutschlands. Oben verzaubert eine einmalige Aussicht auf die Zwei- und Dreitausender der Ostalpen. Im Winter warten sieben Skigebiete darauf, befahren zu werden. In Sommernächten erstrahlen die Berghänge im Schein der vielerorts brennenden Sonnwendfeuer.

Von links: Ein Stück Kanada am Fuße der Zugspitze – der Eibsee mit seinen acht kleinen Inseln gehört zu den schönsten Fotospots in Bayern.

Auch wenn es verlockend scheint – der Alpenraum ist nicht Skandinavien, wo man dank des Jedermannsrechts fast überall in freier Natur campen darf.

07 Grainau

Am Fuße der Zugspitze in den Bayerischen Alpen gelegen, entzückt das Zugspitzdorf Grainau. Es wurde erstmals 1305 im Grund- und Besitzbuch als »Gruenawe« bezeichnet, was so viel wie »grüne Aue« bedeutet. Nicht weiter verwunderlich, denn der tiefblaue Eibsee und die wildromantische Höllentalklamm zeigen sich im Wechsel zu Wiesen und Wäldern mit sprudelnden Bergquellen. Zusätzlichen Charme verleihen der 3600-Einwohner-Gemeinde der dörfliche Charakter und das bayerische Brauchtum.

08 Eibsee

Sein klares Wasser und die fantastische Bergwelt machen den See zu einem der schönsten der Bayerischen Alpen. Ein Rundweg führt um das Naturwunder herum, das vor mehr als 2000 Jahren durch einen Bergsturz entstand. Die etwa zweistündige Tour (ab dem Parkplatz Eibsee-Hotel) gilt als einer der schönsten Spazierwege: Mal geht es direkt am Ufer entlang,

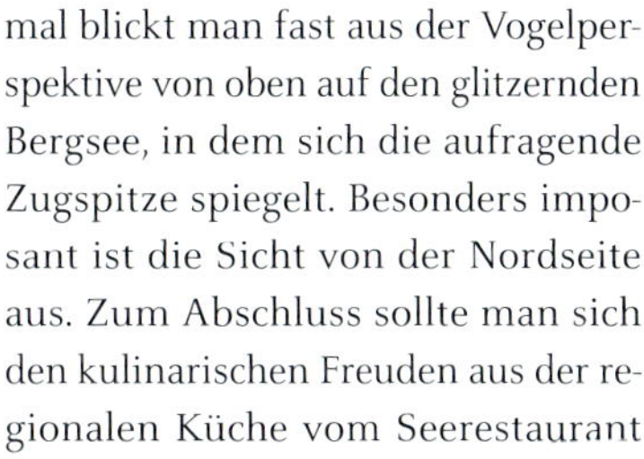

mal blickt man fast aus der Vogelperspektive von oben auf den glitzernden Bergsee, in dem sich die aufragende Zugspitze spiegelt. Besonders imposant ist die Sicht von der Nordseite aus. Zum Abschluss sollte man sich den kulinarischen Freuden aus der regionalen Küche vom Seerestaurant widmen. Es locken fangfrischer Fisch oder hausgemachte Kuchen.

09 Garmisch-Partenkirchen

Ganz gleich wo man in Garmisch steht, fast immer hat man die Zugspitze im Blick. Vor allem die wunderbare Natur und das traditionelle Flair der Altstadt mit ausgedehnter Fußgängerzone machen den Ort zu einem beliebten Reiseziel. Sehenswert sind die Burgruine Werdenfels (Namensgeberin für das Werdenfelser Land), das Königshaus am Schachen (Schlösschen von König Ludwig II.) mit seinem botanischen Garten, das Olympia-Skistadion mit Sprungschanze sowie zahlreiche neugotische und barocke Kirchen.

CAMPINGPLATZ ZUGSPITZ RESORT

Näher dran geht kaum: Dieser Campingplatz überzeugt mit seiner Lage, die direkte Nähe zur Zugspitze garantiert. Er ist gepflegt und modern ausgestattet, Familien freuen sich über die kinderfreundlichen Angebote und genießen den Blick auf das berühmte Panorama, alle Vorzüge des Vier-Sterne-Resorts nebenan sind inklusive.

Obermoos 1a, 6632 Ehrwald, zugspitz-resort.at
GPS 47.42646, 10.9429

WOHNMOBILHAFEN ZUGSPITZE

Ein klassischer Stellplatz auf gekiestem Untergrund mit Blick auf die Zugspitze, der mit seinem guten Preis-Leistungs-Verhältnis punktet. Wer mehr Komfort haben möchte, der stellt sich auf den nahen Campingplatz.

Griesener Str. 2, 82491 Grainau, pure-camping.de
GPS 47.48038, 11.05449

CAMPING RESORT ZUGSPITZE

Für gehobene Ansprüche eignet sich dieser Platz für Wohnmobilisten, die den Besuch der Zugspitze mit einem Bummel durch Garmisch-Partenkirchen vereinbaren wollen. Vor allem die ruhige Lage ist unübertroffen.

Griesener Str. 9, 82491 Grainau, perfect-camping.de
GPS 47.47743, 11.052

ZWISCHENSTOPP

Zugspitze
Die Zugspitze ist mit ihren 2962 Metern der höchste Berg Deutschlands, seinen Gipfel erreicht man mit der Tiroler Zugspitzbahn in nur zehn Minuten. Von der weitläufigen Aussichtsterrasse schweift der Blick bei klarem Himmel über den Großglockner und den Piz Bernina, im Norden bis zum Fernsehturm in München. Außerdem warten ein herrliches Panoramarestaurant sowie ein Erlebnismuseum zur Geschichte des Berges auf Besucher. Daneben finden regelmäßig Gipfelevents wie Fondue-Abende, Mondfahrten, Bergfeuer sowie ein Oktoberfest als »höchste Wiesn« der Welt statt.
zugspitzarena.com

Höllentalklamm
Höllisch imposant hat sich der Hammersbach tief in die wilde Gebirgslandschaft eingeschnitten und die bizarre Klamm erschaffen. Durch Stollen und über Stege und Brücken führen verschlungene Wege, während das Wasser schäumend über Felsblöcke in bis zu 150 Meter tiefe Schluchten tost. Schwierige Partien durch elektrisch erhellte Tunnel, die von einem dumpfen Rauschen erfüllt sind, erfordern Konzentration und Geschick. Nach der Klamm wartet die moderne Höllentalangerhütte mit leckeren Brotzeiten und einer großen Sonnenterrasse. Von Mai bis Oktober geöffnet.
hoellentalklamm-info.de

10 Kloster Ettal

In einem grünen Tal zwischen Ettaler Mandl und Nothberg erhebt sich der mächtige Kuppelbau der prächtigen barocken Klosterkirche von Ettal. Im Inneren zieht das einzigartige Kuppelfresko von 1746 den Blick nach oben: Eine Szene zeigt den heiligen Benedikt, der Kaiser Ludwig dem Bayern ein Marienbildnis übergibt. Seit dem 15. Jahrhundert wurde das von Ludwig gestiftete italienische Marienbild Ziel von Wallfahrten zur Ettaler Madonna. Aufgeblüht ist die Benediktinerabtei erst im frühen 18. Jahrhundert, unterbrochen von einem verheerenden Brand im Jahr 1744 und dem Wiederaufbau im Stil des Hochbarock. Heute umfasst das Kloster landwirtschaftliche Betriebe, mehrere Gasthöfe, eine Destillerie sowie eine Brauerei.

11 Oberammergau

Weltberühmt ist das Gebirgsdorf für die Holzschnitzerei, die eindrucksvollen perspektivischen Fresken des Lüftlmalers Franz Seraph Zwinck am Pilatushaus aus dem 18. Jahrhundert sowie die Passionsspiele. Letztere finden alle zehn Jahre statt, das nächste Mal von Mai bis Oktober 2030. Schon seit 1634 hält sich die Gemeinde an ihr Gelübde und bringt die Geschichte Jesu von Nazareth auf die imposante Freilichtbühne des Passionsspieltheaters von 1930. Inzwischen zeigen sich mehr als 2000 Mitwirkende – also fast die Hälfte der Bewohner von Oberammergau – in der rund fünfeinhalbstündigen Aufführung.

12 Murnau

Murnau liegt eingebettet in das größte zusammenhängende Moorgebiet Mitteleuropas. Es entstand aus dem Bett des Loisachgletschers und weist verschiedenste Moorlandschaften auf. Kaum besiedelt und weitgehend unter Naturschutz stehend, ist das Murnauer Moos Rückzugsort für seltene Insekten-, Vogel- und Pflanzenarten. Mit reizvollem Blick auf das Moor liegt zwischen Staffelsee und Riegsee etwas erhöht Murnau. Die 12 150-Einwohner-Stadt ist stark mit der Künstlervereinigung »Blauer Reiter« des Expressionismus verknüpft. Daran erinnert auch das »Russenhaus«, das Wohnhaus der Malerin Gabriele Münter (von 1909 bis 1914 auch das ihres russischen Lebensgefährten Wassily Kandinsky) war. Es ist mit seinen bunt bemalten Möbeln und dem hübschen Garten eine einzigartige Erinnerungsstätte.

13 Kochel am See

Mitten im Werdenfelser Land liegen die beiden Bergseen Walchensee und Kochelsee. Im Zentrum von Kochel steht das Denkmal des sagenumwobenen Helden Schmied von Kochel, der im Jahr 1705 den Bauernaufstand gegen das Regime der Habsburger anführte und in der »Mordweihnacht« auf dem Sendlinger Friedhof in München starb. Rund um den Walchensee, der Kunstliebhabern durch Werke des Malers Lovis Corinth bekannt ist, spürt man einen kräftigen Gebirgswind. Deswegen ist der See besonders bei Surfern beliebt. Wenn sich große Wogen bilden, hat sich der Legende nach der gigantische »Waller vom Walchensee« bewegt.

14 Bad Tölz

Im alten Flößerort Bad Tölz sieht man zur Leonhardifahrt Jung und Alt in Tracht. Sie erklimmen die Wallfahrtskapelle (18. Jahrhundert) auf dem Kalvarienberg nördlich der Stadt. Aber auch an jedem anderen Tag ist die historische Altstadt von Bad Tölz einen Besuch wert. Häuser mit Lüftlmalerei und Stuckverzierungen gibt es in Hülle und Fülle, die bunten Fassaden mit bemalten Barockgiebeln auf der kopfsteingepflasterten Marktstraße gehen bis ins 18. Jahrhundert zurück. Beim Bummeln lassen sich regionale Souvenirs erstehen oder man flaniert an den Wegen des Isarufers.

15 Jachenau

Über das von einer herrlichen Bergwelt umgebene Lenggries mit seinen schmucken Bauernhäusern, urigen Hütten und Almen gelangt man in das stille Hochtal. Die Jachenau gilt als Geheimtipp für alle, die das Ursprüngliche suchen. Zahlreiche und selten überlaufene Wanderwege führen auf die umliegenden Gipfel. Benannt nach dem gleichnamigen Flüsschen, das vom Walchensee aus südlich der Benediktenwand Richtung Lenggries fließt und dort in die Isar mündet, könnte das Bauernland glatt einem Bilderbuch entsprungen sein. In der unberührten Natur sprießen viele Kräuter, die bei geführten Wanderungen verkostet werden können.

16 Isarwinkel

Die Jachenau gehört genauso zum Isarwinkel wie Bad Tölz, Neu-Fall, Vorderriß, Lenggries und die beiden Seen Sylvensteinstausee und Walchensee. An Letzterem steht (nahe der Talstation der Herzogstandbahn) das Wikingerdorf Flake, dessen Häuser als Kulissen der »Wicki«-Filme von Michael Bully Herbig dienten. Die Gegend rund um die Isar erstreckt sich nördlich von Wallgau und punktet mit ihrer herrlichen Natur.

Von oben: Dem spätgotischen Zentralbau der Klosterkirche Ettal wurde im 18. Jahrhundert eine modische barocke Fassade vorgeblendet.

Die Geschichte von Tölz beginnt mit der Isarbrücke: Über sie zogen die Säumer mit Salz, unter ihr schwammen die Flöße mit Holz aus dem Isarwinkel.

Wild campen ist in Bayerns Naturschutzgebieten verboten, aber zum Rasten dürfen Camper die Parkplätze mit dem sensationellen Bergpanorama nutzen.

CAMPINGPARK OBERAMMERGAU

Wenn es zentral in Oberammergau sein soll, dann eignet sich dieser Platz gut, um das Wohnmobil sicher und geschützt abzustellen und sich in den Urlaubsmodus zu begeben. Er ist gut ausgestattet und bietet schöne Alpenblicke.

Ettaler Str. 56b, 82487 Oberammergau
campingpark-oberammergau.de, GPS 47.59023, 11.06872

CAMPINGPLATZ DEMMELHOF

Idyllischer geht es kaum: Direkt am Stallauer Weiher gelegen, den Bauernhof im Rücken und die Einsamkeit des Voralpenlandes um sich herum. Wer Landleben schnuppern möchte, ist hier richtig. Einfach auf den Badesteg setzen und entspannen.

Stallau 148, 83646 Wackersberg/Bad Tölz
campingplatz-demmelhof.de, GPS 47.75075, 11.49986

ALPEN-CARAVANPARK ACHENSEE

Modernste Sanitäranlagen, ideenreiche Spielplätze und Freizeiteinrichtungen für Kinder und Jugendliche, dazu die Lage direkt am See – dieser Platz eignet sich für alle, die gehobenere Ansprüche haben, es gerne etwas komfortabler möchten und auf eine schöne Lage nicht verzichten wollen.

Sixenstraße 17, 6215 Achenkirch, camping-achensee.com
GPS 47.49942, 11.70601

KARWENDEL-CAMPING

Dieser Platz hat Flair, überzeugt mit modernen Sanitäranlagen und schön eingefriedeten Plätzen. Für alle, die ihre Zeit am Achensee noch verlängern wollen. Der Platz liegt schon an der Strecke nach Innsbruck.

Planbergstraße 23, 6212 Maurach, karwendel-camping.at
GPS 47.42154, 11.74038

17 Sylvensteinstausee

An einen norwegischen Fjord erinnert der von der Isar gespeiste Stausee. Man sieht es dem Gewässer nicht an, dass es von Menschenhand geschaffen wurde. Als 1954 die Bauarbeiten begannen, musste das dort beheimatete Dorf Fall (es verdankt seinen Namen dem Wasserfall der Faller Klamm) mit Holzhäusern, Gasthaus, Forstamt und Kapelle abgerissen und die Bevölkerung umgesiedelt werden. Fall wurde einige hundert Meter zwischen Lenggries und Vorderriß wieder aufgebaut und Neu-Fall benannt. Die Grundmauern von Alt-Fall sind immer nur nach langen Trockenperioden sichtbar.

18 Achensee

Im Westen begrenzt das Karwendelgebirge das Achental, das sich mit seinen Wiesen und Wäldern idyllisch von den grauen Felswänden abhebt. Die größte Ortschaft ist Eben am Achensee. Man erreicht sie unter anderem mit der Achenseebahn, der ältesten Dampf-Zahnradbahn Europas. In Achenkirch stehen einige alte Bauernhäuser mit schönen Wandmalereien. Zehn Kilometer weiter kann man sich

Fast zehn Kilometer lang und einen Kilometer breit liegt der Achensee blau funkelnd im Tal.

in Steinberg an der Entzifferung mysteriöser Hieroglyphen versuchen: Die Schneidjoch-Inschriften entstanden um 500 v. Chr. Was sie bedeuten, weiß man allerdings nicht. Hauptattraktion und bei der Weiterfahrt immer im Blick ist der Achensee selbst – der größte See Tirols.

19 Jenbach

Im Unterinntal südlich des Achensees liegt Jenbach. Hier befindet sich der Ausgangspunkt für zwei historische Bahnen: Seit 130 Jahren begeistert die Achenseebahn mit ihrem altehrwürdigen Gründerzeit-Charme. Zusätzlich dampft die Lokomotive der Zillertalbahn auf Schmalspurgleisen mit rund 35 Stundenkilometer die 32 Kilometer lange Strecke ins Zillertal. Mehr zu den Zügen, aber auch zur Geschichte der örtlichen Sensenindustrie erfährt man in den 19 Räumen des Jenbacher Museums. Das ebenfalls dort untergebrachte Skimuseum ist nicht nur für Anhänger und Fans des Skisports interessant.

20 Innsbruck

Vorbei am stolz über dem Inntal thronenden Schloss Tratzberg und der alten Silberstadt Schwaz geht es nun zurück nach Innsbruck, dem Startpunkt der Tour.

ZWISCHENSTOPP

Blombergbahn
Bekannt ist der Blomberg für seine Sommerrodelbahn. Rund 1300 Meter schlängelt sich die Strecke durch malerischen Bergwald und über blühende Almwiesen. Zahlreiche Steilkurven sorgen für Spaß, das Tempo kann man selbst bestimmen. Zum Start führt eine Doppelsesselbahn.
blombergbahn.com

ROUTE 3 **KARWENDEL**

Wanderer am Kleinen Törl genießen bei Kaiserwetter den sensationellen Ausblick auf den Talkessel von Ellmau und Going, in der Ferne leuchten die Hohen Tauern.

Fernsicht inklusive

Entlang der Salzach führt diese Tour von Salzburg bis nach Kitzbühel, vorbei an einsamen Bauernhöfen und mondänen Skiorten. Schönste Panoramen sind stets garantiert.

Es ist das intensive Blau, das den Wohnmobilisten auf dieser Tour lange begleitet: Die Salzach weist den Weg in die Berge. Begonnen aber wird erst mal in der namengebenden Stadt: Salzburg. Nicht ohne Grund trägt sie das weiße Gold im Namen, denn Salz war lange ihre Haupteinnahmequelle und hat für Wohlstand und Arbeit gesorgt. Heute erinnern die Salzwelten an diese Zeit. Einen Besuch lohnen auch die Lebensorte des berühmtesten Sohnes der Stadt, Mozart. Nach kulinarischen Ausschweifungen, vielleicht mit Mozartkugeln oder Salzburger Nockerln im Bauch, geht es endlich auf Tour: Die Salzach ist der Wegweiser.

Auch Hallein ist von der einstigen Salzproduktion geprägt, heute allerdings ist der Wintersport wirtschaftliches Standbein der Region. Der Tennengau mit seinen sanften Hügeln und schroffen Schluchten bietet sich nicht nur zum Wandern und Mountainbiken an, sondern lässt auch Genießerherzen höherschlagen. Käsereien und Schnapsbrennereien säumen die Wege. Wer auf Alkohol lieber verzichtet, freut sich über die Vielfalt schmackhafter Säfte, die Gegend ist ausgezeichnet als Österreichs Genussregion. Es gibt sogar eigene Genusswege zu entdecken. Schließlich lockt noch St. Johann mit der Liechtensteinklamm, kleinen Kapellen am Wegesrand und schönen Wanderungen.

In Zell am See erfrischt man müde Füße, bevor es weitergeht nach Kitzbühel, dem mondänen Endpunkt dieser Tour.

- **Routenlänge:** ca. 210 km
- **Zeitbedarf:** ca. 1 Woche
- **Start und Ziel:** Salzburg | Kössen
- **Charakteristik:** Aussichtsreiche Tour durch etliche kleine und größere Urlaubsorte in Österreich. Abgesehen von einigen engen Nebenstraßen sind die Straßen gut ausgebaut.
- **Hot Spot:** Eisriesenwelt bei Werfen
- **Schönster Campingplatz:** camping-stveit.at
- **Best place on tour:** Mozartkugeln in Salzburg naschen.

Hier geht's zum GPS-Track

salzburg.info, zellamsee-kaprun.com
kitzbueheler-alpen.com

01 Salzburg

»Die ganze Stadt ist eine Bühne«, meinte einst Max Reinhardt, Mitbegründer der Salzburger Festspiele. die Alpenmetropole zählt nicht nur dank ihres berühmten Sohnes Wolfgang Amadeus Mozart zu den großen Kunstmetropolen des Kontinents. Hohenfeste, Dom, Kollegienkirche, Residenz, St. Peter und Schloss Mirabell: Das urbane Gesamtkunstwerk an der Salzach zwischen Kapuziner-, Mönchs- und Festungsberg betört die Sinne mit einem überschwänglichen Barockambiente. Zu verdanken hat die Nachwelt dieses Juwel im Wesentlichen Fürsterzbischof Wolf Dietrich von Raitenau. Der ließ um 1600 Teile des mittelalterlichen Stadtkerns abreißen und die zentralen Freiräume anlegen. Später komplettierten Amtsnachfolger wie Markus Sittikus, Johann Ernst Graf Thun und Hieronymus Colloredo das Architekturensemble.

02 Hallein

Schon der Name dieser zweitgrößten Stadt des Salzburger Landes, dem Hauptort des Tennengaus, bezeugt ihr hohes Alter: Die Stammsilbe »hal«, die auch im Ortsnamen des benachbarten Bad Reichenhall sowie in dem von Hallstatt steckt, steht in der keltischen Sprache für »Salz«. Heute hat Hallein nicht mehr wegen seiner Salzminen und Salinen, sondern als Einkaufs-, Schul- und Industriestadt überregionale Bedeutung. Die verträumten Gassen mit ihren uralten, im Salzach-Inn-Stil erbauten Häusern machen den sehr gepflegten Stadtkern zu einem Kleinod mittelalterlicher Baukunst. Herausragend im doppelten Sinne sind die Stadtpfarrkirche und das spätgotische Peterskirchlein. Gleichfalls im Kirchenbezirk steht das heute als Museum gestaltete einstige Wohnhaus von Franz Xaver Gruber, dem Komponisten von »Stille Nacht, heilige Nacht«.

03 Golling

Dringt man weiter in den Süden vor, gebärdet sich die Landschaft zusehends unbändiger, gebirgiger. Bei Golling, das sich aus früheren Jahrhunderten ebenfalls ein schmuckes Ensemble von Gasthöfen und Bürgerhäusern bewahrt hat, stürzt ein Wasserfall in die Tiefe. Ein noch dramatischeres Naturschauspiel genießt, wer auf den gesicherten Stegen und Treppen durch die nahe gelegenen Salzachöfen steigt – eine Schlucht, die der Fluss im Laufe der Äonen gurgelnd und gischtend auf rund einem Kilometer Länge zwischen Tennen- und Hagengebirge in den Fels gefräst hat.

04 Pass Lueg

Im Salzachtal steuern Wohnmobilisten auf eine Passtraße zu, die durch das enge Tal führt. Wohl schon in der Bronzezeit war sie eine wichtige Route für die Menschen, um ihre Waren auszutauschen. Davon erzählt auch der etruskische Kampfhelm, der 1838 am Pass gefunden wurde. Ob die Römer, die französisch-bayerischen Truppen oder sehr viel später die Gastarbeiter, die von Griechenland oder der Türkei nach Norden strebten, der Pass bleibt ein wichtiges Zeugnis der Historie. Die Festung, die mit dem Pass verschmolzen scheint, zeugt davon, dass es schon im 12. Jahrhundert Mautstellen gab.

Neben Kriegerdenkmalen dokumentiert auch die als »Kroatenhöhle« bezeichnete Festung, dass es an diesem Nadelöhr immer wieder zu Auseinandersetzungen kam. Sehenswert ist auch die Kapelle Maria Brunneck mit ihrer barocken Ausstattung.

05 Werfen

Mit knapp 3000 Einwohnern ist Werfen die zweitgrößte Gemeinde im Pongau. Besucher kommen vor allem wegen der Festung Hohenwerfen aus dem 11. Jahrhundert oder der Eisriesenwelt, der größten Eishöhle der Welt, hierher. Doch neben diesen Top-Attraktionen hat der Ort noch weitere interessante Sehenswürdigkeiten zu bieten: Für Kenner des Films

CAMPING NORD-SAM

Mit einem kleinen Pool auf dem Gelände, die Stellplätze durch schützende Hecken voneinander abgetrennt und drei Kilometer von der Altstadt entfernt, bietet dieser Platz den perfekten Rahmen für alle, die Stadtfeeling suchen und abends doch entspannen wollen.

Camping Nord-Sam, Samstr. 22a, 5023 Salzburg
camping-nord-sam.com, GPS 47.82723, 13.06261

AUWIRT CAMPING

Dieser Platz nahe der Tauernautobahn bietet sich für die Durchreise an. Zur Straße hin gibt es eine Schallschutzmauer, auf der anderen Seite schweift der Blick über freie Wiesen, die Berge und den platzeigenen Bach. Für Radfahrer liegt dieser Platz ideal, Hallein und Salzburg lassen sich gut mit dem Velo erreichen.

Salzburger Str. 42, 5400 Hallein, auwirt.com
GPS 47.7042, 13.06954

CAMPING MARTINA

Direkt am Ufer der Salzach und nur rund einen Kilometer von der Autobahn entfernt, liegt dieser familiär geführte Stellplatz – Panoramablick auf die Alpen und der nahe Gollinger Wasserfall als Ausflugsziel sind gratis inklusive.

Wasserfallstraße 235, 5440 Golling, campingmartina.at
GPS 47.59738, 13.16477

Von links: Auf der Bergstraße in Richtung Werfen durchquert man bäuerliche Landschaften.

Der Gollinger Wasserfall, aus dem Schwarzbach gespeist, stürzt rund 100 Meter über moosbewachsene Felsen in die Tiefe.

»The Sound of Music« über die Trapp-Familie gibt es einen eigenen Trail, an dessen Stationen bekannte Liedtexte die Spaziergänger zum Mitsingen auffordern. Zahlreiche weitere Wanderwege erschließen die Umgebung. Jung und Alt begeistert auch der Tauernradweg. Ganz Sportliche kommen beim Jetbootfahren, Canyoning oder Paragliding auf ihre Kosten. Einen Tag Zeit sollte man sich trotz des großen Freizeitangebots für die Erlebnisburg Hohenwerfen nehmen: Höhepunkt einer Besichtigung ist die Flugshow des Landesfalkenhofes.

06 Bischofshofen

Die Weiterfahrt führt durch eine Bergwelt von teils geradezu dolomitenhaften Dimensionen nach Bischofshofen.
Die mit gut 10 000 Einwohnern größte Gemeinde des Bezirks Pongau stand vom 13. bis ins frühe 19. Jahrhundert im Besitz der Chiemseer Bischöfe und nennt eine ursprünglich romanische Pfarrkirche samt kostbarem Hochgrab aus Marmor ihr Eigen. Sehenswert sind auch die spätgotische Frauenkirche mit interessanten Fresken sowie die romanisch-gotische Buchbergkirche. Wintersportfreunden ist der Ort jener Skisprungschanze wegen ein Begriff, auf der alljährlich am Dreikönigstag die Vierschanzentournee ihren Abschluss findet. Von der Schanze aus kann man einen Spaziergang bis zum Gainfeldwasserfall unternehmen. In der weiteren Umgebung befindet sich der UNESCO-Geopark »Erz der Alpen«, er gibt spannende Einblicke in die einstige Erzgewinnung.

Von oben: Über Werfen und dem Salzachtal thront majestätisch auf 600 Meter Höhe die Burg Hohenwerfen.

Die Landschaft mit Tennengebirge bei St. Johann im Pongau ist im Frühling und Sommer ein Eldorado für Wanderfreunde.

07 St. Johann im Pongau

Die Kleinstadt liegt zentral mitten im Salzburger Land. Sie ist im Winter das Tor zum Skigebiet Snow Space Salzburg, Teil der Salzburger Sportwelt, sowie von Ski amadé, Österreichs größtem Skiverbund. Durch die direkte Verbindung von Alpendorf nach Wagrain und Flachau stehen Wintersportlern 120 Kilometer bestens präparierte Pisten und 45 moderne Skilifte zur Verfügung. Im Sommer ist das bewaldete Hochgründeck ein beliebter Aussichtsberg. Von Alpendorf führt eine Gondelbahn auf den Geisterberg mit 40 Spielstationen – Wasserspiele, Klettertürme, Schaukeln und Rutschen.

08 Schwarzach

Auf dem Sonnenplateau gelegen, breitet sich um Schwarzach eine ganz eigene Stimmung aus. Die Alpenwiesen duften, die Berge erheben sich im Hintergrund aus dem schneebedeckten Panorama der Hohen Tauern. Schwarzach ist eigentlich eine Wintergemeinde, liegt sie doch zentral zum beliebten Wintersportgebiet Ski amadé. Doch inzwischen hat man sich auch auf Sommertouristen eingestellt und mit Wander- und Radwegen viele Freizeitmöglichkeiten geschaffen. Rustikale Almen und wunderbare Natur wie etwa die Liechtensteinklamm, eine spektakuläre Alpenschlucht, runden das Angebot ab. Dank des Skigebietes gibt es ein gutes Netz an Hütten und Gastronomie, das Wanderer begleitet. Wegen seiner Höhenlage und der vielen Sonnenstunden ist Schwarzach als heilklimatischer Kurort anerkannt.

09 Lend

Inmitten des Nationalparks Hohe Tauern gelegen, bietet sich Lend für einen Natururlaub an. Die gurgelnde Salzach zieht sich wie ein blaues Band durch den Ort. Die meisten kennen Lend nur

ZWISCHENSTOPP

Eisriesenwelt
Unmittelbar hinter dem Pass Lueg, der ersten sanften Hürde auf dem Weg durch das Salzachtal Richtung Süden, weist ein Schild den Weg zur Eisriesenwelt. Hinter dem so rätsel- wie zauberhaften Namen verbirgt sich eine echte Sensation: die weltweit größte Eishöhle – ein über 47 Kilometer langes, auf rund 30 000 Quadratmetern mit einer Eisglasur überzogenes, unterirdisches Labyrinth.
Im Inneren erwartet den Besucher eine 75-minütige geführte Wanderung durch gigantische, bunt beleuchtete Felsendome und -hallen, zu glitzernden Eisseen und vorbei an funkelnden, gefrorenen Wasserfällen.
eisriesenwelt.at

Burg Hohenwerfen
Spektakulär thront sie auf einem Felsen über der Salzach. Eine starke Ringmauer sichert die Burg aus dem 11. Jahrhundert. Die Anlage wurde wie die Festung Hohensalzburg von Erzbischof Gebhard errichtet, der seine Besitztümer nach dem Investiturstreit vor Plünderungen durch Truppen Heinrichs IV. schützen wollte. Heute ist die Burg nicht nur als Ausflugsziel beliebt, sondern auch als Kulisse für Hollywoodfilme. Das burgeigene Museum mit Waffensaal gibt Einblicke in die alten Verliese und eine Falknerei erfreut mit Flugshows.
salzburg-burgen.at

ZWISCHENSTOPP

Liechtensteinklamm
Etwa fünf Kilometer südlich von St. Johann im Pongau, bei Schwarzach, erreicht man die Liechtensteinklamm. Benannt nach Fürst Johann von Liechtenstein, der im Jahr 1805 ihre Erschließung für Fußgänger finanzierte, zählt sie dank ihrer Länge von 1200 Metern und einer Tiefe von 180 Metern zu den eindrucksvollsten Schluchten des Ostalpenraums. Dementsprechend groß ist die Zahl der Wanderer, die hier in der warmen Jahreszeit den Großarl-Bach vor seiner Mündung in die Salzach als grandioses Naturschauspiel bewundern. Im Winter gesperrt.
josalzburg.com

Gasteinertal
Das längste Seitental der Hohen Tauern punktet mit grandioser Aussicht auf die 3000er-Gipfel. Der Ort ist bekannt für seine radonhaltigen Thermalquellen, deren Wasser bei vielen Beschwerden lindernd wirkt. Schon Kaiser Franz Joseph und Sisi kamen zur Kur nach Bad Gastein. Neben den Anwendungen mit Heilwasser warten auf Besucher Naturerlebnisse. Ein 350 Kilometer langes Wanderwegenetz bietet zahlreiche Möglichkeiten, die Gegend zu erkunden, von Themenwegen bis zur Tour auf den Stubnerkogel mit einer der höchsten Hängebrücken Europas.
gasteinertal.com

als verkehrsreichen Durchgangsort, es eignet sich aber gut als Ausgangspunkt für Erkundungen der Umgebung. So lässt es sich von dort aus zum Bauernhofdorf Embach wandern, das sich auf einer Höhe von 1013 Metern befindet. Es liegt als Aussichtsterrasse eingebettet in das grandiose Alpenpanorama und bietet nicht nur bilderbuchschöne Bauernhöfe und Kräuterkurse, sondern auch eine Töpferei. Die Wallfahrtskapelle Maria Elend lohnt ebenso eine Wanderung wie die Ölbergkapelle oder das Gasthaus Oberwirt. Und wer noch mehr sehen möchte, macht sich auf in die Nachbarorte Taxenbach, Dorfgastein oder Rauris – zu Fuß oder vielleicht auch per Rad.

10 Zell am See

Die am Westufer des Zeller Sees gelegene Stadt geht auf die Gründung des Klosters Cella in Bisoncio aus dem 8. Jahrhundert zurück und genoss auch dank ergiebiger Kupferminen im nahen Hirzbachtal und in Limberg im 14. Jahrhundert das Marktrecht. Heute ist sie das Bezirkszentrum des Pinzgaus und ein Touristenmagnet. Bei einem Bummel durch den verkehrsberuhigten, teilweise noch mittelalterlichen Ortskern fallen mehrere historische Gebäude ins Auge: das über 400 Jahre alte Renaissanceschloss Rosenberg, das heute als Rathaus fungiert, die im Kern romanische und doppelt so alte St.-Hippolyt-Kirche und der Vogtturm, der auf eine mehr als 1000-jährige Geschichte zurückblickt. Er beherbergt heute ein Heimatmuseum, mit Exponaten zur Geschichte der Region sowie See- und Naturkunde.

11 Kaprun

Das an der Mündung der Kapruner Ache in die Salzach gelegene Kaprun war, bevor es ab dem späten 19. Jahrhundert zu einer Karriere als Fremdenverkehrsgemeinde durchstartete, ein ärmlicher Kirchenweiler. Es verfügt mit dem Bürgkogel über eine Fundstätte bronzezeitlicher Siedlungsreste. Von seiner Burg, die heute mitsamt ihrem Bergfried renoviert über der Landschaft steht, beherrschten seit dem 12. Jahrhundert diverse Grafengeschlechter und später ein erzbischöflicher Pfleger den Mittelpinzgau. Hauptattraktionen der Gemeinde, die sich mit Zell am See zur Urlaubsregion »Zell am See-Kaprun« zusammengeschlossen hat, sind die Tauernkraftwerke und der Gletscherskizirkus auf dem Kitzsteinhorn. Spannend ist auch

die Siegmund-Thun-Klamm, die aus gutem Grund schon in der Frühzeit des Tourismus Naturfreunde anlockte.

12 Mittersill

Zwischen den grünen Wiesen des Tals breitet sich Mittersill aus, das vor allem bei Golfern sehr beliebt ist. Aber auch andere sportliche Aktivitäten bieten sich an, wie etwa Wanderungen auf dem Hohe Tauern Panorama Trail, der sich auf 17 Etappen von den Krimmler Wasserfällen bis zur Schmittenhöhe zieht. Radfahrer erfreut die Region mit Wegen, die für jeden Anspruch das Richtige bieten, ob für gemütliche E-Bike-Touren, fordernde Mountainbike-Runden oder sogar für den Trendsport Gravelbiking. Im nahen Hollersbach gibt es

SONNENTERRASSEN-CAMPING SANKT VEIT

Wie schön ist das denn? Man campt auf einer kleinen Anhöhe, weiß moderne, saubere Sanitäranlagen auf dem Platz und kommt nebenbei in den Genuss des Heilklimas auf 600 Metern Höhe. Familien freuen sich über den schönen Spielplatz.

Bichlwirt 12, 5621 St. Veit im Pongau, camping-stveit.at
GPS 47.32485, 13.16634

BIOBAUERNHOF LAINER

Campen auf sonnigen, weiten Wiesenflächen können Wohnmobilisten auf diesem Biohof. Für Womos stehen befestigte Plätze zur Verfügung, der Blick schweift weit über die Berge, denn der Hof liegt auf einem Plateau. Schafe, Ziegen und Pferde werden hier gehalten, Kinder freuen sich über die Hasen und frei laufenden Hühner, deren Eier das i-Tüpfelchen für ein perfektes Womo-Frühstück darstellen.

Heuberg 6, 5651 Embach, unteregg.at
GPS 47.2975, 13.03107

SEECAMP ZELL AM SEE

Wenn man schon in Zell am See ist, dann möchte man auch am See aufwachen, oder? Dieser Campingplatz bietet die Gelegenheit dazu. Direkt nebenan gibt es einen öffentlichen Badeplatz. Die Parzellen sind durch Hecken geschützt, die Sanitäranlagen gut in Schuss und es gibt sogar einen eigenen Bootsverleih.

Thumersbacher Str. 34, 5700 Zell am See, seecamp.at
GPS 47.33962, 12.80902

Von links: Wer etwas auf sich hielt, genoss einst die Sommerfrische in Bad Gastein und absolvierte hier mehrwöchige Badekuren.

Traumkulisse am Zeller See – das glasklare Wasser wird von den grünen Hängen der Schmittenhöhe und dem Gletscher des Kitzsteinhorns umrahmt.

einen Naturbadesee und Stuhlfelden punktet mit einem großen Angebot für Bogenschützen oder solche, die es werden wollen. Schließlich ist es das erste Bogendorf Europas. Seilbahnen sind ebenfalls vorhanden und bringen die Gäste zur Resterhöhe in den Kitzbüheler Alpen – auch gerne mit Mountainbike, denn dort gibt es spektakuläre Pisten.

13 Pass Thurn

Dieser Pass verbindet Mittersill mit Kitzbühel. Sein höchster Punkt liegt auf 1273 Metern Seehöhe. Die stark befahrene Strecke ist modern ausgebaut, einige Haarnadelkurven machen älteren Fahrzeugen jedoch zu schaffen. Am besten rollt man im selben Gang hinunter, mit dem man hinaufgefahren ist, selbst wenn der Motor heult. Der Pass war schon in der Bronzezeit ein wichtiger Handelsweg und ist es bis heute geblieben. Während früher Metalle oder Salz über die Anhöhe transportiert wurden, nutzen ihn heute vornehmlich Touristen. Es lohnt sich, nicht sofort durchzueilen. Wer Zeit hat, sollte die Stunden für eine kleine Wandertour nutzen, denn am Pass befinden sich Hochmoore mit seltener Tierwelt.

14 Kitzbühel

Schicke Boutiquen, ein Kasino und Hotels im oberen Preissegment – Kitzbühel gilt als Treffpunkt der Reichen und Schönen. Durch das Hahnenkamm-Rennen auf der legendären Streif ist die Stadt als Wintersportort berühmt. Wenn sich im Januar die Athleten einfinden, versammelt sich auch Prominenz aus Politik, Kultur und Klatschspalten in der Stadt. Ganzjährig besitzt Kitzbühel ein hübsches Stadtbild mit historischen Bürgerhäusern. Es blieb im Lauf seiner Geschichte weitgehend von Zerstörungen verschont. Im Dreißigjährigen Krieg etwa machten die Schweden kurz vor Kitzbühel halt, im Zweiten Weltkrieg soll sich der amerikanische Bomberpilot an seinen Winterurlaub in Kitzbühel erinnert haben und die Bomben lieber auf unbewohntes Gebiet abgeworfen haben. Wer einen Rundgang durch die Altstadt unternimmt, den wird das historische Ortsbild begeistern.

15 St. Johann in Tirol

Im Norden thront der Wilde Kaiser, im Süden erheben sich die ersten Ausläufer der Kitzbüheler Alpen: Touristisch gesehen liegt die Gemeinde St. Johann in Tirol – so der volle Titel – sehr günstig. Winterurlauber haben es von hier aus nicht weit in die umliegenden Skigebiete, im Sommer warten der Flusserlebnisweg Großache oder das Naturschutzgebiet Kaiserbachtal darauf, erwandert zu werden. Der Tourismus setzte hier Ende des 19. Jahrhunderts ein, zuvor erlangten die

ZWISCHENSTOPP

Nationalpark Hohe Tauern
Eine »Zauberwelt« aus Almen, Fels und Eis, »voll großartiger, wilder Naturscenen und von lieblichen, herrlichen Blüthen umfluthet« – so beschrieb vor 150 Jahren der Bergpionier Ignaz von Kürsinger die Hohen Tauern. Rund 1800 Quadratkilometer misst die letzte großflächige Naturlandschaft der Ostalpen zwischen dem Wildgerlostal im Westen und dem Lungauer Murwinkel im Osten, die Anfang der 1980er-Jahre zum Nationalpark erklärt wurde. Über 30 Dreitausender ragen gen Himmel – vergletscherte Eisriesen mit schroffen Zacken, gestaffelt bis zum Horizont. Und zwischen steilen Felswänden gischten glasklare Gletscherbäche zu Tal. Die »Außenzone« wurde vom Menschen mitgestaltet: eine naturnahe Komposition aus blühenden Almen, saftigen Bergwiesen und dichten Schutzwäldern. Die Dörfer in den Haupttälern bilden die »Kulturzone«.
hohetauern.at

Von oben: Die Krimmler Wasserfälle sind mit 380 Meter Fallhöhe die größten Österreichs.

Auf der Großglockner Hochalpenstraße locken grandiose Bergpanoramen. Das Gebiet gehört zur Gemeinde Zell am See.

Rechts: Prächtig renovierte Altstadthäuser mit Lüftlmalereien zeugen in St. Johann vom Reichtum, den der Silberbergbau einst brachte.

On the road again: Der Weg ist das Ziel!

Bewohner von St. Johann Wohlstand durch den Abbau von Kupfer und Silber. Schöne alte Häuser mit prächtigen barocken Wandmalereien wie das Schwarzinger Haus haben sich bis heute erhalten. Im Barock wurde auch die mächtige Pfarrkirche erbaut, ihre Türme erreichen eine Höhe von 55 Metern, das Innere ist verschwenderisch mit herrlichen Deckenfresken und Stuckaturen geschmückt.

16 Kössen

Kurz vor der Grenze empfiehlt sich noch ein Halt in Kössen. In dem von Kaisergebirge und Kitzbüheler Alpen umrahmten Ort bezaubern die schmucken Hausfassaden mit ihrer schönen Lüftlmalerei. Eine Stippvisite führt direkt an der Grenze zur Wallfahrtskapelle Maria Klobenstein im Durchbruchstal der Großache.

CAMPING SCHWARZSEE

Schön gelegen ist dieser Campingplatz am Ufer des Schwarzsees. Mit Pools und Hallenbädern, Fitness- und Wellnessbereich gut ausgestattet, erfreut er vor allem Familien mit kleineren Kindern. Im Restaurant wird internationale Küche serviert. Der Ausblick zum Kitzbüheler Horn ist traumhaft, Wanderwege beginnen direkt am Ort.

Reither Str. 24, 6370 Kitzbühel, bruggerhof-camping.at
GPS 47.45919, 12.3619

CAMPING MICHELNHOF

Auf dem Bauernhof zu campen, erweist sich oft als gute Idee. Der Campingplatz ist ein Idyll fernab des Ferientrubels. Er gehört zu den schönsten Naturplätzen der Region und bietet freien Blick auf den Wilden Kaiser. Der Bauernhof versprüht mit seinen Ziegen und Kühen bukolischen Charme. Die Lage ist einfach herrlich.

Weiberndorf 6, 6380 St. Johann in Tirol
camping-michelnhof.at, GPS 47.51022, 12.40884

ROUTE 4

TRAUNSTEIN
Teisendorf
FREILASSING
Bergheim
Camping Nord-Sam
Salzburg-ring
Thalgau
Wals-Siezenheim
Hof bei Salzburg
Schloss Fuschl
Siegsdorf
Bergen
Ainring
01 SALZBURG
Koppl
Anger
Biosphärenreservat
TOUR START
Ebenau
Faistenau
Feste Hohensalzburg
Flughafen Salzburg
Deutsche Ferienroute Alpen-Ostsee
Piding
LEOPOLDSKRON
GLASENBACH
Schloss Hellbrunn
Elsbethen
Inzell
Anif
Ruhpolding
BAD REICHENHALL
Grödig
Puch bei Hallein
Naturschutzgebiet
Großgmain
Bayerisch Gmain
Auwirt Camping
Oberalm
Untersberg
Adnet
Deutsche Alpenstraße
HALLEIN 02
Chiemgauer Alpen
Schneizlreuth
Bad Vigaun
Melleck
Berchtesgadener Land
Lattengebirge
Bischofswiesen
Unken
Berchtesgaden
Kuchl
Steinpass 558
Prunzberg 1264
Reiter Alpe
Golling 03 an der Salzach
Gollinger Wasserfall
Schönau a. Königssee
Ramsau b.Berchtesgaden
Nationalpark
Scheffau am Tennengebirge
Lammerklamm
Lofer
Pass Lueg 04 552
Sankt Martin bei Lofer
Pass Strub 677
Pass Luftenstein 655
Naturpark
Watzmann
Loferer Steinberge
Hagengebirge
Tennengebirge
Kalkhochalpen
Eisriesenwelt
Weißbach
Berchtesgaden
Sankt Ulrich am Pillersee
Burg Hohenwerfen
DEUTSCHLAND
ÖSTERREICH
Blühnbachtal
05 Werfen
Steinernes Meer
Pfarrwerfen
Leoganger Steinberge
Seecamping Schneider
Naturschutzgebiet Steinernes Meer
Schloss Ritzen
06 Bischofshofen
Hochkönig 2941
Leogang
Saalfelden am Steinernen Meer
Hüttau
Maria Alm am Steinernen Meer
Dientner Sattel 1357
Filzensattel
Saalbach
Dienten am Hochkönig
Mühlbach am Hochkönig
Sankt Johann im Pongau
Hinterglemm
Glemmtal
Maishofen
Dientener Berge
Sonnenterrassen-Camping Sankt Veit
07
Sankt Veit im Pongau
Wagrain
Schwarzach 08 im Pongau
Seecamping Zell am See
Schmittenhöhe 1968
Goldegg
Liechtensteinklamm
10 ZELL AM SEE
Zeller See
Lend 09
Taxenbach
Pongau
Alpen
Piesendorf
Bruck a.d. Großglocknerstraße
Biobauernhof Unteregg
Burg Klammstein
Uttendorf
Niedernsill
Kitzlochklamm
Unterpinzgau
Gasteiner Tal
Kapruner Tal
Kaprun 11
Glocknerblick
Großglockner-Hochalpenstraße
Dorfgastein
Großarl
Rauris
Raurisertal
Goldwaschplatz Bodenhaus
Limbergsperre
Bad Fusch
Fuschertal
Nationalpark
Wild- und Freizeitpark Ferleiten
Hohe Tauern
Bad Hofgastein
Großarltal

Je wendiger und kompakter das Wohnmobil ist, umso leichter tun sich Reisende mit der Überquerung der Großglockner-Hochalpenstraße. Es lohnt sich, zwischendurch Pausen in Haltebuchten einzulegen, um das famose Panorama zu genießen.

Gletscherberge und sonnige Täler

Souverän erschließt die Großglockner-Hochalpenstraße die Hohen Tauern. An deren Südhängen liegt Osttirol mit atemberaubenden Bergkulissen. Weiter geht es in das lichtdurchflutete Südtiroler Pustertal.

Eine der tollsten Gebirgsstraßen der Welt, die Großglockner-Hochalpenstraße, windet sich vom Salzburgischen Fuschertal tief in den Nationalpark Hohe Tauern hinein. Sie bietet die beste Sicht auf den Großglockner, mit 3798 Meter Österreichs höchsten Gipfel. Weiter südlich sind der Wallfahrts- und Goldgräberort Heiligenblut und Lienz, das umtriebige Zentrum von Osttirol, Stationen, bevor das Iseltal mit dem Urlauberparadies Matrei und seinen abgeschiedenen, doch für Wohnmobile gut erreichbaren Seitentälern Virgen- und Defereggental auf die Entdeckung wartet.

Im Tal der Drau überquert man die Grenze zu Italien und damit zum breiten, vielseitigen Pustertal. Grüne Wiesen, Apfelplantagen, dicht bewaldete Hänge und scharf gezackte Gipfel prägen das Pustertal.

Abseits der Hauptstraße findet man sich rasch in dörflicher Idylle wieder. Hofläden verkaufen ihre Produkte, die hier an der sonnigen Südseite der Alpen bestens gedeihen.

Unter den Städtchen im Pustertal ragt Bruneck heraus, wo mondänes Flair auf urtypisches Südtirol trifft. Im Etschtal schließlich kommt man nach Brixen mit seiner wunderbaren Altstadt, wo die Wahl besteht, zum Brenner und damit zu Österreichs Grenze auf der mautpflichtigen Autobahn oder etwas länger, dafür gebührenfrei auf der parallel verlaufenden italienischen Staatsstraße zu fahren.

- **Routenlänge:** 350 km
- **Zeitbedarf:** ca. 8–10 Tage
- **Start und Ziel:** Bruck | Brenner
- **Charakteristik:** Großglockner-Hochalpenstraße für Wohnmobile aller Größen geeignet (Wintersperre beachten). Virgental, Kals und Defereggental für Wohnmobile gängiger Größen.
- **Hot Spot:** Kaiser-Franz-Josefs-Höhe mit Großglocknerblick
- **Schönster Campingplatz:** nationalpark-camping-kals.at
- **Best place on tour:** Alpengasthof Alter Pocher bei Heiligenblut mit Goldgräberdorf nebenan.

Hier geht's zum GPS-Track

grossglockner.at, osttirol.com

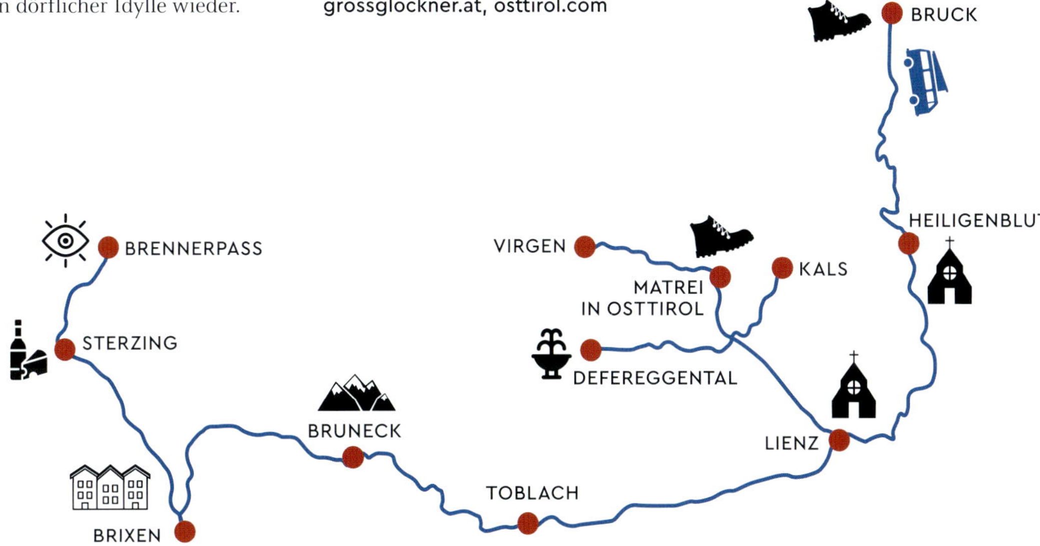

01 Bruck

Das Eingangstor zur Großglockner-Hochalpenstraße, zwischen Zeller See und Nationalpark Hohe Tauern gelegen, gilt als Geheimtipp für erholsame Ferien. Die überwiegende Zahl der Gäste urlaubt auf den Campingplätzen rund um den Ort. Eine Vielzahl der beliebten alpinen Sportarten werden hier betrieben. Genusswanderer steigen gern zum Vogelsang hinauf, um vom dortigen »Big Chair« den Blick über Bruck, zum Zeller See und auf die umgebenden Dreitausender zu genießen. Die Tour lässt sich zu einer gut dreistündigen Route verlängern. Auf einem Hügel im Salzachtal thront nördlich von Bruck Schloss Fischhorn. Der auf einen mittelalterlichen Vorgänger zurückgehende, im 19. Jahrhundert im neugotischen Stil erneuerte Bau brannte 1920 völlig aus und wurde in weniger verspielter Form wiederhergestellt. Zwar ist es, da in Privatbesitz, nicht zu besichtigen, aber von Weitem ein imposanter Anblick.

02 Heiligenblut

In Heiligenblut ragt einer der berühmtesten Kirchtürme Österreichs in den Himmel. Die gotische Kirche aus dem 15. Jahrhundert ist das Wahrzeichen des Ortes. Von der Römerzeit bis zum Zweiten Weltkrieg fand im benachbarten Kleinen Fleißtal Gold- und Silberabbau statt. Am Ende des Tals liegt der Alpengasthof »Alter Pocher«. Ein Pocher war in vergangenen Zeiten ein Gerät zur Zerkleinerung der edelmetallhaltigen Gesteinsbrocken mittels Wasserkraft. Nebenan zeigt das liebevoll betriebene »Goldgräberdorf Heiligenblut«, wie es zur Zeit der Goldgräberstimmung zuging. Zu sehen sind eine Schmiede, ein Pochwerk und Knappenhütten. Wer Lust hat, kann sich auch selbst im Goldwaschen versuchen. Die Fahrt dorthin führt über eine schmale, für größere Wohnmobile abenteuerliche Straße. Wer sich das nicht zumuten möchte, parkt an der Abzweigung im Weiler Fleiß und erreicht das Freilichtmuseum in 40 Minuten zu Fuß.

03 Lienz

Die von spektakulären Gipfeln umkränzte Hauptstadt Osttirols besitzt eine Reihe markanter Bauwerke. Dazu gehört die Pfarrkirche St. Andrä, die im 15. Jahrhundert im Stil der Gotik ausgebaut wurde, mit dem Grab des letzten Görzer Grafen. Auch die barocke Filialkirche St. Michael ist

Links: Im späten 14. Jahrhundert entstand der Kirchenanbau von Heiligenblut, im Hintergrund ragt majestätisch der Gipfel des Großglockners empor.

Links unten: Herrschaftlich thront das Rathaus von Lienz auf dem Hauptplatz, einst diente es als Schloss Liebburg.

Unten: Die aussichtsreiche Großglockner-Hochalpenstraße führt mit 36 Kehren tief ins Zentrum des Nationalparks Hohe Tauern hinein.

ZWISCHENSTOPP

Großglockner-Hochalpenstraße
Die berühmte Alpen-Panoramastraße ist 48 Kilometer lang und kann auch mit dem Wohnmobil befahren werden. Sie verläuft zwischen Heiligenblut und Fusch in 27 Kehren über die Hohen Tauern. Stichstraßen führen auf die Edelweißspitze (2571 Meter) und zur Kaiser-Franz-Josefs-Höhe (2369 Meter) mit einmaligem Blick auf den Großglockner und die zehn Kilometer lange Pasterze. Über Details informiert ein Faltblatt, das man bei der Entrichtung der Maut erhält. Geöffnet Ende April bis etwa Anfang November.
grossglockner.at

NATIONALPARK CAMPING GROSSGLOCKNER

Das weitläufige Areal bietet alle Ver- und Entsorgungseinrichtungen, Duschen, Waschmaschinen und Trockner. Es gibt ein reichhaltiges Frühstücksbüfett und ein gutes Restaurant. Ganzjährig geöffnet. Ausgezeichneter Standort für die Erkundung des Nationalparks Hohe Tauern, viele Wanderrouten beginnen in der Nähe.
Hadergasse 11, 9844 Heiligenblut
nationalpark-camping.at, GPS 47.037399, 12.839236

CAMPING ZIRKNITZER

Am Flussufer der Möll gelegener, familienfreundlicher Platz mit beschaulicher Atmosphäre. Das Dorfzentrum und eine Freizeitanlage mit Naturschwimmbad und verschiedenen Sportmöglichkeiten befinden sich in der Nähe. Zum Campingplatz gehört ein Restaurant. Direkt am Glocknerradweg, der zugleich Wanderweg ist.
Döllach 107, 9843 Großkirchheim
camping-zirknitzer.at, GPS 46.978720, 12.885570

CAMPING SEEWIESE

Eigentlich eine schräg abfallende Wiese, aber die Stellflächen für Wohnmobile sind eingeebnet und mit Schotter bestreut. Das Strandbad am Tristacher See ist für Camper gratis zugänglich. Nur von Mitte Juni bis Mitte September geöffnet. In der sommerlichen Hochsaison sind keine Hunde gestattet.
Am Tristachersee 2, 9900 Lienz
campingtirol.com, GPS 46.806580, 12.802607

CAMPING EDENGARTEN

Im sonnensicheren Matrei dauert die Sommer-Campingsaison von Ostern bis weit in den Herbst. Eine familiäre Anlage am südlichen Ortsrand, in Fußgängerentfernung von Freibad, Tennisplätzen, Reitstall und Bergbahnen. Die Stellplätze auf Grasboden sind großzügig zugeschnitten. Alle üblichen Einrichtungen vorhanden.
Edenweg 15a, 9971 Matrei in Osttirol
campingedengarten.at, GPS 46.995391, 12.539267

CAMPINGPLATZ IM VIRGENTAL

Die kinderfreundliche kleine Anlage ist wunderschön in ein Bergtal eingebettet. Hier campt man in sehr ruhiger Lage bei einem Biobauernhof, zu dessen Produkten Speck vom eigenen Schwein, Apfelsaft, Kartoffeln und Eier sowie hausgemachte Marmelade zählen. Alle 16 Stellplätze sind mindestens 100 Quadratmeter groß. Eigener Trinkwasserbrunnen.
Niedermauern 9, 9972 Virgen
habererhof.at, GPS 46.998767, 12.441686

sehenswert. Schloss Bruck aus dem 13. Jahrhundert beherbergt das Museum der Stadt Lienz, das größte Heimatmuseum Tirols. Von den römischen Wurzeln der Stadt zeugen im Osten die Grabungsfelder der Vorgängerin Aguntum. Auch Teile der mittelalterlichen Stadtbefestigung sind mancherorts noch in der Stadt zu sehen.

04 Matrei in Osttirol

Aus historischer Perspektive ist Matrei ein Tiroler Neuzuwachs; bis 1803 gehörte die Gemeinde zum Bistum Salzburg. Seit dem Mittelalter ist sie eine Marktstadt, was wohl ein Grund für ihren frühen Wohlstand sein dürfte. Bis 1919 trug sie den Namen Windisch-Matrei. Im selben Jahrhundert hielt der Tourismus Einzug. Der Bau der Felbertauernstraße erschloss das Tauerntal für Urlauber. Matrei ist auch eine der wenigen Gemeinden in Osttirol, die ein Skigebiet aufweisen. Außerdem bietet sie sich als Standort für die Erkundung des Nationalparks Hohe Tauern an. Auch in dem Ort selbst kann man im Nationalparkhaus die Natur interaktiv erleben. Westlich des Orts wartet ein romanisches Kleinod auf Besucher, nämlich die Kirche zum heiligen Nikolaus. Sie weist Malereien und Fresken aus dem Mittelalter auf. Nördlich von Matrei, im Gschlößtal, wurde im 19. Jahrhundert auf 1600 Metern Höhe eine Marienkapelle in den Fels geschlagen.

05 Virgental

Gleich bei Matrei biegt das Virgental Richtung Westen ab. In seinem Norden ragen die Berge der Venedigergruppe auf, im Süden sorgt der Lasörlingkamm für ein majestätisches Bergpanorama. Dieser kann auch auf einer vier- bis fünftägigen Weitwanderung erkundet werden. Den Lasörlinger Höhenweg sollte man allerdings nur mit guter Kondition in Angriff nehmen, die Länge beträgt rund 61 Kilometer und es geht jeweils rund 4000 Höhenmeter bergauf und -ab.

Wer das Wohnmobil nicht mehrere Tage lang allein stehen lassen möchte, kann einzelne Abschnitte erwandern. Der Hauptort des mitten im Nationalpark Hohe Tauern gelegenen Tals ist Virgen; hier sollten kunstgeschichtlich Interessierte auf keinen Fall die Wallfahrtskirche Unsere Liebe Frau Maria Schnee von Obermauern verpassen. Die 1456 erbaute Kirche beeindruckt nicht nur durch Fresken an den Außenseiten, im Kircheninneren hat sich zudem ein beeindruckender Freskenzyklus aus der Spätgotik erhalten. Das Virgental gibt sich beschaulich, hier herrscht kein großer Urlaubstrubel. Besonders entschleunigt präsentiert sich das Bergdorf Prägraten. Friedvoll kleben hier die Häuschen an den Hängen, darüber thront der mächtige Großvenediger. Noch ruhiger wird es ganz im Westen des Virgentals. Man kann mit dem Wohnmobil bis zum Ende des Tals in Ströden fahren. Das dort abzweigende Umbaltal ist für Wohnmobile nicht zugänglich. Hier braucht es Wanderschuhe, wenn man ein herrliches Naturspektakel nicht verpassen will. Die Umbalfälle haben sich tief in die Berge gegraben. Sie entspringen einem auf über 2500 Meter hoch gelegenen Gletscher. Der Bach durchfließt das Tal und wird zum Fluss Isel. Einen majestätischen Abschluss bildet die Rötspitze.

Von oben: Auf das 12. Jahrhundert geht die St.-Nikolaus-Kirche bei Matrei zurück. In den Ostalpen hat sie einen hohen Stellenwert.

Ursprünglichkeit und Ruhe findet man im Virgental bei Matrei. Vor der romantischen Bergerseehütte auf 2182 Meter Höhe liegt der gleichnamige See wie ein funkelnder Edelstein.

»Camping macht glücklich« lautet das Motto des Campingplatzes Nationalpark Großglockner in Heiligenblut. Das bestätigen alle, die hier mal nächtigten.

06 Kals am Großglockner

Genau genommen gibt es keinen Ort namens Kals. Die Gemeinde umfasst kleine Dörfer wie Unterpeischlach, Oberpeischlach, Lesach, Großdorf oder Ködnitz. Letzteres ist Hauptort der großen Gemeinde Kals, die das gesamte Kalser Tal einschließt. Rund 40 Prozent der Fläche sind allerdings für Menschen nicht bewohnbar, darunter auch der Großglockner. Österreichs höchster Berg dominiert das Tal und dessen Ortschaften. Der Ort Ködnitz wird oft mit dem Namen Kals gleichgesetzt, hier befindet sich auch das Kalser Glocknerhaus. Seine Ausstellung widmet sich der Faszination des Großglockners auf die Menschen. Auch in der Pfarrkirche in Ködnitz kann man dem Bann des Berges nachspüren. Am Friedhof der Kirche findet sich eine Gedenkstätte für die Bergsteiger, die am Großglockner ihr Leben ließen.

07 Defereggental

Das ruhige, ursprüngliche Hochtal ist auf einer anfänglich recht steilen Straße zu erreichen, die für Wohnmobile normalerweise zu bewältigen ist. Nachdem der erste größere Ort, das pittoresk an einen Südhang geschmiegte Hopfgarten in Defereggen, passiert ist, wird das Tal breiter und flacher. Dort liegen in rund 1500 Meter Höhe die beiden Bauern- und Touristenorte St. Veit in Defereggen und St. Jakob in Defereggen zwischen den Bergzügen des Nationalparks Hohe Tauern. Wer kein E-Bike mitführt, kann eines mieten, durch die steilen Seitentäler brausen und in urigen Berghütten einkehren. Bei St. Jakob lässt es sich wunderbar durch die Deferegger Heilwasserwelt spazieren, eine Art Stadtpark mit Skulpturen und Brunnen. Zwar eignet sich das Heilwasser nicht zum Trinken, wird aber äußerlich in Form von Pflegeprodukten angewendet und speist im Sommer eine Kneippanlage.

Von oben: Der gewaltige Großglockner bietet von vielen Seiten beeindruckende Ansichten. Hier zeigt sich der Blick von der Oberwalderhütte aus.

Vom landschaftlich traumhaften Hirschbichl mit seinen blühenden Almwiesen schweift der Blick des Wanderers über das malerische Defereggental.

08 Toblach

Wenn Logik bei Friedensschlüssen nach Kriegen das Sagen hätte, wäre Toblach heute Grenzort zu Österreich. Denn am 1250 Meter hohen Toblacher Feld verläuft die Wasserscheide zwischen Adria und Schwarzem Meer, weshalb Südtirol östlich von Toblach eigentlich zu Osttirol gehört. Am unscheinbaren Übergang beginnt das wildromantische Höhlensteintal mit Toblacher See und Dürrensee und herrlichen Blicken auf die Drei Zinnen und den Monte Cristallo. Durch das Tal führte einst der Handelsweg Strada d'Alemagna, der die damaligen Wirtschaftszentren Venedig und Augsburg verband. Dem Handel verdankte Toblach seinen Wohlstand, später dem Fremdenverkehr. Regelmäßiger Gast war Gustav Mahler. Er wanderte gern ins benachbarte Innichen zur dreischiffigen Stiftskirche, einem der bedeutendsten romanischen Sakralbauten im Ostalpenraum.

09 Welsberg

Ach Südtirol, deine Burgen und Schlösser! Wer nur der Natur oder des Wanderns wegen in diese Region kommt, die weder österreichisch noch italienisch ist, der verpasst etwas. Südtirol wartet mit spannenden alten Bauten auf, wie etwa Schloss Welsberg, das mitunter auch Welsperg geschrieben wird. Es stammt aus dem 12. Jahrhundert und thront auf einem Felsvor-

ZWISCHENSTOPP

Staller Sattel

Die Grenze des Defereggentals zum Antholzer Tal in Südtirol bildet der Staller Sattel auf 2052 Meter. Für Gespanne ist die Benutzung der auf italienischer Seite extrem schmalen, nur von Mitte Mai bis Oktober geöffneten Passstraße verboten, für Wohnmobile nur bis 3,5 und maximal drei Meter Höhe erlaubt. Die Durchfahrt ist zudem nur fünfzehn Minuten pro Stunde möglich. Besonders reizvoll ist die Strecke im Juni zur Alpenrosenblüte. Der Obersee kurz vor dem Staller Sattel ist mit seiner Berghütte und einigen Wanderwegen ein beliebtes Ausflugsziel.
antholzertal.com

Cortina d'Ampezzo

Es pocht das Herz der Dolomiten in der Talsenke von Cortina d'Ampezzo, zwischen den perfekt geformten Massiven von Monte Cristallo, Cime di Lago und Tofane. Und es schlägt für Südtirol. Per Volksabstimmung sprach sich die Bevölkerung 2007 für den Anschluss an Südtirol aus, doch die italienische Regierung mochte dem bislang nicht nachgeben. Skisportler und Bergwanderer aus aller Welt schätzen den Bergort mit seinen über 3000 Meter hohen Gipfeln. Die Olympischen Winterspiele 1956 machten Cortina berühmt. Die Dorfkirche mit ihrem 71 Meter hohen Turm steht noch für das Ursprüngliche.
cortina-tourism.com

NATIONALPARK CAMPING KALS

Von Skiwiesen und Nadelwäldern umgeben liegt der recht geräumige, gut für Wohnmobile geeignete Platz in einem Bergtal. Ohne das Fahrzeug zu bewegen, kann man direkt zum Wandern oder Mountainbiking starten. In den komfortablen Sanitäranlagen ist es auch bei kühlerer Witterung dank Fußbodenheizung gemütlich.

Burg 22, 9981 Kals
nationalpark-camping-kals.at, GPS 47.018967, 12.636488

AREA DI SOSTA WINNEBACH

Auch sehr große Wohnmobile können diesen Stellplatz zwischen der Drau und der Pustertaler Staatsstraße ansteuern. Er bietet Entsorgungsmöglichkeiten, Strom und sanitäre Einrichtungen. Die Kapazität ist auf 80 Fahrzeuge ausgelegt. Eine Pizzeria befindet sich ganz in der Nähe, zum Ort läuft man zehn Minuten.

Via Prato alla Drava 1, 39038 San Candido
GPS 46.739222, 12.365454

CAMPING TOBLACHER SEE

Die schroffen Hänge der Dolomiten spiegeln sich im glasklaren Wasser – dieser Campingplatz liegt wunderschön am Toblacher See. Die Plätze bieten teilweise Schatten, manche mit Seeblick, der am schönsten ist, wenn sich der Morgennebel gerade vom Wasser löst. Das Restaurant Seeschupfe vereint Gourmet-Restaurant und Campingshop mit ausgeuchten, regionalen Produkten. Ganzjährig geöffnet.

Toblacher See 3, 39034 Toblach
toblachersee.com, GPS 46.706202, 12.217944

INTERNATIONAL CAMPING OLYMPIA

Unter schattigen Nadelbäumen campieren, den grünblauen Bach vorbeirauschen hören und auf die schönsten Gipfel der Dolomiten blicken. Das alles vereint dieser Campingplatz bei Cortina d'Ampezzo, der ein idealer Ausgangspunkt für Wanderungen ist. WLAN ist kostenlos in der Bar und bei der Rezeption verfügbar.

Località Fiames 1, 32043 Cortina d'Ampezzo
campingolympiacortina.it, GPS 46.569245, 12.115723

AUTOCAMP SADOBRE

Für einen Wohnmobilstellplatz in Autobahnnähe ist dieser hier gar nicht so schlecht und vor allem bewacht. Selbst die größten Dickschiffe kommen unter. Das geräumige Gelände ist asphaltiert und bietet einigen Schatten durch Bäume. Im Autohof nebenan befinden sich sanitäre Einrichtungen und ein Restaurant.

Reifenstein 9, 39049 Sterzing
sadobre.it, GPS 46.880414, 11.438525

sprung am Eingang des Gsieser Tals. Aus dem Gemäuer ragt ein schlanker, hoher Bergfried auf, Tore und zinnenbewehrte Mauern schützen das Gelände. Schon der Schlossweg Welsberg, der zum Gemäuer führt, ist eine Attraktion mit seinen herrlichen Ausblicken. Ein Panorama, das schon Hugo von Hofmannsthal und Arthur Schnitzler schätzten, die dort ihren Urlaub verbrachten. Der barocke Maler Paul Troger hat ebenfalls Spuren in seinem Geburtsort hinterlassen, in der Pfarrkirche St. Margareth sind seine Gemälde zu besichtigen. Im Winter lockt der Ort mit seinen herrlichen Langlaufloipen und ist für Wintercamper attraktiv.

10 Bruneck

Selten sind Orte so von einem einzigen Berg geprägt wie Bruneck, Reischach und Olang. Es ist der Kronplatz, auf dem sich eines der Topskigebiete der Alpen befindet und der dem mittelalterlichen Städtchen und den Dörfern rundherum mit seinen Pisten und Skiliften eine hochmoderne Note verleiht. Im Sommer ist es ruhiger. Dann ist Bruneck (815 Meter) die einzige Stadt Südtirols, wo man die Dolomiten im Süden spürt und den vergletscherten Alpenhauptkamm im Norden sieht. Trotz ländlicher Umgebung, im Freilichtmuseum von Dietenheim hervorragend erläutert, verbreitet die Stadtgasse mit Stadttoren und Fresken urbanes Flair. Ein Uni-Ableger, die Museen und natürlich das kulturelle Erbe tragen dazu bei: Von hier stammt Michael Pacher, ein großer Künstler des 15. Jahrhunderts.

11 Vintl

Genießer werden dort wahrscheinlich zuerst einkehren: Die Feinkäserei Capriz ist spezialisiert auf Ziegen- und Weichkäse. Sie zählt zu den touristischen Höhepunkten des kleinen Südtiroler Ortes und erinnert an eine Zeit, in der das Käsen und die Milchwirtschaft noch selbstverständlich waren.

Bis heute ist Vintl mit seinen umliegenden Gemeinden bäuerlich geprägt, doch die intensive Arbeit auf den steilen Hängen möchte meist niemand mehr leisten. So verdienen sich viele Betriebe ein Zubrot mit Café- oder Übernachtungsbetrieb. Manche bieten Schnitz- oder andere typische Handwerkskurse an. Wer in diesem Ort urlaubt, den zieht es vor allem zum Wandern in die Natur – auf Strecken, die an Seeufern entlangführen und durch dichte Wälder. Etwas außerhalb des Ortes befindet sich zudem die Lodenwelt, in der ein Museum an die Tradition der Wollverarbeitung erinnert, natürlich mit umfassenden Shoppingmöglichkeiten.

12 Mühlbach

Am Übergang des Eisacktals in das Pustertal breitet sich Mühlbach in einer Senke zwischen den steilen, bewaldeten Hügeln aus. Zu Füßen des beschaulichen Ortes liegt wie ein blaues Juwel der Mühlbacher Stausee, mit dem die faschistischen Besatzer 1940 den Fluss Rienz stauten, um Energie zu gewinnen. Bis heute erzeugt ein Wasserkraftwerk im Ort Strom. Die Mühlbacher Klause, einst Festung und Zollstation, ist heute nur noch als Ruine erhalten, beeindruckt aber noch immer. Beherrscht wird der Ort vom mittelalterlichen Ansitz Freyenthurn, der sich über dem von einer Granitbrücke überspannten Valler Bach erhebt.

Von oben: In der Umgebung von Mühlbach eröffnet sich am Wilden See ein fantastisches Panorama.

Der barocke Dom mit seiner eindrucksvollen Doppelturmfassade bildet das Herzstück der Brixener Altstadt.

Insgesamt existieren sechs Messner Mountain Museen, das in Schloss Bruneck ist den Bergvölkern gewidmet.

ZWISCHENSTOPP

Villnösstal
Zu einem Abstecher von der Verkehrsachse Brenner-Verona in eines der reizvollsten Nebentäler des Eisacktals verlässt man die Autobahn E45 oder die Nationalstraße 12 bei Klausen (Chiusa) ostwärts. Mit dem Wohnmobil geht es dann an Weiden und Wäldern vorbei zum Bergdorf Sankt Magdalena und noch weiter bis zur Zanser Alm. Mit Zirbenbäumen, Alpenrosen und Berg-Arnika lädt der Munkel-Weg zum Wandern ein. Im Naturpark Puez-Geisler kann man leichte Wanderungen ebenso wie anspruchsvolle Touren unternehmen. Der Extrembergsteiger Reinhold Messner, der alle Achttausender der Erde erstieg und dabei auf Sauerstoffgeräte verzichtete, stammt aus dem Villnösstal und wuchs hier im Angesicht der grandiosen Geislerspitzen als Sohn eines Dorfschullehrers auf. Heute setzt er sich engagiert für den Erhalt seines Heimattals ein. Die zerklüfteten Geislerspitzen ragen schroff über den Wäldern aus Zirben zu ihren Füßen auf. Ihr Paradeberg ist der 3025 Meter hohe Sas Rigais. Von seinem Gipfel kann man nicht selten bis zum Gletscher der Marmolada hinüberschauen.
villnoess.com

13 Brixen

Brixen ist ein Geschenk. Für den Reisenden, der sich in der ältesten Stadt Südtirols mit ihren verwinkelten Altstadtgassen und den niedrigen Laubengängen schnell wohlfühlen wird, aber auch im historischen Sinn: als Schenkung des königlichen Gutshofes Prichsna samt angrenzender Ländereien an den Bischof von Säben. Diese wird auf das Jahr 901 datiert und markiert die Urzelle des noch im 10. Jahrhundert zum Bischofssitz ausgebauten Brixen im heutigen, zum großen Teil denkmalgeschützten Stadtteil Stufels. Bis 1964 blieb Brixen Bischofssitz. Als Außensitz der Universität Bozen ist es seit 2001 Universitätsstadt. Die Theologische Hochschule, gegründet 1607 als Priesterseminar, ist als älteste universitäre Einrichtung des historischen Tirol älter als die Universität Innsbruck. Außer auf Bildung und Religion konnten die Brixner wegen der verkehrstechnisch günstigen Lage der Stadt am Eingang des Pustertals immer schon auf ihren regen Handel verweisen. Der Legende nach soll schon Hannibal mit seinen Elefanten hier haltgemacht haben. Bei einem gemütlichen Bummel durch die Altstadtgassen sollte man unbedingt auch in Traditionsgaststätten wie dem »Finsterwirt« einkehren, in dem einst nur bis Einbruch der Dunkelheit ausgeschenkt werden durfte – weshalb man danach heimlich im Finstern weiterzechte.

14 Sterzing

Die Altstadt von Sterzing hat ein ganz besonderes Flair, es lohnt sich, durch die Straßen zu flanieren und die prunkvollen Bürgerhäuser zu bewundern. Viele beherbergen heute Restaurants, Cafés und Boutiquen. Rundherum in der Bergwelt stehen im Sommer Wandern und Radfahren im Fokus, im Winter Alpinsportarten. Der Milchhof in Sterzing produziert den in ganz Italien bekanntenr Joghurt. Auch ansonsten hat die Kulinarik in Sterzing einen hohen Stellenwert. So dreht sich beim Knödelfest Anfang September alles um süße und pikante Knödelvarianten. Im Sommerhalbjahr findet am Freitagvormittag der beliebte Sterzinger Bauernmarkt am Stadtplatz unter dem Zwölferturm statt.

15 Brenner

Ihr Name ist jedem aus den Verkehrsnachrichten bekannt. Die Brennerautobahn ist zu Ferienzeiten eine der meistbefahrenen Straßen Europas. Zahlreiche Urlauber bewegen sich hier von und nach Italien. Schon Goethe nahm diesen Weg, als er in sein Sehnsuchtsland reiste. Die Strecke über den Brennerpass als Verkehrsader wurde bereits von den Römern angelegt, die hier eine befestige Straße bauten. Auf dem österreichischen Teil der Brennerautobahn gilt die österreichische Vignette nicht, stattdessen muss man eine Maut entrichten.

Das Wahrzeichen der hübschen Altstadt von Sterzing ist der Zwölferturm, ein markanter Granituhrturm aus dem 15. Jahrhundert.

Die filigranen Geislerspitzen sind charakteristisch für das bezaubernde Villnösstal.

ROUTE 5 SÜDLICH DER HOHEN TAUERN

Der Wolfgangsee ist nicht nur ein Urlaubsparadies, sondern auch eine beliebte Filmkulisse. Die Operette »Im Weißen Rössl« hat das Gewässer weltberühmt gemacht. In der Ferne leuchten die Gipfel von Bergwerkskogel, Sparber, Bleckwand und Osterhorn.

Seenträume und Salzschätze

Die faszinierende Gegensätzlichkeit der Salzburger Natur offenbart sich auf dieser Route. Die mit Salz-Ionen angereicherte Alpenluft wirkt wie ein Jungbrunnen. Oder ist es die Magie des Salzkammerguts?

Warum immer in Deutschland beginnen? Manche Tour startet besser in Österreich, wie diese, die von Salzburg aus einen Schlenker durch den deutschen Zipfel rund um Berchtesgaden macht und schließlich wieder in Salzburg endet.

Zunächst aber geht es von Salzburg aus nach Bad Reichenhall und schon wieder spielt das Salz eine Rolle, denn das »Weiße Gold« hat über Jahrhunderte das Leben der Region geprägt, wovon noch heute die Saline und viele Villen zeugen. Eine Fahrt mit der ältesten Großkabinenseilbahn der Alpen muss sein, bevor es weitergeht gen Watzmann, vorbei am verwunschen schönen Hintersee, der mit seinem Wasser erfrischend funkelt. Er ist nicht so bekannt wie der Königssee, dennoch ist man dort selten allein. Erst recht nicht am Königssee, wo es sich lohnt, früh aufzustehen. Oftmals wabert noch Nebel über dem Wasser und verleiht der Landschaft einen ganz eigenen Zauber.

Vom Königssee aus führt die Tour weiter in das schöne Berchtesgadener Land. Mit einem passenden Stellplatz gibt es hier viel zu entdecken. Über den Wanderwegen kreisen Steinadler und in der Nähe pfeifen Murmeltiere. Die Hochheiden, Moore und Auwälder haben einen eigenen Zauber. Hinter Bad Ischl freut sich der Reisende schließlich auf die Seenplatte: Ob Traunsee, Attersee oder Mondsee – jeder hat sein eigenes Flair. Und so macht sich der Camper wehmütig auf den Weg zurück nach Salzburg.

- **Routenlänge:** ca. 280 km
- **Zeitbedarf:** ca. 10 Tage
- **Start und Ziel:** Salzburg
- **Charakteristik:** Es geht auf gut ausgebauten Straßen in Richtung Königssee. Teils muss das Wohnmobil bei starken Steigungen allerdings ein bisschen kämpfen.
- **Hot Spot:** Bootsfahrt über den malerischen Königssee
- **Schönster Campingplatz:** lindenstrand.at
- **Best place on tour:** Im warmen Thermalwasser von Bad Ischl das Bergpanorama genießen.

Hier geht's zum GPS-Track

berchtesgaden.de
salzburg.info

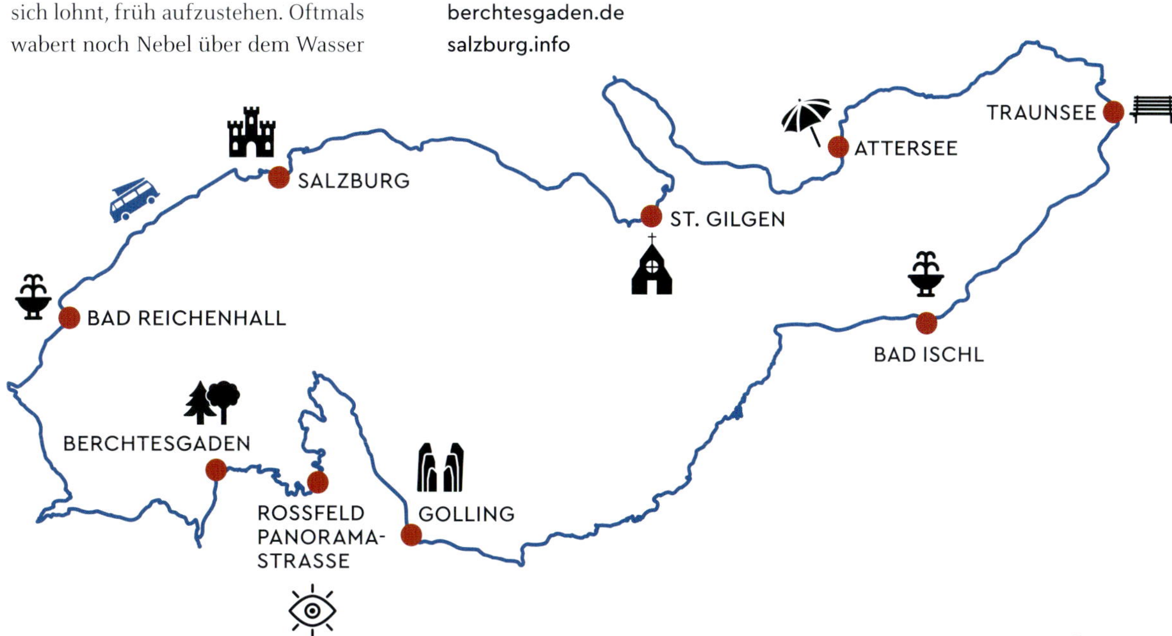

01 Salzburg

»Die Stadt, mit der sich an Schönheit der Lage kaum eine andere deutsche Stadt messen kann«, schrieb schon der historische Baedeker von 1890. Mit Hohenfeste, Dom, Kollegienkirche, Residenz, St. Peter und Schloss Mirabell belebt und betört Salzburg heute alle Sinne. Historische Kaffeehäuser und natürlich die Mozartstätten, vom Geburtshaus bis zum rekonstruierten Tanzmeisterhaus ergänzen das prächtige Barockambiente. Einen der schönsten Blicke auf das historische Stadtensemble bietet die Humboldtterrasse.

02 Bad Reichenhall

Kaiserin Sisi, Sigmund Freud und Franz Josef Strauß – sie alle haben ihre Sommerfrische in der Alpenstadt verbracht. Und dabei vitalisierende Momente im Blumenmeer des Königlichen Kurgartens oder am Gradierhaus als weltgrößtes Freiluftinhalatorium erlebt. Dessen Wände sind rundherum mit Tausenden Schwarzdornzweigen bestückt, über die die Sole herabtropft. In einer der längsten Fußgängerzonen Bayerns stehen gut erhaltene Gründerzeit- und Jugendstil-Villen sowie Industriedenkmäler, die von der Salzgeschichte erzählen. Seit 1928 gleitet außerdem die Predigtstuhlbahn als älteste aktive Großkabinenseilbahn der Welt – auch »Grande Dame der Alpen« genannt – auf den 1614 Meter hohen Gipfel.

03 Hintersee

Die B305 windet sich zu einem beliebten Ausflugsziel: dem idyllischen Hintersee. Das kleine Gewässer am Fuße des Hochkalters entstand einst durch einen gewaltigen Bergsturz. Es lockt vor allem im Winter zum Eislaufen und Eisstockschießen. Im Sommer zieht der Zauberwald am Ostufer viele Besucher in seinen Bann. Besonders romantisch zeigt sich der See am frühen Morgen.

04 Schönau

Steil ragt der Watzmann mit der berüchtigten Ostwand 2713 Meter in die Höhe und stellt die Kulisse für den smaragdgrünen Königssee. Schon der weit gereiste Alexander von Humboldt bezeichnete die Gegend als »eine der schönsten Landschaften der Erde«. Der berühmteste Ort ist Hirschau, Sitz des ehemaligen Jagdschlosses bayerischer Könige. Die Halbinsel beheimatet zudem das Wahrzeichen des Sees: die barocke Wallfahrtskirche St. Bartho-

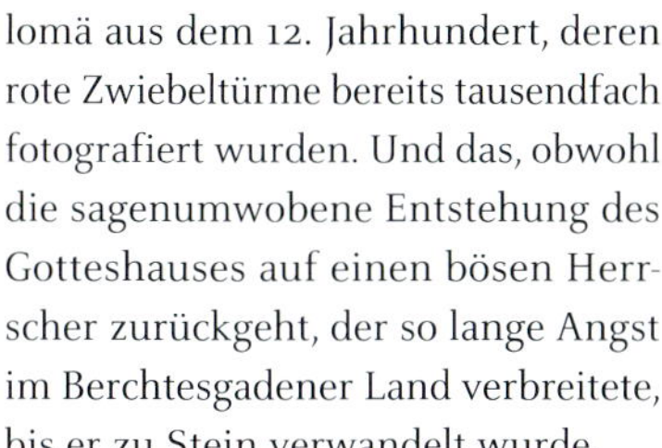

lomä aus dem 12. Jahrhundert, deren rote Zwiebeltürme bereits tausendfach fotografiert wurden. Und das, obwohl die sagenumwobene Entstehung des Gotteshauses auf einen bösen Herrscher zurückgeht, der so lange Angst im Berchtesgadener Land verbreitete, bis er zu Stein verwandelt wurde.

Unten: Blick vom Jenner auf Watzmann und Königssee.

Rechts, von oben: Inmitten saftiger Almwiesen liegt die kleine Wallfahrtskirche Maria Gern, gegenüber leuchtet der Watzmann verheißungsvoll im Morgenrot.

Was für ein Erwachen: Die Vorhänge im Camper aufziehen und das grün schillernde Wasser des Königssees erblicken!

CAMPINGPLATZ STAUFENECK

Seit mehr als 60 Jahren ist dieser Platz ein Anlaufpunkt für Camper, die von hier aus die Berge erkunden wollen. Das Gelände ist größtenteils gekiest, mit lichtem Baumbestand bepflanzt, es liegt schön an der Saalach, die am Rande vorbeirauscht.

Strailachweg 1, 83451 Piding
camping-staufeneck.de
GPS 47.74554, 12.89485

CAMPING LINDLBAUER

Etwas fernab der Route, aber idyllisch mit Bauernhofanschluss befindet sich dieser Platz, auf dem es familiär zugeht. Das Gelände ist gekiest, verfügt aber über keine Schattenplätze. Der Platz liegt insgesamt ruhig und die »Waschalm«, das großflächige, moderne Sanitärgebäude, erfreut die Camper mit Mietduschen.

Kreuzfeldstr. 44, 83334 Inzell, camping-inzell.de
GPS 47.76701, 12.75341

ZWISCHENSTOPP

Festung Hohensalzburg und Schloss Mirabell
Die Hohensalzburg thront seit 1077 als Wahrzeichen der Stadt auf dem Festungsberg und lockt als größte vollständig erhaltene Burg Mitteleuropas jährlich Millionen Touristen an. Aber auch Schloss Mirabell, das Fürstbischof Wolf Dietrich 1606 für Salome Alt erbauen ließ, erfreut sich großer Beliebtheit. Während vor allem der Marmorsaal als einer der schönsten Trauungsplätze der Welt gilt, diente der Mirabellgarten mit Blick auf Dom und Festung oft als Filmkulisse. Besonders sehenswert sind hier der Pegasusbrunnen, der Rosengarten, die Orangerie, der Zwergerlgarten und das Heckentheater.
salzburg-burgen.at

Alte Saline und Salzbergwerk
Die Salzgeschichte der Region reicht über 4000 Jahre zurück, so lange schon werden die Solequellen Bad Reichenhalls zur Salzgewinnung genutzt. Das Monopol bescherte der Kurstadt großen Reichtum. Das erklärt auch, woher die prachtvollen Gebäude und Marmor-Veredelungen im zugehörigen, unter der Stadt verlaufenden Sole-Stollennetz der Alten Saline stammen. Im Salzbergwerk Berchtesgaden erlebt man die aktive Bergbautradition seit 1517 bei einer Untertageführung mit Bergmännern in der beleuchteten Grotte.
alte-saline.de

05 Königssee

Herzstück des Nationalparks Berchtesgaden ist ganz eindeutig der fjordartige, bis zu 190 Meter tiefe Königssee. Umgeben von der imposanten Berglandschaft des Watzmanns, des Hagengebirges und des Steinernen Meeres zieht das tiefste Gewässer Bayerns jedes Jahr über eine halbe Million Besucher an. Damit der wahrhaft königliche See so kristallklar bleibt, wird er ausschließlich mit lautlosen Elektrobooten befahren. Wenn dann Trompeten- oder Flügelhornklänge ertönen, heißt es: dem eindrucksvollen Echo lauschen, das von den Bergen mehrfach zurückgeworfen wird.

06 Berchtesgaden

Die außergewöhnliche Bergkulisse lässt Berchtesgaden im Talkessel beinahe winzig erscheinen. Tatsächlich gibt es aber viel zu entdecken: Da warten zum Beispiel das Schaubergwerk, das prächtige Hirschenhaus mit Lüftlmalerei (1594), das Königliche Schloss oder die gotische Stiftskirche. Bereits 1910 hatten Naturschützer erreicht, dass das Areal um den Königssee als Pflanzenschongebiet ausgewiesen wurde. Immer wieder verhinderten sie seitdem Eingriffe in die malerische Landschaft – zuletzt 1978, als die Gemeinde eine Seilbahn zum Gipfel des Watzmanns bauen wollte. Seither gehört der rund 210 Quadratkilometer große Süden des Berchtesgadener Landes zum bislang einzigen Nationalpark in den deutschen Alpen – und seit 1990 zum UNESCO-Biosphärenreservat als Heimat von Steinadler, Murmeltier oder Feuersalamander.

07 Rossfeld-Panoramastraße

Der nächste Abschnitt der Tour führt in 1600 Metern über Deutschlands höchstgelegene, mautpflichtige Panoramastraße und bietet auf der Scheitelstrecke, die auf dem Hochplateau teils auf österreichischem Gebiet verläuft, einen atemberaubenden Blick auf das gewaltige Bergmassiv des Hohen Göll, auf den Kehlstein, das Tennen- und Dachsteingebirge sowie das Berchtesgadener und das Salzburger Land. Hinauf kommt man im Süden von der Klaushöhe zum Ofnerboden. Die erste scharfe Rechtskehre zwischen Unterer und Oberer Ahornalm ist nach einem deutschen Rallyefahrer »Regerkurve« benannt.

08 Hallein

Schon der Name der zweitgrößten Stadt des Salzburger Landes, dem Hauptort des Tennengaus, bezeugt ihr hohes Alter: Die Stammsilbe »hal«, die auch im Ortsnamen des benachbarten Bad Reichenhall steckt, steht in der keltischen Sprache für »Salz«. Schließlich war Hallein einst für seine Salzminen bekannt. Die verträumten Gassen mit ihren alten, im typischen Salzach-Inn-Stil erbauten Häusern machen den gepflegten Stadtkern zu einem Kleinod mittelalterlicher Baukunst. Herausragend sind die Stadtpfarrkirche und das spätgotische Peterskirchlein. In diesem Kirchenbezirk steht auch das heute als Museum gestaltete, einstige Wohnhaus von Franz Xaver Gruber, dem Komponisten von »Stille Nacht, heilige Nacht«.

09 Golling

Die faszinierende Gegensätzlichkeit der Salzburger Natur offenbart sich bei der Weiterfahrt, wenn sich das Salzachtal verengt. In der alten Händlerstadt Golling stürzt der Schwarzbachfall in die Tiefe. Wenig später hat die Hauptstraße den Pass Lueg als kleine Hürde zu nehmen, während sich der Fluss gurgelnd seinen Weg zwischen Tennen- und Hagengebirge durch eine tiefe Schlucht, die Salzachöfen, bahnt. Über all dem thront der Hochgolling, der mit 2862 Metern höchste Gipfel der Niederen und Schladminger Tauern. Seine Form erinnert an eine dreikantige Pyramide.

Mit seiner 1200 Meter hohen Nordwand bildet der mächtige Schieferklotz einen der schönsten Talschlüsse Österreichs, ein natürliches Amphitheater.

10 Postalm

Richtung Scheffau und Abtenau fährt es sich kehrenreich ins Lammertal. Nicht ohne Grund heißt die 28,5 Kilometer lange Panoramastraße zu Füßen des Gosaukamms mit seiner berühmten Bischofsmütze, dem Dachstein sowie Tennen- und Hagengebirge »Salzburger Dolomitenstraße«. Sogar der Wolfgangsee ist zu sehen. Über eine private Mautstraße erreicht man in circa 1300 Metern Höhe ein Wandergebiet, das paradiesischer kaum sein könnte: die Postalm. Mit einer Gesamtfläche von 42 Quadratkilometern ist das Areal das zweitgrößte zusammenhängende Almhochplateau Europas. Auf mehr als 100 Wanderwegen lässt sich die Höhenluft genießen.

11 Strobl

Rechts, links, links, rechts – in vielen, endlosen Zickzack-Kurven führt der landschaftlich reizvolle Weg nach Strobl am schönen Wolfgangsee. Südöstlich am Seeufer finden sich zahlreiche Naturbadestrände, die zu einer Pause und vielleicht einem Sprung ins kühle Nass einladen. Alte Landhäuser und Prachtbauten wie die Lederervilla (neobarockes Schlössl, 1899) oder der Marienhof (1907) schmücken die 3650-Einwohner-

Die Rossfeld-Panoramastraße ist die höchstgelegene Aussichtsstraße Deutschlands und entführt Besucher in die hochalpine Bergwelt Berchtesgadens.

Mit ihren roten Kuppeldächern bildet die Wallfahrtskapelle St. Bartholomä am Ostufer des Königssees einen tollen Blickfang im Grün der Umgebung.

Von oben: Das Kurhaus von Bad Ischl ist heute Kongresszentrum, hat aber das Flair der Kaiserzeit bewahrt.

An den Attersee kam von 1900 bis 1916 auch der Maler Gustav Klimt zur Sommerfrische. Auch heute lockt er mit seinem glasklaren Wasser noch zahlreiche Badegäste.

Spannende Geschichten hat das auf einer Insel im Traunsee gelegene Schloss Ort zu erzählen. So etwa die Sage vom Riesen Erla, der das Schloss aus Liebe zur Traunseenixe erbaut haben soll.

Gemeinde. Ebenso die 1896 im Toskana-Stil erbaute Deutschvilla, die heute ein denkmalgeschütztes Kulturzentrum ist.

12 Bad Ischl

Der zwischen Hallstätter See und Traunsee gelegene Hauptort des Salzkammerguts wirkt ein wenig wie eine Insel im Strom der Zeit. Seine herrlichen Gründerzeithäuser und historistischen Villen, aber auch die traditionsbewussten Bewohner verleihen ihm eine wohltuend altmodische Beschaulichkeit. Der Leibarzt von Kaiser Franz I., Dr. Franz Wirer, war es, der dem Städtchen seinen Aufstieg zum Kurort bescherte, indem er hier Anfang des 19. Jahrhunderts Österreichs erstes Solebad eröffnete. Komponist Franz Lehár machte Ischl zum Zentrum der leichten Muse.

13 Traunsee

»Lacus felix«, den »glücklichen See«, nannten die Römer dieses mit 191 Metern tiefste aller oberösterreichischen Gewässer. Ihre Begeisterung lässt sich gut nachempfinden: Das steile Ostufer am Fuß des Traunsteins blieb bis heute nahezu naturbelassen. Und auch sein Gegenüber ist von Felswänden gesäumt, weshalb sich noch im späten 19. Jahrhundert der Personen- und Warenverkehr zwischen Nord- und Südende des Sees auf dem Wasser abspielte. Die »Gisela«, die hier seit 1871 wacker die Wellen kreuzt, ist einer der ältesten Raddampfer der Welt.

14 Attersee

Über die Großalm-Landesstraße geht es zum unmittelbaren Nebeneinander von steilem Fels und sanften Wiesen, die den 50 Quadratkilometer großen Attersee charakterisieren. Dank des ständig wehenden Windes gilt der See, der im Norden weit ins hügelige Voralpengebiet hineinreicht, als Segelparadies. Im Süden wird er von schroffen Wänden des Höllengebirges und

CAMPING-RESORT ALLWEGLEHEN

Modernste Sanitärausstattung, die an ein Hotel erinnert, ein tolles Panorama sowie ein beheizter Pool verwöhnen die Gäste dieses Campingplatzes. Er liegt mitten im Nationalpark, bietet nicht nur Ruhe und Wellness, sondern punktet auch mit Aktivangeboten.
Allweggasse 4, 83471 Berchtesgaden, allweglehen.de
GPS 47.64733, 13.03973

CAMPINGPLATZ GRAFENLEHEN

Aufgeräumt, in bester Lage und mit wunderschönem Panorama präsentiert sich dieser Campingplatz an der Königsseer Ache. Der Weg zum Königssee verläuft in unmittelbarer Nähe, weitere Wanderungen und Radtouren beginnen dort.
Königsseer Fußweg 71, 83471 Schönau am Königssee
camping-grafenlehen.de, GPS 47.59517, 12.98662

ROMANTIK-CAMPING WOLFGANGSEE

An einem Kiesstrand und relativ ruhig liegt dieser Campingplatz direkt am Wolfgangsee. Die Plätze sind gut abgesteckt, manche schattig. Einige Plätze haben Seeblick, das Areal ist gut eingewachsen mit teilweise altem Baumbestand.
Schwand 19, 5342 Abersee, lindenstrand.at
GPS 47.73982, 13.40274

STRANDCAMPING TRAUNKIRCHEN

Der einzige Campingplatz am Traunsee mit Zugang zu Österreichs tiefstem See bietet nicht nur Wasserspaß, sondern auch viele Möglichkeiten für Radfahrer, da er direkt am Radweg liegt, der um den See führt.
Uferstr. 46, 4801 Traunkirchen
strandcamping-traunkirchen.com, GPS 47.8671, 13.77802

CAMPING GRABNER

Morgens, wenn der Attersee klar und ruhig wie ein Spiegel daliegt, ist es am schönsten an seinem Ufer. Dieser Campingplatz zählt zu den besten am Attersee. Er ist gut ausgestattet mit Geschirrspülmaschinen für Camper und bietet sogar eigene Stege und ein Schwimmfloß. Im Winter geschlossen.
Seefeld 47, 4853 Steinbach am Attersee
camping-grabner.at, GPS 47.83673, 13.54557

AUSTRIACAMP MONDSEE

Wie eine Halbinsel liegt dieser Platz zwischen Mondsee und Drachensee, bietet moderne Sanitärräume und mit Glück einen herrlichen Stellplatz direkt am Wasser. Insgesamt geht es familiär und entspannt zu.
Achort 60, 5310 St. Lorenz, austriacamp.at
GPS 47.83079, 13.3643

des Schafberges eingefasst. In deren Schatten liegt Unterach, bekannt für das imposante Naturdenkmal Burggrabenklamm. Die Orte Nussdorf und Attersee im Nordwesten sind jüngst zu Refugien der Reichen und Schönen avanciert. Nostalgischer zeigt sich die Ostseite des Attersees mit ihrer kurvigen Uferstraße sowie den verträumten Gärten und Villen aus der kaiserlichen Zeit.

15 Mondsee

Extreme Naturkontraste prägen den Mondsee. So charakterisiert die 1300 Meter hohe, senkrecht abfallende Drachenwand das südliche Ufer. Am Nordufer fällt die barocke Doppelturmfassade der Kirche von Stift Mondsee ins Auge. Das Gewässer hat seinen Namen dem idyllischen Ort an der Nordwestspitze zu verdanken. 748 ließen sich hier Benediktinermönche nieder. Seither gilt die rund 4000-Einwohner-Gemeinde als Mittelpunkt von Wissenschaft und Kunst. Besucher zieht es ins Mondseer Rauchhaus (ein Freilichtmuseum, das die hiesige Gehöftform des bäuerlichen Lebens zeigt) und ins Pfahlbaumuseum. In Letzterem sind Relikte zu sehen, die Archäologen zusammen mit Tausenden Pfählen aus dem Wasser bergen konnten. Ihretwegen wurde die ostalpine Pfahlbautradition Mondsee-Kultur getauft.

16 St. Gilgen

Es war einmal ein König, der die Hand seiner Tochter demjenigen versprach, der einen Palast am schönsten Ort der Welt baut. Drei Brüder zogen aus, um diesen Platz zu finden. Eines Tages erblickten sie grüne Wiesen, hohe Berge, dunkle Wälder, liebliche Dörfer und einen See, der dies alles wundersam reflektierte. Voller Begeisterung vergaßen sie die Prinzessin ... noch immer

ZWISCHENSTOPP

Steinernes Meer
Wer wissen möchte, wie es sich anfühlt, auf dem Mond zu stehen, sollte eine Wanderung durch das Steinerne Meer unternehmen. Das vegetationsarme Karsthochplateau vermittelt den Eindruck von zu Stein erstarrten Wellen. Es erstreckt sich über insgesamt 160 Quadratkilometer zwischen Watzmannmassiv, Königssee, Hagengebirge, Hochkönigstock und Hochkaltermassiv. Etwa ein Drittel der Fläche liegt höher als 2000 Meter., fantastische Bergpanoramen locken. Der Funtensee inmitten der Landschaft ist Deutschlands Kältepol.
berchtesgaden.de

ROUTE 6

stehen die drei Brüder hier – zu Stein geworden – Plomberg-, Mitter- und Obenauerstein. In die reale Vergangenheit führt der alte Wallfahrtsweg über den Falkenstein zum Kirchlein St. Wolfgang.

17 Salzburgring

Auf der B158, vorbei am malerischen Fuschl am See, wartet im sogenannten Nesslgraben zwischen Koppl und Plainfeld das Mekka für Rennsportfans. Umschlossen von 42 Hektar Wald und ausgedehnten Schafweiden besticht der Salzburgring seit 1969 mit seinen Naturtribünen, die durch ihre erhöhte Lage eine einmalige Aussicht bieten, vor allem im Abschnitt oberhalb des Fahrerlagers, wo man Einblick auf beide Geraden hat. Mit ihren zwölf Kurven gilt die kaum mehr als vier Kilometer lange, permanente Rennstrecke als fahrtechnisch anspruchsvoll. Die Formel 1 hat hier nie gastiert, der Salzburgring war aber Austragungsort mehrerer Formel-2-Europameisterschaftsläufe.

18 Salzburg

Nur 13 Kilometer sind es vom Salzburgring zurück zum Startpunkt der Tour, der von der Festung Hohensalzburg überragten Mozart- und Festspielstadt Salzburg.

SALZKAMMERGUT

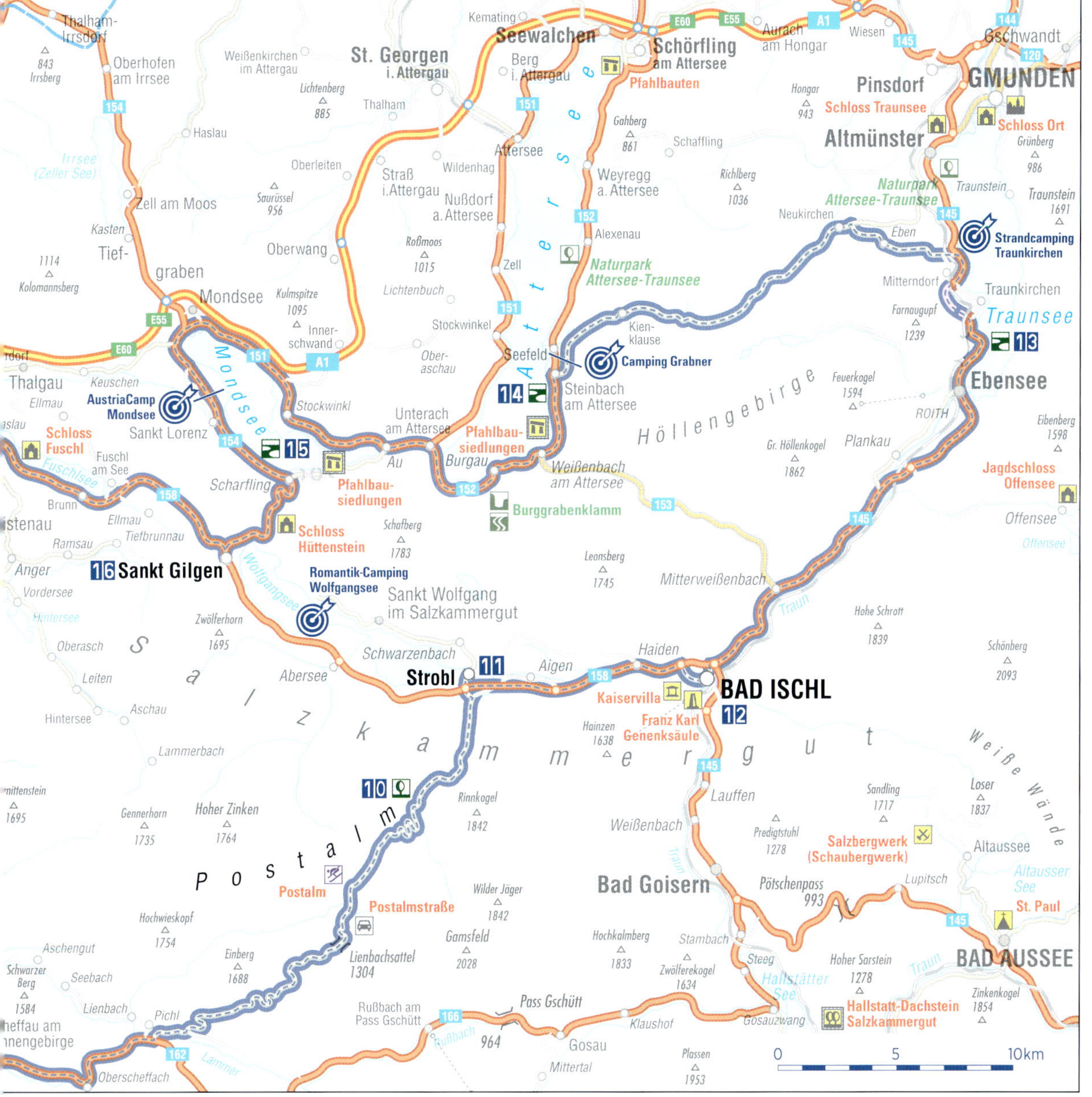

Die weitläufige, gut erhaltene Burgruine Aggstein lohnt die kurze Anfahrt mit dem Auto oder auch den romantischen Aufstieg über den Jakobsweg von Maria Langegg aus.

Der Nibelungensage auf der Spur

Der Startschuss fällt auf bayerischem Boden. Von Passau folgt man dem Donau-Südufer zu Nibelungenkultorten, um nach der pulsierenden Metropole Linz ans Nordufer auf die Romantikstraße zu wechseln.

Erste Station in Österreich ist das idyllische Engelhartszell. An der Schlögener Schlinge ändert die Donau zweimal die Richtung. Die schönste Sicht auf den Mäander bietet der Schlögener Blick. Vorübergehend verlässt die Route die Donau. Aus der Ebene ragt die Ruine Schaunberg, mit dem Ort Eferding zu Füßen.

Entlang des Innbachs schnurrt das Wohnmobil, wie eigentlich auf der gesamten Tour, auf breiten Bundesstraßen. Nach der dynamischen Handelsstadt Wels taucht im Tal der Krems hinter einer Hügelkuppe wie eine Vision die Dachlandschaft von Kremsmünster mit seinem Benediktinerstift auf.

Dann folgt die alte Eisenstadt Steyr mit ihrer wunderschönen Altstadt. Ein prunkvoller Sakralbau erhebt sich weiter im Norden: das Augustiner-Chorherrenstift St. Florian. Um Oberösterreichs Hauptstadt Linz zu besuchen, lässt man das Wohnmobil außerhalb am Campingplatz und nimmt den Linienbus oder nutzt den tagsüber erlaubten Parkplatz des Ars Electronica Center am Urfahrmarkt.

Nächster Halt ist Enns, eine der ältesten Städte Österreichs. Bei Mauthausen quert man die Donau und fährt im Mühlviertel zum Bürgerstädtchen Grein. Nach einem Abstecher zum hübschen Marktplatz Ybbs leuchtet irgendwann am Ufer die Ikone der Region auf: das imposante Stift von Melk. In der Nibelungenstadt Pöchlarn wird das Thema der Route noch einmal aufgegriffen.

- **Routenlänge:** 440 km
- **Zeitbedarf:** ab 3–4 Tage
- **Start und Ziel:** Passau | Pöchlarn
- **Charakteristik:** Überall gut ausgebaute Bundesstraßen. Abstecher zur Schlögenleiten für Wohnmobile unter 7,5 Tonnen möglich (15 Prozent Steigung).
- **Hot Spot:** Aussichtsplattform Schlögener Blick über der Schlögener Schlinge
- **Schönster Campingplatz:** Campingplatz: marbach-freizeit.at
- **Best place on tour:** Gemütlich im Heurigen von Schloss Luberegg sitzen, mit Blick über die Donau nach Melk.

Hier geht's zum GPS-Track

donauregion.at, muehlviertel.at

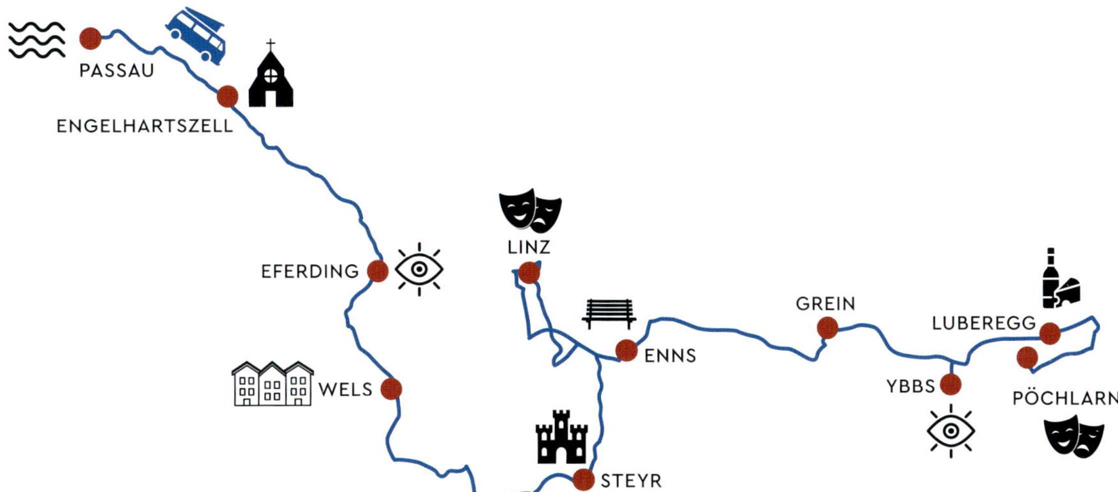

01 Passau

Die »Dreiflüssestadt« liegt in Bayern unweit der österreichischen Grenze, am Zufluss der Ilz und des Inn in die Donau. Unbedingt sehenswert sind die historischen Baudenkmäler, allen voran die Veste Oberhaus aus dem 13. Jahrhundert. Sie zählt zu den flächenmäßig größten Burgen Europas und bietet nicht nur einen schönen Ausblick über die Stadt, sondern auch ein Museum sowie im Sommer Freiluftkino und Konzerte. In der Passauer Altstadt, die sich unterhalb der Festung erstreckt, dominiert der Barockstil. Herausragend ist der Dom St. Stephan, dessen weiße Türme mit ihren Zwiebelkuppeln die Gassen überragen. Seine Orgel ist mit 17.974 Pfeifen eine der größten der Welt. Im Sommerhalbjahr wird täglich um 12 Uhr ein Mittagsorgelkonzert gegeben. Besonders prächtige alte Stadthäuser säumen den Residenzplatz mit dem Wittelsbacher Brunnen, um den Straßencafés ihre Tische stellen.

02 Engelhartszell

Idyllisch liegt der kleine Ort am Südufer der Donau. Das hiesige Trappistenkloster Engelszell muss für die Zukunft ein neues Konzept finden, da es an Nachwuchs mangelt. Die mit Bildern Bartolomeo Altomontes ausgeschmückte Stiftskirche (1744 bis 1764) zählt zu den schönsten Rokoko-Gotteshäusern des Landes. Die Stuckarbeiten schuf Johann Georg Üblher. Eine Kostprobe wert ist der von den Mönchen fabrizierte berühmte Kräuterlikör. Zwischen Engelhartszell und Jochenstein in Bayern wird seit 1955 die Wasserenergie der Donau genutzt. Die Dammkrone des Laufkraftwerks, das der Felseninsel Jochenstein seinen Namen verdankt, verbindet wie eine Brücke, über die Fußgänger und Radfahrer den Strom bequem queren können, die beiden Orte. Also nichts wie hinüber, wo mit dem Erlebnisweg »Schatzsuche Donautal« und dem Naturschutzgebiet Donauleiten spannende Outdoor-Aktivitäten locken.

03 Schlögener Schlinge

Etwa auf halbem Weg zwischen Passau und Linz verändert die Donau, von einer Granitmasse an ihrem geradlinigen Lauf gehindert, in einer S-Schleife die Richtung um 180 Grad. Der Mäander, genannt Schlögener Schlinge, liegt dem Betrachter in seiner ganzen Schönheit am spektakulärsten von dem Ort Haibach aus zu Füßen. Dieser kaum bebaute Abschnitt des Donautals ist ein Refugium für andernorts schon sehr seltene Tier- und Pflanzenarten. Er ist aber auch uralte Kulturlandschaft: Relikte wie das Tor des Römerlagers bei Schlögen erinnern daran, dass der Fluss einst die Grenze des Imperium Romanum markierte. Im Mittelalter übernahmen auf den Anhöhen Burgen die Funktion der antiken Wachtürme. Sehr deutlich signalisieren dies flussaufwärts, unweit von Engelhartszell, Burg Rannariedl oder der romanische Bergfried von Burg Vichtenstein.

WOHNMOBILSTELLPLATZ ILZBRÜCKE

Asphaltierter Platz für 13 Wohnmobile, gebührenpflichtig. Man zahlt am Parkautomaten. Strom und Wasser sind, ebenfalls gegen Gebühr, erhältlich. Kostenlose Entsorgung, öffentliche Toiletten, Kinderspielplatz nebenan. Morgens kommt ein Bäckerwagen. Guter Ausgangspunkt für Stadterkundungen in Passau zu Fuß.
Halser Str. 2, 94034 Passau, GPS 48.578717, 13.473974

FREIZEITANLAGE SCHLÖGEN

Terrassenförmig über der Donau gelegen, mit schönen Ausblicken von allen Stellplätzen. Die familien- und haustierfreundliche Anlage verfügt über einen eigenen Jachthafen, ein Restaurant und einen Lebensmittelladen. WLAN kann gratis auf dem gesamten Gelände genutzt werden.
Von April bis Oktober geöffnet.
Mitterberg 3, 4083 St. Agatha
freizeitanlage-schloegen.at, GPS 48.423396, 13.867755

CAMPING PUCHNER

Die schöne Lage im Grünen bei einem Bauernhof und in der Nähe mehrerer Badeseen schätzen Dauercamper. Aber es gibt Platz für Durchreisende. Man steht auf einer durch Büsche und Bäume aufgelockerten Wiese. Im angeschlossenen Mostheurigen werden Jausenbrote zum eigenen Most serviert. Mai bis September.
Golfplatzstr. 20, 4101 Feldkirchen an der Donau
camping-puchner.at, GPS 48.330292, 14.073285

04 Eferding

Auf einem Steilabfall thront die Ruine Schaunberg. Von ihrem 32 Meter hohen Bergfried genießt man ein grandioses Panorama auf das Donautal. Nur der südliche Teil des mächtigen Wehrturms überstand im Jahre 1825 einen Zusammensturz. Er wurde gesichert, eine moderne Metalltreppe führt hinauf. Der Palas erlitt seinerzeit ebenfalls Schäden, ist aber in seiner Bausubstanz noch gut zu erkennen, ebenso wie die Burgkapelle. Zu Füßen dieser landesweit größten Burgruine liegt Eferding. Hier stand einst ein römisches Kastell, und hier hielt später, so die Nibelungensage, Kriemhild auf ihrer Reise zum Hunnenkönig Etzel Rast. Attraktionen der heutigen Bezirksstadt sind der von Prachtfassaden gesäumte Hauptplatz, die spätgotische Pfarrkirche St. Hippolyt und das im recht zentral gelegenen, von der Stadt nur durch einen kleinen Park getrennten Schloss Starhemberg eingerichtete Stadtmuseum.

Links von oben: Der Blick schweift über Passau mit den Kirchen St. Paul I., St. Michael und dem Dom St. Stephan. Auf der rechten Seite thront die Veste Oberhaus, die heute ein kulturhistorisches Museum beherbergt.

Eine eindrucksvolle Kehrtwende nimmt die Donau an der sogenannten Schlögener Schlinge.

ZWISCHENSTOPP

Radwandern im Donautal
Das Donautal ist nicht nur Energielieferant, sondern auch eine höchst attraktive Ferienregion und als solche eine Pionierzone des Radtourismus. In den 1980er-Jahren, als der Aktivurlaub auf dem Fahrradsattel allmählich in Mode gekommen war, hatte man sogenannte Treppel- und Treidelpfade, die ursprünglich dem Ziehen von Frachtschiffen dienten, auszubauen und zu beschildern begonnen. Mittlerweile führt ein Radfernweg über die 2850 Kilometer von der Donauquelle bis zur Mündung ins Schwarze Meer. Der Abschnitt auf österreichischem Boden weist dabei die höchste Dichte an Hotels und Restaurants auf.
donau-radweg.info

Stift Wilhering
Vor den Toren von Linz, nahe der Donau am Fuße des Kürnberger Waldes, liegt das Zisterzienserstift Wilhering. Seine Geschichte wurzelt im 12. Jahrhundert, als die örtlichen Burgherren den Mönchen des steirischen Klosters Rein hier Grund und Feste überließen. 1254 waren Kirchen und Konventsgebäude fertig gebaut. Doch um 1620 ersetzte man große Teile der mittelalterlichen Anlage durch eine barocke, die allerdings drei Generationen später ein Opfer der Flammen wurde. Unter Leitung des Maurermeisters Johann Haslinger wurde eine neue prächtige Stiftskirche erstellt.
stiftwilhering.at

05 Wels

An einer Furt der Traun begründet und Ovilava benannt, wurde der Ort von Kaiser Diokletian zur Hauptstadt Ufernoricums erhoben. Gut 1700 Jahre später präsentiert sich die im Herzen des wirtschaftlich florierenden Hausruckviertels gelegene Statutarstadt Wels als dynamisches Handels- und Messezentrum – und auch als Verkehrsknotenpunkt der beiden Autobahnen Wien-Salzburg und Passau-Graz. Ihr historischer Kern punktet mit einer Fülle wertvoller Baudenkmäler. Es sind dies, neben der Burg, in der im Jahr 1519 der »letzte Ritter«, Kaiser Maximilian I., starb, die Kalvarienberg-, die Stadtpfarr- und die ehemalige Minoritenkirche sowie der Stadtplatz – ein Ensemble aus 64 Bürgerhäusern, aus dem das barocke Rathaus, das Renaissancedomizil der Salome Alt und, am westlichen Ende als Rest der alten Wehranlage und Wahrzeichen der Innenstadt, der Ledererturm, besonders herausragen.

06 Stift Kremsmünster

Das rund 40 Kilometer südlich von Linz malerisch in das hügelige Alpenvorland gebettete Benediktinerstift Kremsmünster ist eines der ältesten Kulturzentren des bayerisch-österreichischen Raums und das zweitälteste bestehende Kloster auf dem Boden der heutigen Alpenrepublik. Gegründet wurde es im Jahr 777 von Bayernherzog Tassilo III. Die mit Mönchen aus dem Kloster Mondsee besiedelte Anlage sollte angeblich an seinen jung verunglückten Sohn erinnern, dürfte jedoch wohl vor allem als Vorposten der Christenheit im Grenzland gegen die Awaren, ein Herrschervolk aus dem Gebiet des Kaukasus, fungiert haben. Das Stift im heutigen Erscheinungsbild, dessen 290 Meter langer Südflügel auf einer Terrasse 50 Meter über dem Kremstal thront, ist ein um sechs Höfe gruppiertes, über Jahrhunderte gewachsenes Baudenkmal und von ausgedehnten Gärten umfasst.

07 Steyr

Im äußersten Südosten hat Oberösterreich Anteil an der sogenannten Eisenwurzen. Diese »Gewerbelandschaft« verdankt ihre Entstehung und Blüte der Nähe zum steirischen Erzberg. Ihr Zentrum bildet seit alters die am Zusammenfluss von Steyr und Enns gelegene Stadt Steyr. Sie gelangte als Werkzeug- und Waffenschmiede der Monarchie zu großem Wohlstand. Ihr auffallendstes Stück Architektur ist Schloss Lamberg, das wie ein Schiffsbug beide Flussufer überragt. Ihm zu Füßen erstreckt sich der berühmte, weil besonders harmonisch bebaute Hauptplatz. In die (Industrie-) Geschichte entführen sowohl das Stadtmuseum auf dem Grünmarkt und das »Museum Arbeitswelt«. Ihre Hochsaison erlebt die Stadt im Advent, wenn sie mit Krippenausstellungen, Brauchtumsmärkten und dem Postamt im Vorort Christkindl zu Österreichs offizieller Weihnachtshauptstadt mutiert.

08 Stift St. Florian

Inmitten fruchtbaren Obstanbau- und Ackerlandes liegt, gut 15 Kilometer südöstlich von Linz, das größte und bekannteste Barockkloster ganz Oberösterreichs. Im Jahr 304 n. Chr. soll hier ein Märtyrer namens Florian, der spätere Schutzpatron gegen Feuergefahren, seine letzte Ruhe gefunden haben. Über seiner Grabstätte entstand um 800 ein erstes Kloster, das bereits 1071 von den Augustiner-Chorherren

Von oben: Ein Campingplatz direkt am Wasser – und das Campingglück wird noch größer, so wie hier am Ufer der Donau.

Über der Stadt Steyr am gleichnamigen Fluss ragen die beiden Türme der Michaelerkirche auf.

Opulente Rokokopracht bestimmt die Stiftskirche Wilhering.

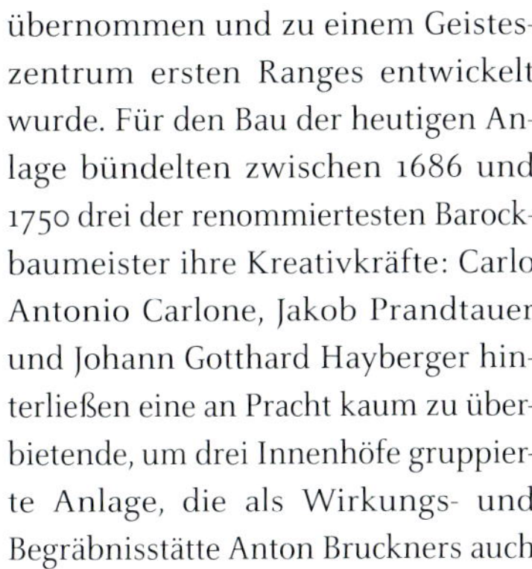

übernommen und zu einem Geisteszentrum ersten Ranges entwickelt wurde. Für den Bau der heutigen Anlage bündelten zwischen 1686 und 1750 drei der renommiertesten Barockbaumeister ihre Kreativkräfte: Carlo Antonio Carlone, Jakob Prandtauer und Johann Gotthard Hayberger hinterließen eine an Pracht kaum zu überbietende, um drei Innenhöfe gruppierte Anlage, die als Wirkungs- und Begräbnisstätte Anton Bruckners auch Musikliebhaber begeistert.

09 Linz

Traditionell ein Zentrum von Handel und Schwerindustrie, hat sich Oberösterreichs Landeshauptstadt binnen nur einer Generation zu einem Hotspot für Hightech und postmoderne Kunst gemausert. Brucknerhaus, Design Center Linz, Ars Electronica Center, Nordico Stadtmuseum und Lentos Kunstmuseum heißen die Marksteine dieses Imagewandels. Im Kern ist Linz, auf dessen Boden bereits die Römer ein Kastell namens Lentia unterhielten, freilich architektonisch nach wie vor barock geprägt. Und das Landhaus sowie jenes Schloss an der Donau, in dem Ende des 15. Jahrhunderts kurze Zeit sogar ein Babenberger Kaiser residierte, stehen rein äußerlich seit der Renaissancezeit weitgehend unverändert da. Einen Gipfelpunkt in der Entwicklung des Barockstils bildet das nahe, nach Plänen Carlones und Prandtauers gestaltete Stift St. Florian.

10 Enns

Sie rühmte sich lange, Österreichs älteste mittelalterliche Stadt zu sein. Immerhin datiert ihre einschlägige Urkunde von 1212. Inzwischen wird die Chronologie der Stadtrechtsverleihungen von der Fachwelt hinterfragt. Doch an der Tatsache, dass Enns auf den Fundamenten des Römerkastells Lauriacum steht und damit im Grunde viel älter ist, lässt sich nicht rütteln. Und auch nicht an der hohen Qualität des architektonischen Erbes. Die Stadt

WOHNMOBIL- UND CARAVANSTELLPLATZ BAD SCHALLERBACH

Der Komfort entspricht dem eines kleinen Campingplatzes, da die sanitären Einrichtungen der benachbarten Kunstturnhalle rund um die Uhr zu nutzen sind. Von der Bahnstrecke durch eine Lärmschutzwand getrennt. Entsorgung, Strom, Wasser und Müll im Übernachtungspreis inbegriffen. Nur rund 600 Meter entfernt liegt das EurothermenResort mit attraktiven Angeboten für Spa- und Wellnessfans.

Birkenstr. 9, 4701 Bad Schallerbach
camping-badschallerbach.com, GPS 48.227324, 13.928959

CAMPING AM FLUSS

Ein ganzjährig geöffneter Platz auf einem Wiesengelände an der Enns, auf dem auch einige ältere Bäume stehen. Neben einer kleinen Anzahl von Dauercamperflächen sind 50 Stellflächen für durchreisende Wohnmobile und Wohnwagen vorhanden, alle mit Stromanschluss und Gratis-WLAN. Hunde sind willkommen.

Kematmüllerstr. 1a, 4400 Münichholz
campingamfluss.at, GPS 48.059403, 14.432591

CAMPING-LINZ AM PICHLINGERSEE

Verkehrsgünstig nicht weit von der Autobahn gelegen. Mit dem Bus ist man in einer halben Stunde im Zentrum von Linz. Auf dem Platz gibt es ausdrücklich keine besonders strengen Regeln. Leben und leben lassen lautet die Devise. In der Umgebung sind Schwimmen, Angeln, Tauchen, Tennis und Radfahren möglich.

Wienerstr. 937, 4030 Linz
camping-linz.at, GPS 48.235010, 14.378622

WOHNMOBILABSTELLPLATZ ARDAGGER MARKT

Sicherer Stellplatz beim Donauwellenpark, auch für sehr große Wohnmobile geeignet. Platz für etwa 20 Fahrzeuge auf Schotter- und Wiesengrund. Die Benutzung ist gebührenfrei, Strom und Wasser (gibt es nur April bis Oktober) kostenpflichtig. E-Bikes können kostenfrei aufgeladen werden. Hunde sind erlaubt.

Markt 39, 3321 Ardagger Markt
ardagger.gv.at, GPS 48.179773, 14.825554

Links von oben: Das Herz der Stadt Linz schlägt am Hauptplatz. In die Abenddämmerung ragen die Dreifaltigkeitssäule und die Doppeltürme des Alten Doms auf.

Unter den 150 000 Bänden der prachtvollen Bibliothek von Stift St. Florian befinden sich Inkunabeln und mittelalterliche Schriften.

Vor den Toren der Gedenkstätte Mauthausen steht die Bronzefigur als tschechoslowakisches Denkmal, entworfen von Zdeněk Rossmann.

Enns, am gleichnamigen Fluss an der Grenze zu Niederösterreich gelegen, besitzt ein Prachtexemplar von einem Hauptplatz. Auf ihm ragt 60 Meter hoch ihr Wahrzeichen, der in den 1560er-Jahren errichtete Stadtturm, empor. Auf dem Platz steht auch das Museum Lauriacum, das römische, mittelalterliche und neuzeitliche Stadtgeschichte präsentiert. Ein kleines Stück südlich erhebt sich die grandiose gotische Pfarrkirche St. Marien. Von den antiken Wurzeln zeugen aber auch die Ausgrabungen um die Basilika St. Laurenz im Stadtteil Lorch.

11 Mauthausen

Die am linken Donauufer gelegene Marktgemeinde blickt auf eine bis ins Hochmittelalter zurückreichende Geschichte als wichtiger Brücken- und, nomen est omen, Mautort zurück. Sie besitzt einen schmucken, vom Barock geprägten Kern. Doch alle Anmut wird überschattet von jener Stätte des Grauens, in die Hitlers Schergen kurz nach Österreichs Anschluss die örtlichen Granitsteinbrüche verwandelt haben und die wohl noch für Generationen den Namen Mauthausens untrennbar mit der Erinnerung an den nationalsozialistischen Terror verknüpft: Bereits im August 1938 hatte die SS vor Ort ein Außenkommando des Konzentrationslagers von Dachau eingerichtet. Im März des Folgejahres wurde es zum selbstständigen Lager ausgebaut. Insgesamt etwa 335 000 Menschen aus ganz Europa waren bis zum Mai 1945 an dem Schreckensort inhaftiert. Rund 120 000 von ihnen starben hier oder wurden gemäß dem teuflischen Motto »Tötung durch Arbeit« umgebracht. Das Gelände mitsamt den erhalten gebliebenen Bauten, darunter der Steinbruch Wiener Graben und die berühmt-berüchtigte »Todesstiege«, wurden als Gedenkstätte gestaltet und

CAMPING MARBACH

Kleiner, feiner Platz am Donauufer. Gleich vor der Tür verläuft der Donauradweg. Mit Sportboothafen, in dem man mit Motorboot, Segeljolle oder Kajak starten kann. Es gibt Brötchenservice und Snackautomat. Nur im Sommer geöffnet. Im Winterhalbjahr können Wohnmobile gegen Gebühr vor dem Gelände übernachten.

Campingweg 2, 3671 Marbach an der Donau
marbach-freizeit.at, GPS 48.213021, 15.138034

CAMPINGPLATZ DER STADT MELK

Am Donauufer unweit des Benediktinerstifts gelegener Platz, der mit 28 festen, ebenen Wiesenstellplätzen sehr gut auf Wohnmobile eingestellt ist. Sanitäre Einrichtungen sowie Wasser- und Stromanschlüsse vorhanden. Campinggäste erhalten vergünstigte Karten für die Sommerspiele Melk. Nur im Sommerhalbjahr geöffnet.

Kolomaniau 3, 3390 Melk
visitmelk.com, GPS 48.232742, 15.328090

AKTIV CAMP PURGSTALL

Die Rasenstellplätze mit Strom-, Wasser- und Abwasseranschlüssen sind sehr großzügig bemessen. Komfortplätze bieten mindestens 100 Quadratmeter, Premiumplätze sogar 120 Quadratmeter. Alle sind barrierefrei zugänglich. WLAN ist auf dem gesamten Gelände frei verfügbar. Ein Schwimmweiher liegt in der Anlage.

Augasse 8, 3251 Purgstall an der Erlauf
topcamp.at, GPS 48.056344, 15.129655

Rechts: Einfach mal stehen bleiben und bei einer Pause die schöne Natur genießen.

sind, ergänzt durch zahlreiche nationale Monumente, ganzjährig zu besichtigen. Reichhaltiges Dokumentationsmaterial hilft, den Eindruck bei Besuchern zu vertiefen.

12 Grein

Das adrette Städtchen liegt am westlichen Eingang in den Strudengau und verdankt seine Existenz und den späteren Wohlstand dessen früher gefürchteten Stromschnellen. Denn die ansässigen Schiffer wussten, wo es langgeht, und ließen sich für ihre Lotsendienste gut bezahlen. Heute ist Grein vor allem für sein Stadttheater berühmt. Dieses wurde im Jahr 1791 auf Privatinitiative der Bevölkerung in einem Getreidespeicher installiert und gilt als ältester in seiner ursprünglichen Form erhaltene Bühnenbau Österreichs. Ganzjährig als Museum zu besichtigen, wird es seit 1964 jeweils im Juli und August im Rahmen der populären Sommerspiele wieder bespielt. Sehenswert sind auch die Pfarrkirche, ein spätgotischer Hallenbau, und Schloss Greinburg. Letzteres besitzt einen wunderschönen dreigeschossigen Arkadenhof und beherbergt das Oberösterreichische Schifffahrtsmuseum. Alle zwei Wochen findet Samstagvormittag ein bunter Stadtmarkt statt, auf dem regionale Biolebensmittel verkauft werden.

13 Ybbs

Das Ende des Strudengaus markiert der ebenso alte wie hübsche Markt-, Maut- und Stapelplatz Ybbs. An der Nordseite des Laufkraftwerks, das hier seit 1958 die Donau staut, wacht die geschichtsträchtige Burg Persenbeug über den Strom. Sie gehört bis heute den Habsburgern und ist nur von außen zu besichtigen. Sieben Kilometer weiter sollte man hinauf zur Wallfahrtskirche Maria Taferl fahren. Die beiden Zwiebeltürme der imposanten, barocken Basilika fallen selbst von Weitem ins Auge. An klaren Tagen reicht der Blick von der Aussichtsplattform weit über das Donautal hinweg und über den gesamten Nibelungengau, ja den halben Ostalpenbogen. Bis zu 300 000 Pilger besuchen jedes Jahr Maria Taferl. Üppiger Barock in Gold-, Silber- und Brauntönen zeichnet das einschiffige Innere der Kirche aus, die in den Jahren ab 1660 entstand. Schon lange zuvor hatte man hier, um »heidnische Geister« zu bannen, an einer kultisch verehrten Eiche ein Kreuz sowie ein »Taferl« mit Heiligenbildnissen angebracht.

14 Luberegg

Das frühklassizistische Schloss Luberegg war Sommerresidenz der kaiserlichen Familie. Ursprünglich hatte es ab 1774 Joseph Freiherr von Fürnberg, der sich unternehmerisch in der Region betätigte, als Landhaus errichten lassen. Neben seiner eigenen Sommerwohnung befanden sich darin auch Büros, die der Verwaltung seiner nahegelegenen Holzschwemme dienten. Darunter war eine Flößerstation für die in der waldreichen Umgebung geschlagenen Baumstämme zu verstehen. Der Freiherr belieferte Wien zu einem Großteil mit dem dort benötigten Brennholz. Dennoch musste er 1795, hoch überschuldet, den Besitz an den kaiserlichen Familienfonds verkaufen. Nach 1800 verbrachte Kaiser Franz II. hier manchen Sommer. Heute ist Schloss Luberegg eine Eventlocation mit Restaurant, Suiten und neuem, in einem Mix aus traditionellem und aktuellem Stil angelegtem Garten, in dem gerne Hochzeiten gefeiert werden.

Strudengau
Nur 25 Kilometer ist er lang, aber bei den Schiffern war der Strudengau wegen seiner Untiefen und Stromschnellen seit alters gefürchtet. Entsprechend zahlreich sind die Geschichten über Gefahren und Unglücksfälle in jenem felsig-engen Abschnitt des Donautals zwischen den Ortszwillingen Ardagger-Dornach und Ybbs-Persenbeug. Zu Zeiten der Römer versuchte man den Flussgott mit Münzopfern zu besänftigen, wie Funde im Uferschlamm belegen. Halbwegs gezähmt wurde der Fluss zu Zeiten Maria Theresias um 1770, indem man Felsen beseitigte. Seine ursprüngliche Wildheit und Tücke hat das Tal dadurch verloren, nicht aber seine landschaftliche Schönheit.

Burgruine Aggstein
Seit mehr als 900 Jahren thront diese Burg, von geheimnisvollen Sagen und grausamen Anekdoten umrankt, kühn auf steilem Fels 300 Meter hoch über der Donau. Wer hier residierte, kontrollierte den Transitverkehr unten im Tal. So pflegten schon ihre ursprünglichen Bauherren, die Kuenringer, von hier aus mit eisernen Ketten den Strom zu sperren, um Handelsschiffe auszurauben. Die Hauptattraktion heute ist der unvergleichliche Blick von der nach drei Seiten abfallenden Felszunge hinab auf die westliche Wachau.
ruineaggstein.at

15 Stift Melk

Das Benediktinerstift, das am Westeingang zur Wachau so majestätisch über die Donau wacht, ist ein Höhepunkt barocker Architektur – der Inbegriff klösterlicher Prachtentfaltung nach den Notzeiten der Reformation, der Bauern-, Böhmen- und Türkenkriege. Seine herausragende Stellung verdankt das Stift nicht nur dem Äußeren (die Südfassade misst 362 Meter), sondern seiner über 900-jährigen Geschichte. An ihrem Beginn war es Ausgangspunkt für die Erschließung der donauabwärts gelegenen Länder, im Spätmittelalter verfassten führende Denker hier wegweisende theologische und wissenschaftliche Werke. In seiner gegenwärtigen Gestalt entstand das Stift 1702–1736 nach Plänen Jakob Prandtauers und Joseph Munggenasts. Zu den Highlights jeder Besichtigung zählen Stiftskirche, Bibliothek, Kaiserstiege und -zimmer sowie der Marmorsaal samt Altane.

16 Pöchlarn

Wer sich für moderne Malerei interessiert, sollte Pöchlarn besuchen, den Geburtsort Oskar Kokoschkas. Das Haus, in dem der berühmte Expressionist als Sohn eines Handelsreisenden 1886 das Licht der Welt erblickte, beherbergt ein Dokumentationszentrum. Die Familie verlegte ein Jahr nach seiner Geburt den Wohnsitz nach Wien, wo Kokoschka aufwuchs und in der Kunstgewerbeschule seine Ausbildung erhielt. Seit 2021 prangen an zwölf Häuserfassaden im Zentrum von Pöchlarn großformatige Reproduktionen von Kokoschka-Bildern. Pöchlarn vermarktet sich selbst als Nibelungenstadt, denn es kommt in einer der Strophen des Nibelungenlieds vor. Darin heißt es, der Markgraf von Bechelaren, wie Pöchlarn im Mittelalter hieß, hätte Kriemhild auf ihrer Reise zu König Etzel einige Tage hier bewirtet. Das Nibelungendenkmal von Pöchlarn versammelt die Wappen von Orten, die Schauplätze des Nibelungenlieds sind.

ROUTE 7

Imposant thront Stift Melk – Teil des UNESCO-Weltkulturerbes »Kulturlandschaft Wachau« – über der Donau.

ENTLANG DER DONAU

Wer glaubt, WIndmühlen sind das Alleinstellungsmerkmal vom hohen Norden, wird am Kalvarienberg in Österreich eines Besseren belehrt. Die Retzer Windmühle ist noch in Betrieb und in den Sommermonaten zu besichtigen.

Hier gedeihen edle Tropfen

Im Osten ist Österreich flach und lieblich. Selbst Dickschiffe unter den Wohnmobilen kommen auf den idyllischen Landstraßen gut zurecht. Winzerorte und Weingüter reihen sich wie Perlen an einer Schnur.

Los geht es in Seefeld-Kadolz, einem traditionsreichen Winzerort nahe der tschechischen Grenze. Auch in der historischen Kellergasse von Mailberg werden Weine gelagert und verkostet. Aus dem Pulkautal kommt vorwiegend Weißwein. Haugsdorf ist ein Rotweinort.

Im Bogen nach Norden führt die Route nach Retz, einem der wichtigsten Weinorte weit und breit. Pulkau punktet mit historischen Gassen und Eggenburg mit verschnörkelten Giebelhäusern, das nahe Burgschleinitz mit seinem Wasserschloss.

In Maissau widmet sich eine Erlebniswelt mit Schaustollen einem lilafarbenen Edelstein, dem Amethyst. Auch Wetzdorf hat seine Erlebniswelt, die den Sommerstall der Spanischen Hofreitschule mit einem Oldtimermuseum, einem Falkenhof und einer Vinothek vereint. Aus Ruppersthal stammt Grüner Veltliner, Kirchberg am Wagram ist ein berühmter Fundort von Alchemistenzubehör.

Bei Krems wird die Donau erreicht. Die Altstadt von Krems ist Teil des UNESCO-Welterbes »Kulturlandschaft Wachau«. Südlich der Donau folgt nach dem Uferstädtchen Mautern das Stift Göttweig als Station für Kunst- und Kulturfreunde.

In Nussdorf laden zahlreiche Heurigenlokale zur Einkehr ein. Traismauer schrieb Geschichte mit Römern und Nibelungen. Den krönenden Abschluss der Fahrt bildet Herzogenburg mit seinem atmosphärischen Rathausplatz und einem 900 Jahre alten Kloster.

- **Routenlänge:** 110 km
- **Zeitbedarf:** ab 3 Tage
- **Start und Ziel:** Seefeld-Kadolz | Herzogenburg
- **Charakteristik:** Auf manchen Weingütern kann man im Wohnmobil übernachten. Donauquerung auf Mauterner Brücke vorerst nur bis 5 Tonnen, sonst auf Kremser Bundesstraßen-Brücke ausweichen.
- **Hot Spot:** Altstadt von Krems als Teil des UNESCO-Welterbes »Kulturlandschaft Wachau«
- **Schönster Campingplatz:** veltlinerlandcamping.at
- **Best place on tour:** Verkostung von 125 Weinsorten in der Euregio-Vinothek in Seefeld-Kadolz.

Hier geht's zum GPS-Track

weinviertel.at, weinstrasse.co.at

01 Seefeld-Kadolz

Mehrfach wurde Seefeld-Kadolz zur jugendfreundlichsten Gemeinde Österreichs gekürt. Es handelt sich um den wohl aktivitätenreichsten Ort des Gebiets. Dass sich dennoch alte Traditionen bewahren lassen, zeigt das lebendige Treiben auf Schloss Seefeld. Das Barockschloss ist zwar in Privatbesitz, wird aber zu Konzerten oder Lesungen geöffnet. Weinfreunde zieht es eher in die Kellergasse von Großkadolz. Dort liegt die Euregio-Vinothek, in der sich 125 Weinsorten verkosten lassen, zusätzlich werden kulinarische Spezialitäten aus der Region angeboten. Denkmalgeschützt ist der eigenwillige Glockenturm auf dem Hauptplatz von Großkadolz. In sein Erdgeschoss ist eine kleine, quadratische Kapelle integriert. Das Bauwerk entstand 1850 im Auftrag der örtlichen Grafenfamilie Hardegg. Bis Anfang der 1940er-Jahre war die Kapelle, die ein Bildnis der hl. Philomena birgt, Teil der Begrenzungsmauer des gräflichen Weinguts, wurde dann aber auf Wunsch der Gemeinde daraus gelöst.

02 Mailberg

Der nächste Halt ist Mailberg. Der kleine, nur rund 500 Einwohner zählende Ort hat eine weit zurückreichende Geschichte. Schon 1052 wurde er erstmals schriftlich erwähnt. Die Kunigundenkirche schließlich mit ihrer Hügellage bietet einen hübschen Blick auf das Tal und die Siedlung. Niedrige Gebäude, die wie Reihenhäuser eng aneinanderstehen, machen im Pulkautal große Teile des Straßenbildes aus. Es sind die Kellergassen, eine Besonderheit der Weinbauregionen Österreichs, Tschechiens und Ungarns. Hier wurden die Weine gepresst und weiterverarbeitet. Außerdem haben sich die Winzer hier gern zur Verkostung getroffen. Diese Tradition ist heute noch lebendig, etwa in Mailbergs Kellergasse Zipf, in der 20 Keller originalgetreu erhalten und mit Führungen zu besichtigen sind. Im Juni findet in

Mailberg jedes Jahr das Kellergassenfest statt, bei dem die Winzer ihre Weine vorstellen.

03 Obritz

In Obritz ist die Schnitzerkapelle sehenswert, die seit 1878 von der ortsansässigen Familie Schnitzer betreut wird. Die Kellergasse liegt im Gegensatz zu den Nachbarorten hier nicht im Dorf, sondern außerhalb zwischen den Weinbergen. Genau genommen handelt es sich sogar um drei Kellergassen, die mit ihren weiß getünchten Presshäusern fast ein Dorf für sich bilden. Unter diesen befindet sich ein labyrinthisches Kellersystem, durch das die Winzer Führungen anbieten. Eine Besonderheit ist das Weingut Fürnkranz, das vegane, histaminarme Bioweine produziert und auch gute Liköre und Schnäpse anbietet. Der Weinbau hat in Obritz eine jahrhundertelange Tradition. Bis heute lebt man im Ort vorwiegend davon. Im hügeligen Umland wurde ein dichtes Netz von Wander- und Radwegen angelegt. So kann man etwa den 416 Meter hohen Buchberg erwandern, auf dem Orchideen wie der seltene Frauenschuh gedeihen.

CAMPINGPLATZ VELTLINERLAND

Ein angenehmer kleiner Platz in der Weinstadt Poysdorf, direkt an einem Naturbadeteich gelegen, mit 20 Stellplätzen für Durchreisende. Hunde sind willkommen, dürfen aber nicht im Teich baden. Der Campingplatz öffnet von April bis Oktober, die Gaststätte nebenan von Mai bis September bei Schönwetter.

Laaer Str. 106, 2170 Poysdorf
veltlinerlandcamping.at, GPS 48.664586, 16.611488

WOHNMOBILABSTELLPLATZ BERG-HAHN

Am von der Familie Hahn geführten Weingut finden 10 Wohnmobile auf einer Schotterfläche Platz, für einen Urlaub auf dem Weinbauernhof. Gruppen ab vier Personen können mit »Berg-Hahn Rudi« eine Abenteuerfahrt per Oldtimer-Traktor mit Stopps an einer Sektmanufaktur und einer Kräuterlandwirtschaft unternehmen.

Kirchenstr. 13, 2165 Stützenhofen
berghahn.at, GPS 48.741126, 16.609831

CAMPING COUNTRY

Am Ortsrand von Znaim (Znojmo) im tschechischen Naturpark Jevišovka gelegen, man campt ländlich auf einer Streuobstwiese. Der Platz verfügt über einen eigenen Reitstall, Tennisplatz, Fahrradverleih, Minigolfanlage, Kinderspielplatz und einen kleinen Pool. Waschmaschine und eine Bar stehen zur Verfügung.

Hluboká Mašůvky 257, 67152 Znojmo
camp-country.cz, GPS 48.920512, 16.025042

04 Haugsdorf

Auf 70 Prozent der Flächen werden rote Reben angebaut, daher ist Haugsdorf vorwiegend für seine Rotweine bekannt. Durch die Natur führt der

Links, von oben: Das Gebäude des Schlosses Mailberg geht auf das 12. Jahrhundert zurück, heute dient es als elegantes Hotel mit angeschlossener Vinothek.

In Reih und Glied stehen die Weinreben hier vielerorts.

Rechts: Auch in Haugsdorf findet man die historischen Kellergassen, in deren tiefen Gewölben die Weine gelagert werden.

ZWISCHENSTOPP

Schloss Mailberg
Ganz im Zeichen des Malteserkreuzes steht der »Ritterliche Markt Mailberg«. Hier, etwas südlich des Pulkautals, ungefähr auf halbem Weg zwischen Retz und Laa, bekam Mitte des 12. Jahrhunderts, wenige Jahrzehnte nach seiner Gründung, der bis heute als souveräner Staat anerkannte Malteser- alias Johanniterorden ein Anwesen geschenkt. Die in der Folge errichtete Kommende ist die nunmehr älteste in Österreich. Sie ist für ihr Weingut bekannt. Nach dem Mailberg ist auch eine wichtige Schlacht benannt, die sich Böhmen und Österreich im Jahr 1082 ganz in der Nähe lieferten. Die ursprüngliche Schlossanlage wurde im Laufe der Zeit mehrmals um- und ausgebaut und trägt heute sowohl Züge der Gotik wie auch der Spätrenaissance und des Hochbarock. Die Schlosskirche ist täglich geöffnet und kann zu Gottesdiensten besucht werden, außer es finden Hochzeiten statt.
schlosshotel-mailberg.at/de

Ganz oben: Das Mittelalterfest in Eggenburg zieht jährlich Besucher in seinen Bann.

Oben: In Burgschleinitz steht bei der Pfarrkirche St. Michael der Karner unter Denkmalschutz.

Rechts: Neben Rathaus und Dreifaltigkeitssäule zieht auf dem Marktplatz von Retz das zinnengekrönte Verderberhaus alle Blicke auf sich.

ÖKO Wanderweg, der auf einem Kilometer Länge anhand von Schautafeln die im Jahresverlauf anfallenden Arbeiten im Weinberg erklärt. Weitere Wanderwege durch die Umgebung zwischen drei und zwölf Kilometern Länge wurden ausgewiesen. Von Mitte Mai bis Ende Oktober öffnet das solargeheizte Parkbad, von dem man über die Weinberge und zum Hutberg guckt. Dieser ist mit 296 Metern der höchste Berg im Gemeindegebiet. Wer ihn besteigt, relaxt oben in der »Seelenschaukel« und genießt einen Fernblick bis zu den Karpaten. Zu Haugsdorf gehört der Ortsteil Jetzelsdorf mit seiner »Weinkirche«, bei der es sich um eine ehemalige, inzwischen profanierte römisch-katholische Kirche aus dem 18. Jahrhundert handelt. Zu klein geworden, wurde sie 1976 durch eine neue Kirche ersetzt. Der renovierte Bau dient heute als Vinothek.

05 Retz

Das Schicksal dieses unweit der Grenze zu Tschechien am nordöstlichen Abfall des Manhartsberges gelegenen Städtchens ist seit dem Spätmittelalter untrennbar mit dem Anbau und Vertrieb von Wein verknüpft. Mit den Einkünften daraus schufen sich die Retzer ein architektonisches Gesamtkunstwerk. In dessen Herz, einem Hauptplatz von geradezu italienischer Grandezza, glänzt das Rathaus mit seinem reich bestückten Stadtmuseum. Rundum steht ein Kranz im Kern gotischer Häuser mit Fassaden in einem reizvoll kunterbunten Stilmix. Einzigartig ist die Unterwelt von Retz: ein 21 Kilometer langes und mehrgeschossiges, 25 Meter tiefes Kellerlabyrinth, das die Bürger über viele Generationen sukzessive in den Schwemmsand gruben, um ihren flüssigen Schatz – in Spitzenzeiten

mehr als 5,5 Millionen Liter Rebensaft – zu lagern.

06 Pulkau

Blickfänger in dem geschichtsträchtigen Städtchen nahe der Grenze zu Tschechien ist das Rathaus aus dem 17. Jahrhundert auf dem Hauptplatz. Nebenan in der Rathausgasse residierten im Pöltingerhof einst die Augustiner-Chorherrn aus St. Pölten. Heute ist in dem Gebäude ein Kulturzentrum untergebracht. Eine weitere interessante Sehenswürdigkeit in Pulkau ist der Karner, eine romanisch-gotische Totenkapelle auf dem Friedhof. Wenn man von Pulkau in Richtung Schrattenthal fährt, vermutet man heute nicht mehr, dass bis um die Mitte des 19. Jahrhunderts auf einer Anhöhe westlich der Straße ein Galgen stand. Es erinnert noch ein Kreuz auf einer Stele an die Gerichtsbarkeit, die einst hier auf dem Galgenberg ausgeübt wurde. Kunsthistoriker datieren den Pfeiler mit seinem reliefverzierten Aufsatz in das 16. Jahrhundert. Das »Gerichtsmarterl« markierte die Grenze zwischen den Besitztümern Pulkau und Schrattenthal. Hier kamen die Herrschenden zusammen, um Urteile auszuhandeln.

07 Eggenburg

Vor rund 20 Millionen Jahren brandete an den Abhang des heutigen Manhartsberges ein subtropischer Ozean. Er hinterließ entlang seinem Ufer eine dicke Schicht kalksandiger Sedimente und, mit diesen vermengt, eine Unmenge an Muscheln, Schnecken und anderen Fossilien. Diesen verdankt Eggenburg in dreifacher Weise seine spezielle Bekanntheit: erstens, weil ihretwegen eine ganze erdgeschichtliche Epoche den Namen »Eggenburgium« trägt. Zweitens, weil das Krahuletz-Museum dank seiner paläontologischen Objekte weithin geschätzt wird. Und drittens, weil der Sandstein, zu dem sich die maritimen Organismen einst verfestigten, das Fundament für eine Tradition der Stadt als Zentrum der Steinmetzkunst legte. Davon zeugen unter anderem der reiche Steinschmuck der Pfarrkirche St. Stephan und die vielen Kleindenkmäler auf dem Hauptplatz und im Umland.

08 Burgschleinitz

Wenige Fahrminuten weiter ist man in Burgschleinitz. Obwohl das Innere des hiesigen, aus einer mittelalterlichen Burg hervorgegangenen Schlosses nicht öffentlich zugänglich ist, lohnt sich der Spaziergang dorthin.

ZWISCHENSTOPP

Heldenberg
Auf eine Skurrilität ersten Ranges stößt man in der Nähe von Ziersdorf. Oberhalb von Schloss Wetzdorf schuf sich 1849 ein gewisser Joseph Gottfried Pargfrieder, Schuhlieferant für die K.-u.-k.-Armee und angeblich illegitimer Spross Kaiser Josephs II., einen Heldenberg. Es ist ein »heroischer« Ort von unvergleichlich hohlem Pathos, eine nur deshalb besuchenswerte Art Walhalla des österreichischen Militärs. Im Zentrum der Anlage steht das Mausoleum des von Pargfrieder über alle Maßen verehrten Feldmarschalls Radetzky, flankiert von seinem eigenen Grab und dem Maximilian Freiherr von Wimpffens, des Stabschefs der siegreichen Schlacht gegen Napoleon bei Aspern. Zahlreiche Büsten habsburgischer Kaiser und Feldherren.
derheldenberg.at

Die Burgstraße selbst ist für die meisten Wohnmobile zu schmal. Das Ensemble mutet sehr romantisch an mit seinem Wassergraben, der hohen Burgmauer und dem davorliegenden Teich. Hier hat einst Franz Grillparzer Inspiration gefunden. Damit das Anwesen auch die Bezeichnung Wasserburg verdient, wurde Mitte der 1970er-Jahre der Burggraben wieder geflutet. Zur Gemeinde gehört der fünf Kilometer entfernte Ortsteil Kühnring, der auf der Fahrt von Eggenburg nach Burgschleinitz einen Abstecher lohnt. Dort existieren Reste einer weiteren, schon gegen Ende des Mittelalters zerstörten Burg. Deren Kapelle, an der trotz der frühbarocken Umgestaltung noch Elemente der Romanik zu erkennen sind, ist seit Jahrhunderten die Pfarrkirche von Kühnring. Nebenan befindet sich der kreisrunde Karner, das Beinhaus des Friedhofs, auch er ein romanischer Bau aus dem 13. Jahrhundert. Sein auffälliger Zwiebelturm kam erst im 19. Jahrhundert hinzu. Auf den verbliebenen Burgmauern steht eine Kreuzigungsgruppe.

09 Maissau

Am Übergang zwischen Weinviertel und Waldviertel dominiert nicht nur der Wein. Es gibt auch unterirdische Schätze. In Maissau befindet sich eine der weltweit größten, frei zugänglichen Amethystadern der Welt. Sie wurde 1845 zufällig bei Steinbrucharbeiten entdeckt, aber nicht genutzt. Erst 150 Jahre später erkannten die Bewohner von Maissau, auf welchem Schatz sie lebten, und leiteten Forschungen ein. Man vermutet heute, dass sich die Ader einen Kilometer weit ins Gestein zieht. Grund genug, die Amethystwelt Maissau mit Schaustollen, Ausstellungspavillon, Chakrenweg und Kraftgarten sowie einem innovativen Edelsteinhaus samt Schmuckwerkstatt einzurichten. Jenseits des lilafarbenen Steins ist noch die Burg wichtige Attraktion des Ortes, den sie wie eine steinerne Wächterin überragt. Ihre Wurzeln reichen bis ins 12. Jahrhundert zurück.

10 Wetzdorf

Die Gemeinde gliedert sich in Kleinwetzdorf und Großwetzdorf. Zwischen den beiden Ortsteilen liegt Schloss Wetzdorf. Es beherbergt den Sommerstall und das Trainingszentrum der Spanischen Hofreitschule in Wien. Die Lipizzaner sind im Rahmen von Führungen in ihren Stallungen zu besichtigen. Für die sommerlichen Lipizzanergalas kann man Karten

bestellen, sie sind regelmäßig rasch ausverkauft. Zur Schlossanlage gehört der Heldenberg. Aus der Gedenkstätte – der letzten Ruhestätte des kaiserlichen Feldmarschalls Radetzky – hervorgegangen, wurde er zu einer vielseitigen Erlebniswelt erweitert. So wird man in Koller's Oldtimer Museum auf eine Reise durch rund 130 Jahre Automobilgeschichte mitgenommen, beginnend bei Kutschen und historischen Fahrrädern bis hin zu modernen Sportwagen. In Aigner's Falkenhof sind artgerecht gehaltene Greifvögel, auch bei imposanten Flugvorführungen, zu bewundern. Ebenso der um 1830 angelegte Englische Garten des Schlosses, der heute ökologisch geführt wird, ist Teil der Anlage, außerdem ein rekonstruiertes Steinzeitdorf mit Kreisgraben, das sich der Geschichte nach einst am Heldenberg befunden hatte. Schließlich kommen Weinkenner zu Verkostungen und Kauf in die Vinothek, in der Weine von rund 30 Winzern der Region angeboten werden.

11 Ruppersthal

Lössböden und sonnige Südhänge bieten rund um Ruppersthal ideale Bedingungen für den Grünen Veltliner, der hier hauptsächlich gedeiht. Viele Winzer laden in ihre Keller ein oder verkaufen Marmeladen, Essig und andere Produkte rund um die Rebe. Jenseits des Weins bietet sich das Pleyel-Museum zur Besichtigung an. Es informiert in seinem Geburtshaus über Leben und Werk des Komponisten und Klavierfabrikanten Ignaz Joseph Pleyel. 1807 gründete er seine Firma in Paris, die über große Teile des 19. Jahrhunderts hinweg zu den großen Klavier- und Flügelbauern in Europa zählte. So schwor etwa Frédéric Chopin auf Pleyel-Flügel. Genau 20 davon hat er im Verlauf seiner Karriere besessen. Angeschlossen ist das Pleyel-Kulturzentrum. Dort kann man frühstücken und sich für Weinwanderungen anmelden. Oft werden Konzerte mit Blick auf die Weinberge veranstaltet.

WALDCAMPING HUBERTUS

Kleiner, einfach ausgestatteter Platz in idyllischer Lage mitten im Wald, mit sowohl sonnigen als auch schattigen Stellflächen. WLAN kann kostenlos genutzt werden. Brötchenservice (an allen Tagen außer am Sonntag). Rundherum kann man Wandern, Radfahren und Weingüter besuchen. Ganzjährig geöffnet.

Waldstr. 54, 2070 Oberretzbach
waldcamping-hubertus.at, GPS 48.788854, 15.967570

WOHNMOBILSTELLPLATZ IM NATIONALPARK THAYATAL

Acht Plätze auf einer Wiese neben dem Nationalparkhaus, das neben Einkehrmöglichkeit und Fahrradverleih auch ein Wildkatzengehege bietet. Von hier kann man direkt zu Wanderungen im grenzüberschreitenden Nationalpark aufbrechen. Ganzjährig geöffnet, gebührenpflichtig. Strom und Wasser vorhanden.

Merkersdorf 90, 2082 Hardegg
np-thayatal.at, GPS 48.845319, 15.859846

WOHNMOBILSTELLPLATZ EGGENBURG

Platz für acht Wohnmobile in grüner Umgebung und doch unmittelbarer Nähe zum historischen Zentrum von Eggenburg an der mittelalterlichen Stadtmauer. Restaurants, Cafés und Sehenswürdigkeiten sind fußläufig zu erreichen. Eine kleine Standgebühr wird erhoben. Strom, Wasser und Entsorgung kosten extra.

Erzherzog-Karl-Ring 19, 3730 Eggenburg
GPS 48.645574, 15.817169

WOHNMOBILSTELLPLATZ LANGENLOIS

Dem Hotel Schloss Haindorf angeschlossen, an dessen Rezeption man sich anmeldet. Strom am Stellplatz, Wasser 150 Meter entfernt, jeweils gegen Gebühr. Die Stellfläche ist befestigt, Picknicktische sind vorhanden. Außer Wohnmobilen sind auch Wohnwagen zugelassen, sofern sie über ein WC verfügen.

Krumpöck-Allee 21, 3550 Langenlois
haindorf.at, GPS 48.470762, 15.697901

12 Kirchberg am Wagram

Weiter Richtung Donau ist der nächste Halt in Kirchberg am Wagram. Ein Alchemistenlabor ist immer spannend. 1980 wurde durch Zufall eine riesige

Links: Über Maissau wacht die trutzige Burganlage, sie lockt heute vor allem Weinliebhaber an. Hier wird vorrangig Grüner Veltliner ab Hof verkauft.

ZWISCHENSTOPP

Kamptal
Anfang der 1990er-Jahre schlossen sich im südöstlichen Waldviertel elf Gemeinden zusammen, um die natur-, und kulturgeschichtlichen Besonderheiten der Region touristisch gebündelt zu präsentieren. »Kulturpark Kamptal« tauften sie diesen Verbund. 40 Erlebnispunkte und Themenwege wurden geschaffen, wo Besucher auf Tuchfühlung mit altem Handwerk und früher Industrie, mit Erdgeschichte oder traditionellen Flur- und Hofformen gehen können. Später wurde das Gebiet zum von der Unesco anerkannten Geopark Kamptal-Manhartsberg weiterentwickelt.
waldviertel.at

Stift Klosterneuburg
Das in der gleichnamigen Kleinstadt beheimatete Augustiner-Chorherrenstift ist weltberühmt. Der oft als »österreichischer Escorial« bezeichnete Kolossalbau wurde Anfang des 12. Jahrhunderts von dem babenbergischen Markgraf Leopold III. gegründet und wenig später dem katholischen Orden übergeben. Das Stift war lange ein Zentrum der Wissenschaft. 1730 wurde unter Karl VI. der barocke Ausbau vorgenommen. Die prachtvolle Kirche ist im Kern ihrer Bausubstanz romanisch, im Inneren aber mit Stuckdekor, Fresken, Altären und der Orgel in üppigem Barock ausgestattet.
stift-klosterneuburg.at

Sammlung dazu gefunden, das Labor stammt vermutlich aus dem 16. Jahrhundert und befand sich einst im Schloss Oberstockstall. Aus seinen rund 1000 Einzelteilen gab es zeitweilig eine Ausstellung, die momentan renoviert wird. Es handelt sich um das größte jemals gefundene Labor seiner Art. Das im nahegelegenen Ortsteil Oberstockstall befindliche Schloss ging aus einem Weingut aus dem 12. Jahrhundert hervor. Bis 1803 residierten hier die Domherren von Passau, die zugleich Oberkellermeister des Bistums Passau waren. Heute firmiert das Anwesen wieder als Weingut, das den heutigen Zeiten entsprechend biodynamisch wirtschaftet. Das Gut beherbergt ein feines Restaurant mit saisonaler Küche. Auf Wunsch werden die Menüs von hauseigenen Weinen begleitet.

13 Hadersdorf am Kamp

Westwärts schließt sich Hadersdorf am Kamp an. Neben dem örtlichen Weinbau- und Fassbindereimuseum mit Schauweingarten und Vinothek ist das Ausstellungshaus Spoerri erwähnenswert. Der aus Rumänien gebürtige Schweizer Künstler Daniel Spoerri hat hier ab 2008, nach seinem Umzug nach Wien, ein zeitgenössisches Kunstzentrum erschaffen, das er später in eine Stiftung einbrachte. Es ist im Hohenfurterhaus untergebracht, einem denkmalgeschützten ehemals herrschaftlichen Haus aus der Zeit um 1600 mit einem Wappen von 1767. Ganz in der Nähe gründete Spoerri das von Gourmets geschätzte »Esslokal«, das seit dem Jahr 2020 von Barbara und Roland Huber geführt wird. Ihre Küche wurde ausgezeichnet. Im Ausstellungshaus selbst finden während der Sommersaison, etwa von März bis Oktober, wechselnde Themenausstellungen mit Spoerris Werken statt, in denen zum Beispiel seine Arbeiten mit denen seiner Künstlerfreunde gegenübergestellt werden.

14 Langenlois

Im Nachbarort Langenlois ist es Mode, alte Obst- und Gemüsesorten zu züchten. Die »Arche Noah« hat sich dieser Aufgabe verschrieben und betreibt nicht nur eine Tauschbörse mit Samen und Zwiebeln, sondern verwaltet auch das größte Archiv an Samen, Knollen und Zwiebeln im deutschsprachigen Raum. Langenlois ist zudem die größte Weinbau betreibende Stadt Österreichs. Es ist hübsch angelegt mit den Renaissancehäusern im Zentrum, von denen einige auch Arkadenhöfe haben. Aber auch die Kirchen lohnen einen Blick, etwa die Pfarr- oder die Nikolauskirche. Futuristisch mutet die Architektur der LOISIUM WeinWelt an. Ein 900 Jahre altes Kellerlabyrinth wurde zum Erlebniszentrum umgebaut. Der US-amerikanische Architekt Steven Holl hat das Gebäude darüber errichtet, in dem sich nicht nur eine Vinothek, ein Spa und ein Informationszentrum über Weinproduktion befinden, sondern wo es sich auch gut frühstücken lässt.

15 Krems

Das über 1000 Jahre alte Handelszentrum am östlichen Ausgang der Wachau gilt als schönste Stadt Niederösterreichs und wurde vom Europarat zum Modellfall erfolgreicher Altstadtpflege erklärt. Seit alters für ihren Wein und Senf berühmt, besitzt Krems im weitgehend vom Verkehr befreiten Zentrum, entlang der Landstraße zwischen Körner- und Hohem Markt, mustergültig renovierte Sakralbauten und Bürgerhäuser. Besondere Schmuckstücke sind Gozzoburg und Göglhaus, die Pfarrkirche St. Veit, Piaristen- und Dominikanerkirche. Moderne Kontrapunkte wurden mit der Gründung der Donauuniversität sowie der »Kunstmeile Krems«, einer Reihe hochkarätiger Museen und Kulturinitiativen westlich der Altstadt, gesetzt. Nicht minder malerisch präsentiert sich die angrenzende, inzwischen eingemeindete Zwillingsstadt Stein.

16 Mautern

Das alte Uferstädtchen Mautern lohnt einen Halt. In der flachen Landschaft am Südufer der Donau formen sich Häuser und Straßen zu dem 3400-Seelen-Ort. Auf der anderen Seite des Flusses, zu der eine Brücke führt, erhebt sich ein Hügel. Dicht an dicht wachsen hier an einem südexponierten Hang Weinreben in ordentlichen Reihen. Das milde Klima und die günstige Lage an der Donau haben schon die Römer beeindruckt, die eine erste Siedlung errichtet hatten, dort wo sich heute Mautern befindet. Im Dunkelsteiner Wald finden sich noch Reste der damaligen Handelsstraße. Das römische Kastell ist nicht erhalten geblieben, nur ein Rest seiner Mauer. Diese ist in der Margaretenkapelle verbaut. Das Kirchlein geht bis ins 9. Jahrhundert zurück. Ansonsten lockt die Stadt mit dem Schloss Baumgarten, einem barocken Bau mit eindrucksvollem Portal. Das Rathaus ist ebenfalls ein beliebtes Fotomotiv.

17 Stift Göttweig

Hoch über dem Südufer der Donau thront auf einer Waldkuppe das Stift Göttweig. »Österreichs Montecassino«, wie diese sakrale Burg auch genannt wird, wurde 1083 gegründet, 1094 den Benediktinern übergeben und in seiner heutigen, barock ausladenden Gestalt Anfang des 18. Jahrhunderts nach Plänen Johann Lukas von Hildebrandts neu erbaut. Dem berühmten Architekten, der auch Schloss Belvedere in Wien schuf, verdankt die Nachwelt das grandiose Stiegenhaus, die reich geschmückten Kaiser- und Fürstenzimmer sowie die Bibliothek mit Handschriften (9.–18. Jahrhundert). In einigen Räumen des Kaisertrakts werden Teile der stiftseigenen Kunstsammlung ausgestellt. Eine Augenweide ist der Blick von der Terrasse des Stiftsrestaurants über das weite Donautal.

18 Nussdorf ob der Traisen

Mit seinem Urzeitmuseum ist Nussdorf ob der Traisen ein Magnet für Freunde der Bronzezeit. Hier wurden die größten Gräber in ganz Mitteleuropa aus dieser Epoche gefunden. Werkzeuge, Töpferwaren, Schmuck und Waffen – die Fundstücke sind heute in dem Museum ausgestellt. Darüber hinaus lohnt sich ein Abstecher zur Fräuleinmühle, die früher Freilehnmühle hieß. Vor einigen Jahren wurde sie aber offiziell umbenannt, da sie ursprünglich in einem schon 1299 erstmals schriftlich erwähnten Weiler namens Vroileinstdorf (»Fräuleinsdorf«) stand. Die Mühle, die sich in Privathand befindet und nicht von innen zu besichtigen ist, war bis etwa 1940 in Betrieb. Nussdorf ist bekannt für seine Heurigenlokale. Der Heuri-

Von oben: Im Kremser Stadtteil Stein ragen die Türme der Frauenbergkirche und St. Nikolaus am Donauufer empor.

Kultivierte Hänge voller Weinreben, so weit das Auge reicht.

genkalender verrät die Aussteckzeiten der Lokale, also die Zeiten, zu denen sie geöffnet haben. Dies wird auch durch einen über dem Eingang angebrachten »Buschen«, also ein Bündel grüner Zweige oder einen Strohkranz, kenntlich gemacht.

19 Traismauer

Vorletzter Stopp ist Traismauer. Das Römertor mit seinen zwei wuchtigen Türmen deutet auf die reiche Geschichte dieses Ortes hin. Die Stadt lag an einer wichtigen Nord-Süd-Tangente und hatte eine große strategische Bedeutung, denn von hier aus wurden Eisen und Salz auf der Handelsstraße weiterverteilt. Um das zu sichern, haben die Römer hier ein Kastell errichtet, dessen wichtigstes Überbleibsel sich eben am Römertor zeigt. Auch der Hungerturm, der im Mittelalter als Gefängnis genutzt wurde, stammt aus der Römerzeit. Viele Jahrhunderte später übrigens spielte sich in Traismauer ein Teil der Nibelungensage ab. Kriemhild soll sich hier aufgehalten haben, bevor sie König Etzel getroffen hat. Das heutige Stadtbild prägen prächtige Renaissancehäuser und die barocke Stadtpfarrkirche, in deren Krypta sich eine Grabstätte aus karolingischer Zeit und weitere Reste des römischen Kastells befinden. Am idyllischen Florianiplatz wird im Alten Schlosserhaus wie in früheren Zeiten geschmiedet, außerdem stellen Kunsthandwerker hier ihre Arbeiten vor. Schloss Traismauer gehörte jahrhundertelang zum Erzbistum Salzburg. Dort wird seit über 200 Jahren zur Adventszeit das Traismaurer Krippenspiel aufgeführt, dem sich auch eine Ausstellung im Schloss widmet. Es ist heute UNESCO-Weltkulturerbe.

CAMPINGPLATZ SENFTENBERG

Mitten im Ort am Fluss Krems gelegener, winziger Campingplatz der Gemeinde, auf dessen zehn Stellplätzen Wohnmobile und Wohnwagen willkommen sind. Sanitäre Einrichtungen vorhanden. Der Senftenberger Park befindet sich in der Nähe. Keine Reservierungen möglich. Geöffnet von Ostern bis Ende Oktober.

Hiesberg, 3541 Senftenberg
senftenberg.at, GPS 48.450499, 15.552008

DONAU CAMPING KREMS

Stadtnah in idealer Lage an der Donau. Bäume spenden dem Wiesengelände lichten Schatten. Wer in der ersten Reihe steht, blickt über den Fluss hinweg zum Stift Göttweig. Der Donauradweg läuft direkt am Platz vorbei. Fahrradverleih für Campinggäste. Die Anlage macht eine Winterpause etwa bis Ende März.

Yachthafenstr. 19, 3500 Krems an der Donau
campingkrems.at, GPS 48.403808, 15.592528

WOHNMOBILSTELLPLATZ TRAISMAUER

In sehr natürlicher Umgebung am Badesee Traismauer, den auch Angler gerne aufsuchen. Es gibt viel Platz und wahlweise Sonne oder Schatten. Wasser ist vorhanden. Gegen eine geringe Gebühr darf das WC des benachbarten Lokals genutzt werden. Für eine Zwischenübernachtung ohne große Ansprüche bestens geeignet.

In der Traisenau, 3133 Traismauer
GPS 48.362594, 15.751623

ROUTE 8

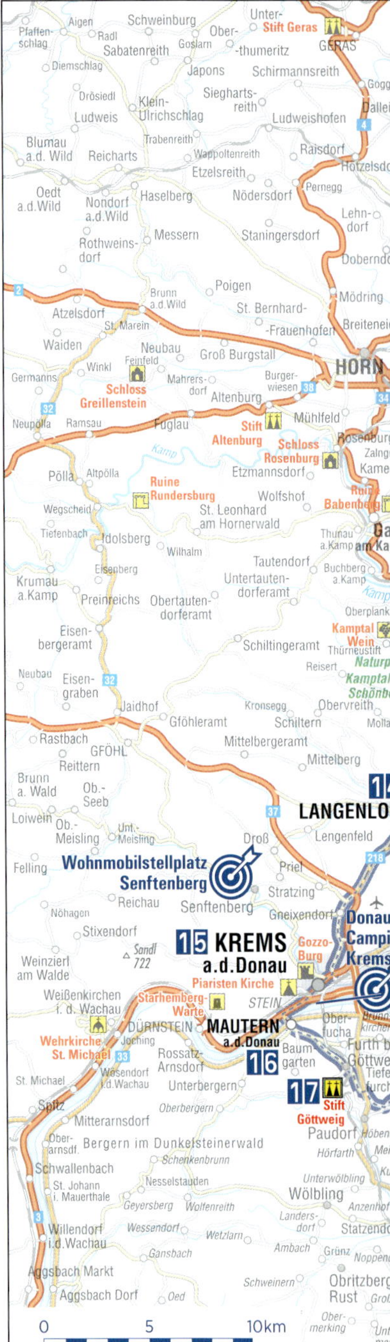

20 Herzogenburg

Das am Unterlauf der Traisen gelegene Augustiner-Chorherrenstift ist eine Gründung aus dem Jahr 1112. Sein heutiges schwelgerisch üppiges Erscheinungsbild verdankt es gleich drei der besten Barockbaumeister Österreichs: Jakob Prandtauer, Joseph Munggenast und Johann Bernhard Fischer von Erlach. Kunstfreunde haben Grund zum Jauchzen: angesichts der opulenten Deckenfresken von Bartolomeo Altomonte zum Beispiel; mehr noch in der Kunstsammlung mit ihren zahlreichen fantastischen Bildtafeln von Albrecht Altdorfer und seinen Kollegen aus der sogenannten Donauschule. Eine Rarität ersten Ranges stellt der Bildersaal dar. Seine insgesamt 144 Werke sind zwar meist Kopien, bilden jedoch ein Beispiel für jene Art barocker Galerien, in denen man früher Wände mit Gemälden förmlich »tapezierte«.

WESTLICHES WEINVIERTEL

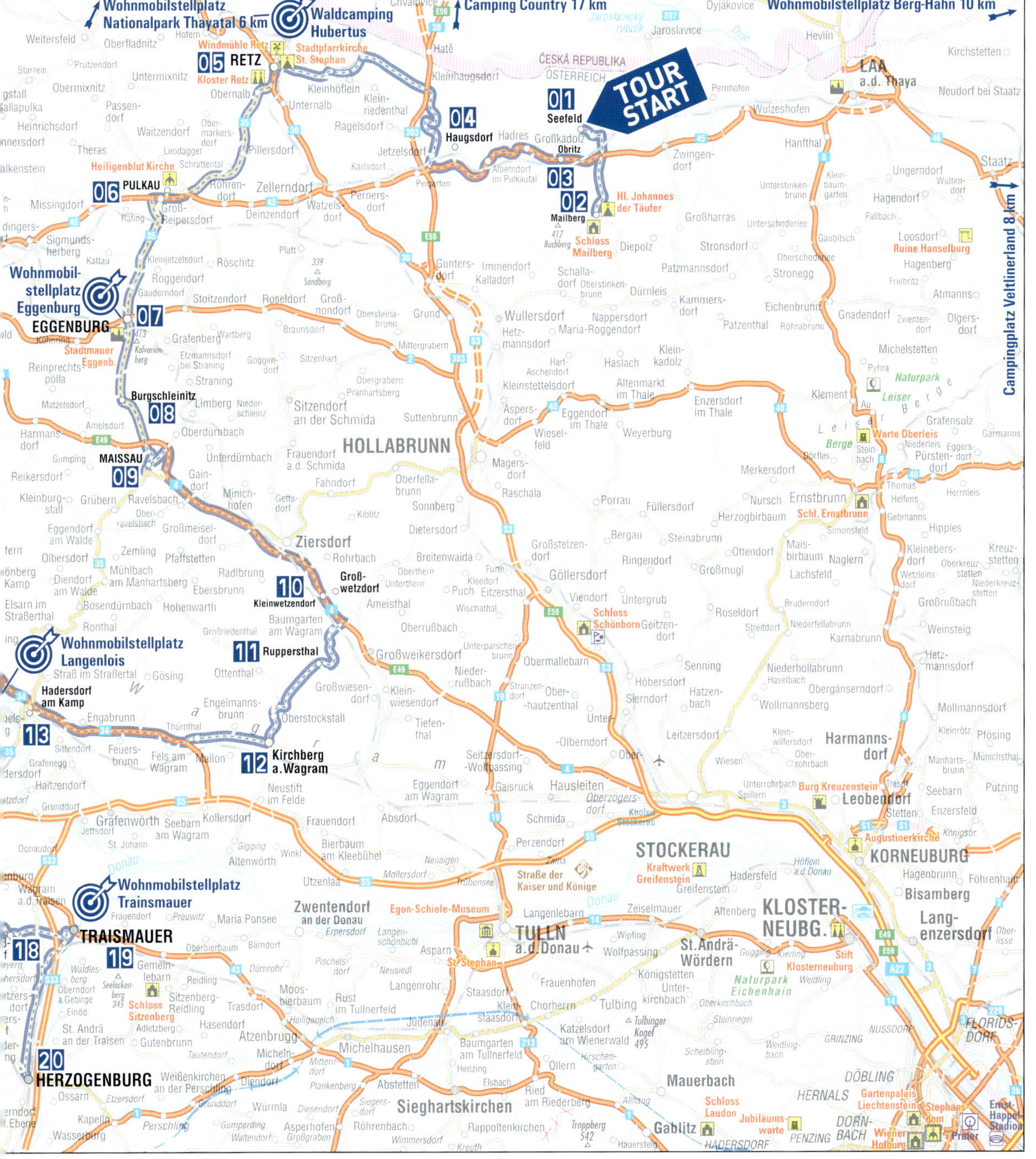

Auf einem Hügel der Ausläufer des malerischen Rosaliengebirges im Burgenland thront Burg Forchtenstein. Hier warten die Schatzkammer der Esterházy-Dynastie, diverse Veranstaltungen und kulinarische Spezialitäten auf Besucher.

Entspannt von Dorf zu Dorf tingeln

Von der Steppenlandschaft am Neusiedler See zu den Alpenausläufern macht das Burgenland seinem Namen alle Ehre. Auch für feurige Weine ist die sonnige Region bekannt. Wien spricht ohnehin für sich.

Kunst und Kultur sind in Wien allgegenwärtig. Egal, ob man sich für Architektur interessiert, dem früheren höfischen Leben nachspüren möchte oder sich Musik und Theater verschrieben hat, Wien bietet für alle etwas.

In der Altstadt erkundet man alle Facetten der ehemaligen Kaiserstadt, einschließlich des Stephansdoms. Imperial geht es auf der von Prachtbauten gesäumten Ringstraße zu. Dann winkt die Einkehr in einem der legendären Kaffeehäuser. Am Stadtrand geben Heurigenorte Einblicke in die hiesige Gastlichkeit.

Als »Meer der Wiener« gilt der Neusiedler See. Seine flachen Ufer ermöglichen Wassersport, bieten aber auch einer reichen Flora und Fauna Schutz. Ein Abstecher nach Ungarn zeigt die versaillesartige Haydn-Wirkungsstätte Schloss Esterházy und die Patrizierbaukunst von Ödenburg.

Eisenstadt, die Hauptstadt des Burgenlands, lockt mit einem der schönsten Barockschlösser Österreichs. Ein stiller, von Natur und Klima gesegneter Landstrich ist Südburgenland zwischen den Flüssen Pinka, Feistritz und Raab. Historisch Interessierte finden Zeugen einer schicksalsreichen Vergangenheit: Burgen wie jene in Bernstein, Stadtschleining oder Güssing. Idyllische Kellerviertel wie etwa in Deutsch Schützen, Moschendorf und Heiligenbrunn laden – edle Tropfen aus der Region kredenzend – zur weinseligen Rast. Bei Schlechtwetter bietet der Thermalort Bad Tatzmannsdorf Labsal für Leib und Seele.

Hier geht's zum GPS-Track

- **Routenlänge:** 375 km
- **Zeitbedarf:** 10–14 Tage
- **Start und Ziel:** Wien | Heiligenkreuz im Lafnitztal
- **Charakteristik:** Gut ausgebaute Landstraßen, in der Regel mit Mittelstreifen
- **Hot Spot:** Idyllischer Uferort Rust am Neusiedler See
- **Schönster Campingplatz:** seebad-breitenbrunn.com/camping
- **Best place on tour:** In der AVITA Therme in Bad Tatzmannsdorf warmes Wasser und Schneesauna genießen.

wien.info
neusiedlersee.com
burgenland.info

01 Wien

Opernhaus und Riesenrad, Stephansdom und Stadtbahnbögen, Hofburg und Heuriger, Kaffeehaus und Secession: Österreichs Metropole vereint aufs Beste Tradition und Moderne. Imperiale Pracht, Biedermeier-Idyll und dynamische Gegenwart bilden eine einzigartige »Melange«, die auch touristisch schon früh zu begeistern wusste.

»Wien, Wien, nur du allein, sollst stets die Stadt meiner Träume sein!« Es war keiner der berühmten Komponisten, der 1912 dieses Lied schuf, das zur heimlichen Hymne der K.-u.-k.-Metropole avancierte. Sondern der Regierungsbeamte Rudolf Sieczyński. Unzählige solcher Wiener-Lieder flossen aus seiner Feder – ebenso wie kultur- und sittengeschichtliche Bücher. Robert Stolz immerhin verdankt sich der Gassenhauer »Im Prater blüh'n wieder die Bäume«. Lange war das weite Grünareal kaiserliches Jagdgebiet – bis Joseph II. es zum Volkspark erkor. Auf Wiener Boden siedelten aber schon die Römer; später regierten von hier aus mächtige Kaiser ein riesiges Reich. Seine Dichter und Denker, Musiker und Künstler wie Beethoven, Mozart, Gustav Klimt, Egon Schiele, Karl Kraus oder Helmut Qualtinger eroberten die Welt mit bahnbrechenden Ideen und Werken. Daneben sorgen Walzerseligkeit, Sisi-Mania, Kaffeehauskultur und Sachertorte bis heute für das so typische wienerische Flair.

02 Archäologischer Park Carnuntum

40 Kilometer östlich von Wien liegen Bad Deutsch-Altenburg und Petronell – bis zur Öffnung des Eisernen Vorhangs im Jahr 1989 verschlafene Nester, deren Boden aber auf eine äußerst lange Geschichte zurückblickt. Hier, am Südufer der Donau, befand sich einst die 50 000 Einwohner zählende Legions- und Zivilstadt Carnuntum. Von hier aus wurde der Limes bewacht, die Grenze zu den germanischen Nachbarn im Norden. Nicht Vindobona, Wiens Vorläufersiedlung, sondern Carnuntum war, bis die Quaden 375 alles zerstörten, das Zentrum römischer Kultur in Pannonien. Zu den wichtigsten Gebäuden im Freigelände des Archäologischen Parks Carnuntum gehören das Heidentor, ein Amphitheater und etwas weiter östlich die Reste eines römischen Militärlagers. Grabungsfunde, Statuen, Altäre, Schmuck und Werkzeuge kann man im Museum Carnuntinum bewundern.

03 Hainburg

»Ze Huniburch, der alten, sie waren uber naht …« Schon als König Etzel und seine Kriemhild, die Helden des »Nibelungenliedes«, auf ihrer Hochzeitsreise ins Hunnenland eine Nacht in Hainburg verbrachten, galt die ört-

Von oben: Das Heidentor (lat. »Carnuntum«) in Petronell-Carnuntum geht auf das 4. Jahrhundert n. Chr. zurück.

Bei Wanderungen durch den Wald sollte man Augen und Ohren offenhalten, dann begegnen einem mit Glück auch Hirsche.

Malerisch angeleuchtet umfängt die Wiener Hofburg unter dem dämmrigen Abendhimmel den Heldenplatz.

ZWISCHENSTOPP

Grinzing
Das altehrwürdige Winzerdorf am Fuß des Kahlenbergs ist – abgesehen vielleicht von Gumpoldskirchen – der wohl bekannteste Heurigenort im Raum Wien. Die Nobellokale, die Namen wie »Bach-Hengl«, »Schübel-Auer«, oder »Feuerwehr-Wagner« tragen, gelten als Hort einer spezifisch wienerischen Gemütlichkeit. Sie bieten ihren Gästen einen stimmungsvollen Garten, ein reichhaltiges Büfett und Livemusik in Form originaler Wienerlieder. Das Dorf wurde nach dem Geschlecht der Grinzinger bereits im 12. Jahrhundert benannt.
grinzland.com

Wienerwald
Fast wäre Wiens Grüngürtel Ende des 19. Jahrhunderts auf Betreiben gewissenloser Holzhändler zur Gänze gerodet worden. Doch dank des damals energischen Widerstands der Bürger präsentieren sich die bewaldeten Täler und Hügelkuppen, die im Westen die Millionenmetropole halbkreisförmig umfassen, überwiegend noch so idyllisch wie zur Zeit des Biedermeier, als die von romantischen Gedanken beseelten Großstädter sie als Naherholungsraum entdeckten. Ausflüge bieten sich in das von Schubert geschätzte Helenental, nach Mayerling, in dessen Jagdschloss Kronprinz Rudolf Selbstmord beging, oder zu den Stiften Heiligenkreuz und Klosterneuburg.
wienerwald.info

REISEMOBIL-STELLPLATZ WIEN

In 20 Minuten ist man von hier per U-Bahn im Stadtzentrum. Von der Autobahn gut zu erreichen, auch für sehr große Wohnmobile. Ebene Rasenstellflächen. Die üblichen Entsorgungseinrichtungen, Stromanschlüsse, sanitiäre Anlagen und ein eingezäunter Hundegarten sind vorhanden. Supermarkt und Restaurants nahebei.
Perfektastr. 49, 1230 Wien
reisemobilstellplatz-wien.at,
GPS 48.136635, 16.316061

CAMPING WIEN WEST

Der beliebte Platz wiedereröffnet im Herbst 2024 generalsaniert. Am Rand des Wienerwalds bietet er Wander- und Radfahrmöglichkeiten in unmittelbarer Nähe und ist doch nur 30 Minuten per ÖPNV von der Wiener Innenstadt entfernt. Die Stellflächen sind wohnmobilgeeignet befestigt. Ganzjährig außer im Februar.
Hüttelbergstr. 80, 1140 Wien
campingwien.at, GPS 48.213960, 16.250501

CAMPINGPLATZ NATURSEEBAD BREITENBRUNN

Perfekte Lage am Neusiedler See gleich hinter dem Seebad. Für durchreisende Wohnmobile ist reichlich Platz. Alle Einrichtungen vorhanden, die man benötigt. Im Übernachtungspreis ist die Burgenland Card mit verschiedenen Gratis- und Bonusleistungen inbegriffen. Im Seebad Bäckerei, Snackbar, Fahrradverleih.
Seebad, 7091 Breitenbrunn
seebad-breitenbrunn.com/camping
GPS 49.078751, 11.623288

WEINGUT SCHALLER VOM SEE

Auf einem Weingut nächtigen und die Verköstigungen unbeschwert genießen wird hier zur Realität. Die Wohnmobilstellplätze liegen von Rebfeldern umgeben. Zu Fuß ist in wenigen Minuten das Dorfzentrum mit Restaurant und Heurigen erreicht. Entsorgung, Wasser und Strom. Es werden nur Fahrzeuge mit WC akzeptiert.
Frauenkirchnerstr. 20, 7141 Podersdorf am See
schallervomsee.at, GPS 47.850449, 16.840759

STRANDCAMPING PODERSDORF AM SEE

Wer frühzeitig reserviert, steht in der ersten Reihe mit Blick auf den See, den nur Promenade, Liegewiese und Strand vom Campingplatz trennen. Alle Stellplätze haben Strom und WLAN, die größeren auch Wasser- und Kanalanschluss. In der Anlage gibt es Bar, Snackbox und Lebensmittelladen.
Strandplatz 19, 7141 Podersdorf am See
podersdorfamsee.at, GPS 47.854176, 16.826561

liche Festung als »alt«. Der heutige Befestigungsring freilich, 2,5 Kilometer lang und fast zur Gänze erhalten, stammt »bloß« aus dem 13. Jahrhundert. Sein markantestes Bauwerk und zugleich Wahrzeichen der strategisch eminent wichtigen Grenzstadt an der Porta Hungarica, dem Donaudurchbruch, ist das Wienertor. Im Unterbereich aus Buckelquadern geschichtet und von zwei massigen Rundtürmen flankiert, gilt es als eine baugeschichtliche Kostbarkeit ersten Ranges und beherbergt ein sehenswertes Stadtmuseum. Weitere Juwele aus der Gotik sind die fast zehn Meter hohe Lichtsäule, der Karner und, österreichweit einzigartig, die Reste der Synagoge.

04 Rohrau

Im äußersten Südosten des Landes verdient der kleine Ort Rohrau die Aufmerksamkeit aller Kunstliebhaber. Denn zum einen erblickten hier, hart an der heutigen Grenze zum Burgenland, am 31. März 1732 Joseph Haydn und fünf Jahre später dessen Bruder und späterer Komponistenkollege Michael das Licht der Welt. Und ihr bescheidenes, mit Schilf gedecktes Geburtshaus wurde längst in ein Gedenkmuseum verwandelt. Fast noch unverzichtbarer ist eine Visite im örtlichen Schloss: Der prachtvolle vierflügelige Bau, der sich seit der Renaissance im Besitz der Grafen Harrach befindet und sein jetziges frühklassizistisches Aussehen einem Umbau von 1776 verdankt, beherbergt die größte private Gemäldesammlung Österreichs. Sie bietet einen famosen Querschnitt durch die spanischen, neapolitanischen und italienischen Malerschulen des 17. und 18. Jahrhunderts.

05 Nationalpark Neusiedler See-Seewinkel

Der 30 Kilometer lange, maximal zwei Meter tiefe Steppensee im Norden des Burgenlandes wird mit gutem Grund auch »Meer der Wiener« genannt. Im

Sommer ist er als sich rasch erwärmendes Gewässer ein Paradies für Sonnenanbeter und Wassersportler. Das ganze Jahr über lockt er Hobbyornithologen an, die rund um den ein bis drei Kilometer breiten Schilfgürtel eine Vielzahl seltener Vögel beobachten können. Die Ufergebiete des Sees – dessen Südostecke zu Ungarn gehört – sind zudem berühmte Weinbaugebiete. Winzerorte wie Rust, Mörbisch, Podersdorf, Donnerskirchen oder Breitenbrunn sind auch wegen ihrer pittoresken Dorfkerne sehenswert. Am Ostufer kann man an geführten Touren per Rad, Kutsche oder zu Pferd durch den Nationalpark teilnehmen.

06 Fertöd

Hauptattraktion der ungarischen Kleinstadt Fertöd ist Schloss Esterházy. Der gewaltige Rokokobau mit seinem weitläufigen, durch geometrische Sichtachsen und zu Kegeln oder Pyramiden geformten Büschen und Bäumen geprägten Park und dem riesigen, fast ovalen Innenhof wird gerne mit der Schlossanlage von Versailles verglichen. Joseph Haydn lebte hier Ende des 18. Jahrhunderts rund zwei Jahrzehnte lang als Kapellmeister der Fürstenfamilie Esterházy. Eine Bronzeplastik im Park zeigt den berühmten Komponisten. Unter den prächtigen Innenräumen, die zu besichtigen sind, ragt der mit vergoldetem Stuck dekorierte Musiksaal, in dem Haydn wirkte, heraus. Einzig für den Besuch von Kaiserin Maria Theresia errichtet wurde der etwas abseits stehende Pavillon »Bagatelle«. Von der UNESCO wurde Schloss Esterházy zum Weltkulturerbe erklärt. Der Park ist in den Nationalpark Fertö-Hanság eingebunden, der gemeinsam mit dem österreichischen Nationalpark Neusiedler See–Seewinkel ein Schutzgebiet rund um den Neusiedler See bildet.

07 Ödenburg

Bei der Einfahrt wird man von einem zweisprachigen Ortsschild begrüßt, auf dem über dem deutschen Namen Ödenburg der ungarische Name Sopron steht. Auch die Straßennamen in der Stadt sind in beiden Sprachen angeschrieben. Hier lebt eine deutschsprachige Minderheit, die beim letzten Zensus 2011 knapp sechs Prozent ausmachte. Ödenburg besitzt eine sehr sehenswerte Altstadt mit Patrizierhäusern aus dem Mittelalter und Barock rund um den Hauptplatz, in dessen Nähe sich auch der Feuerturm aus dem 13. Jahrhundert erhebt, das Wahrzeichen der Stadt. Hier war früher ständig eine Brandwache stationiert. Der Aufstieg über die 200-stufige Wendeltreppe lohnt auf jeden Fall wegen der großartigen Aussicht. Eine Ringstraße zeichnet die alte Stadtmauer nach, von der noch Teile erhalten sind. Dort erhebt sich am Südwestrand der Altstadt in einer Parkanlage mit Springbrunnen das sehenswerte Jugendstiltheater. Straßencafés säumen den Ostrand der alleeartigen Ringstraße. Selbst große

Von oben: Die traditionellen Ziehbrunnen im Landschaftsschutzgebiet Lange Lacke dienten früher als Viehtränken.

Vor der Wohnmobiltür wartet das Picknickglück im Grünen.

Wohnmobile können recht gut am Einkaufszentrum Sopron Plaza parken, es liegt allerdings rund 30 Fußgängerminuten außerhalb.

08 Rust

Müsste man aus der Vielzahl idyllischer Ufergemeinden rund um den Neusiedler See eine idealtypische nennen, die Wahl fiele wohl auf Rust. Lange Hofgassen, gesäumt von farbenfrohen Renaissance- und Barockfassaden mit vorbildlich restaurierten Portalen, Erkern, Gewölben, Lauben, Innenhöfen: Das Ortsbild dieser mit rund 2000 Einwohnern kleinsten Statutarstadt Österreichs sucht im ganzen Burgenland seinesgleichen. Ein Denkmal gotischer Baukunst erster Güte ist die Fischerkirche, die turmlos auf einer kleinen, zentralen Anhöhe steht. Berühmt ist Rust zudem für zweierlei: für seine Störche – zum Wohle der vielen auf Kaminen und Dächern nistenden Adebare hat der WWF eigens ein Schutzprogramm erstellt – und für seinen Wein: Im historischen Seehof hat seit vielen Jahren die renommierte Österreichische Weinakademie ihren Sitz.

09 Mörbisch

Einen sehr intakten Ortskern hat sich auch diese am südwestlichen Ufer des Neusiedler Sees auf österreichischer Seite nahe der Grenze zu Ungarn gelegene Gemeinde bewahrt. Auch sie lebt seit jeher vom Weinbau und neuerdings auch vom Tourismus: Radfahren, Wandern, Reiten, Wassersport, Eislaufen – hier ist für jeden Geschmack etwas geboten. Eine Mithrasgrotte bezeugt, dass die Wurzeln des Ortes bis tief in die Römerzeit zurückreichen. Zusätzliche Bedeutung hat der Ort als Seehafen. Von hier aus kann man – auch per Rad – mit der Fähre nach Illmitz am Ostufer übersetzen. Überregional berühmt geworden ist Mörbisch durch seine »Seefestspiele«. Im Jahr 1957 von einem örtlichen Laientheater ins Leben gerufen, gelten sie Operettenfreunden dank hochprofessioneller und aufwendiger Produktionen heute längst als Pflichtevent im Sommerfestival-Kalender. Jedes Jahr wird ein anderer Klassiker der leichten Muse – von Strauß, Lehár, Kálmán oder Millöcker – inszeniert und im Juli und im August Abend für Abend auf der direkt am Wasser gebauten Seebühne aufgeführt.

10 Eisenstadt

Die burgenländische Hauptstadt ist mit ihren knapp 16 000 Einwohnern, den niedrigen und eher behäbigen Häusern die wohl beschaulichste unter den neun Landes-»Metropolen«. Der Südhang des Leithagebirges, an dem sie liegt, war schon zu römischer Zeit besiedelt, der Ort jahrhundertelang eine königlich-ungarische Freistadt gewesen, ehe er 1925, nach Angliederung des Burgenlandes an Österreich, zu dessen politischem und administrativem Zentrum aufstieg. Neben dem alles überragenden Schloss Esterházy stehen das als Gedenkstätte gestaltete einstige Wohnhaus Joseph Haydns und die Wallfahrtskirche auf dem Kalvarienberg mit dem Grab des Komponisten ganz oben auf dem Sightseeing-Plan. Besuchenswert sind – auf einem bequemen Spaziergang – auch das Landesmuseum Burgenland und das Österreichische Jüdische Museum samt Friedhof, die spätgotische Dom- und die Spitalskirche.

11 Burg Forchtenstein

Die Festungsanlage gilt als ein Wahrzeichen des Burgenlands und zählt europaweit zu den besterhaltenen, spannendsten ihrer Art. Sie ging im 15. Jahrhundert an die Habsburger über und schließlich an die Esterházy, denen sie nach wie vor gehört. Paul I. Esterházy verlieh ihr im frühen 17. Jahrhundert die heutigen kolossalen Dimensionen. Ihre Lage hoch über der Wulka-Ebene war so günstig, dass sie beide Türkenkriege unversehrt überstand. Seit dem Wiener Kongress im Jahr 1815 schon ist Burg Forchtenstein ein Museum. Zu bestaunen sind unter anderem die originale Burgküche, die Burgkapelle, ein 142 Meter tiefer Brunnen, vor allem aber im ehemaligen Zeughaus eine der europaweit größten privaten Sammlungen historischer Waffen. Grandios ist der Fernblick vom Aussichtssteg auf den Neusiedler See, die Ungarische Tiefebene und bis zu den Alpen.

12 Burg Lockenhaus

Überaus eindrucksvoll thront sie auf ihrem Fels, hoch über dem Fluss Güns im Naturpark Geschriebenstein. Doch mindestens so faszinierend ist die Geschichte dieser Bilderbuchburg. Um 1200 errichtet, soll sie des Längeren den Rittern des sagenumwobenen Templerordens als Unterschlupf gedient haben. Von Mythen umnebelt ist auch die Geschichte der Burgherrin, »Blutgräfin« Elisabeth Báthory, deren Schreckensherrschaft um 1600 Dutzende Mädchen das Leben kostete. Fakt ist, dass der romanische Bergfried und der Kapellenturm mit seinen frühgotischen Fenstern aus der Bauzeit stammen und Letzterer die ältesten Fresken des Burgenlandes enthält.

ZWISCHENSTOPP

Nationalpark Donauauen
»Sie sind eine Landschaft voller Wunder, ein Dschungel in unseren gemäßigten Breiten, vergleichbar nur mit einem tropischen Regenwald. Wissen wir überhaupt, was wir im Begriff sind, mit den Donauauen zu verlieren?« So sprach Nobelpreisträger Konrad Lorenz Anfang der 1980er-Jahre, als sich Österreichs Elektrizitätswirtschaft anschickte, die einzigartige, fast 50 Kilometer lange Naturlandschaft östlich von Wien zu fluten. Dank dieses Engagements und weiteren massiven Protesten von Umweltschützern wurde der Talabschnitt statt zum öden Stausee zum Rückzugsraum für bedrohte Tier- und Pflanzenarten, zum wertvollen Grundwasserreservoir und 1996 schließlich zum weltweit ersten Auen-Nationalpark. Das Ergebnis ist beglückend: Über 5000 Tierarten, vor allem Wasservögel und Amphibien, haben in diesem 9000 Hektar großen letzten echten Urwald Mitteleuropas ihre teils temporäre, teils dauerhafte Heimat.
donauauen.at

Links von oben: Zu den schönsten Barockschlössern Österreichs zählt die in Eisenstadt gelegene Fürstenresidenz Schloss Esterházy.

Uneinnehmbar wirkt nicht nur Burg Forchtenstein, sie war es auch.

Der Nationalpark Donauauen ist ein einzigartiges Naturidyll.

Von oben: Die Burgruine Landsee ist eine der größten Burgruinen Mitteleuropas.

Auch im Burghof von Burg Bernstein wandelt man auf historischen Spuren.

KEMPING SÁ-RA TERMÁL

Südlich des Neusiedler Sees in Ungarn gelegen, gehört der Campingplatz zu einem Thermalbad, das mehrere Hallen- und Außenpools mit Spabereich und Massageangeboten offeriert. Der Platz ist vorwiegend sonnig, einige Bäume werfen etwas Schatten. Imbiss und Restaurant vorhanden, WLAN-Abdeckung fast komplett.

Fürdö utca 5, 9437 Hegykö
saratermal.hu, GPS 47.620498, 16.784571

CAMPING MÖRBISCH

Moderne Anlage mit etwa 30 Standplätzen für Wohnmobile. Hier kann man direkt in Hafennähe Seeluft schnuppern. Gleich nebenan liegt die Seefestspielbühne. Strom und Wasser werden an Säulen entnommen, die sich in gewissen Abständen über den Platz verteilen. Im Winter ist der Campingplatz geschlossen.

Hafengelände Mörbisch, 7072 Mörbisch am See
camping-moerbisch.at, GPS 47.754676, 16.696567

THERMENCAMPING OBERSCHÜTZEN BAD TATZMANNSDORF

Relativ großer Platz mit 115 befestigten Stellflächen für Wohnmobile und Wohnwagen in einem locker begrünten Rasengelände. Der modern ausgestattete Sanitärbereich mit Waschmaschine und Dampfbad wird durch eine wenige Meter entfernte Sauna ergänzt. Idyllisch ist der Naturbadeteich, das »Badebiotop«.

Am Campingplatz 1, 7432 Oberschützen
thermencamping.at, GPS 47.339179, 16.219008

1981 begründete Stargeiger Gidon Kremer in Lockenhaus ein Kammermusikfest, in dessen Rahmen seither alljährlich im Juli in der Pfarrkirche des Ortes und auf der Burg Spitzenensembles aus aller Welt gemeinsam musizieren.

13 Bernstein

Etwas verschlafen, aber pittoresk wirkt der Burghof der Burg Bernstein. Seit sechs Generationen ist die Burg ein familiengeführtes Hotel. Auch wer mit dem Wohnmobil unterwegs ist und sich daher in der Regel nicht in einem der mit Antiquitäten eingerichteten neun Gästezimmer einquartiert, kann im Rahmen von historischen Führungen das besondere Flair genießen. Anmeldung empfiehlt sich, da die Teilnehmerzahl begrenzt ist. Besichtigt werden der Burggarten mit einem uralten Kastanienbaum, die Burgkapelle, Wehrmauern, das Verlies und der Burgsaal mit Renaissance-Stuckarbeiten. Bernstein ist auch für den Edelserpentin bekannt, der neben dem gewöhnlichen Serpentin im Tagebau gewonnen wird. Es handelt sich um eine besonders reine, sehr seltene Form des Edelsteins. Das Felsenmuseum Bernstein zeigt Schmuck und Skulpturen, die von historischen Schleifereien angefertigt wurden, darunter als Highlight eine Mosaikvase aus rund 500 durchscheinenden Edelserpentinteilen. Eine Schauwerkstatt führt die Edelsteinbearbeitung vor. Aber auch dem Bernstein widmet sich das Museum. Dieser wurde von der Ostsee schon in der Römerzeit auf Handelsstraßen Richtung Süden transportiert, vermutlich leitet sich der Ortsname davon ab.

14 Bad Tatzmannsdorf

Der Kur- und Thermalort Bad Tatzmannsdorf bietet auch bei Schlechtwetter Labsal für Leib und Seele. Er punktet mit sechs verschiedenen Thermen, die sich das Thermalwasser, das kohlensäurehaltige Mineralwasser und das Heilmoor, die alle von Natur aus hier vorkommen, zunutze machen. Davon sind zwar fünf ausschließlich für Gäste der zugehörigen Hotels bestimmt, aber in der AVITA Therme ist das allgemeine Publikum willkommen. Diese bietet eine riesige Poollandschaft mit Thermalwasser, das in 15 Pools unterschiedlich temperiert ist, sowohl indoor als auch outdoor. Sogar nächtliches Schwimmen unter freiem Himmel ist möglich. An den romantischen Stegen eines Bio-Naturbadeteichs wird auf Wunsch ein Picknickkorb serviert. Hinzu kommen ganze 24 Saunen, darunter eine Schneesauna. Im Sauna Garten Eden wird nackt gebadet und gesonnt. Wer möchte, kann für den ganzen Tag eine private Lounge als Rückzugsort buchen.

15 Stadtschlaining

Hauptsehenswürdigkeit ist Burg Schlaining, die erstmals 1272 schriftlich erwähnt wurde und dem später gegründeten Ort ihren Namen gab. Ei-

ZWISCHENSTOPP

Naturpark Landseer Berge
6500 Hektar des westlichen Mittelburgenlandes stehen als Naturpark unter Schutz. Das Gebiet eignet sich ideal für Wanderungen. Es ist aber als uralte Grenzregion auch reich an Baudenkmälern. Die Feste Kobersdorf etwa, seit 1972 jeden Sommer Schauplatz von Komödienspielen, half, ehe man sie in ein Renaissanceschloss verwandelte, über Jahrhunderte das Gebiet gegen die Ungarn zu sichern. Im selben Ort sehenswert ist auch die Synagoge – das einzige erhaltene Bethaus der »sieben heiligen Judengemeinden« des Burgenlandes. Zu den am stärksten befestigten Bollwerken zählte Burg Landsee, um deren Besitz sich Magyaren und Babenbergerherzöge allzu oft die Köpfe einschlugen und deren Ruine das Stooberbachtal prägt.
landseer-berge.at

ner der vielen Besitzer, Ludwig Batthyáni, wurde 1848 während der Revolution im Königreich Ungarn dortiger Ministerpräsident und ein Jahr später nach Scheitern des Aufstands hingerichtet. Heute gehört das Gemäuer dem Land Burgenland, nennt sich Friedensburg, beherbergt Ausstellungen und das Österreichische Friedenszentrum. Gleich nebenan steht eine ehemalige Synagoge Besuchern offen. Eine Ausstellung befasst sich darin mit der Frage, was jüdisches Leben bedeutet. Zugleich ist sie eine Gedenkstätte für die 1838 verfolgten Juden im Südburgenland. Die Friedensburg Schlaining ist häufig Austragungsort von Veranstaltungen. Im Jahresreigen sind das Streetfood Festival Ende April und der KLANGfrühling und -herbst mit klassischen Konzerten hervorzuheben.

16 Deutsch Schützen

Seit dem 13. Jahrhundert lebten in Deutsch Schützen deutschstämmige Bogenschützen, die zwar zwischenzeitlich auch mal vertrieben wurden, den Ort aber später selbst wieder aufbauten. Jahrhundertelang bis kurz nach dem Ersten Weltkrieg gehörte Deutsch Schützen zu Deutsch-Ungarn, einem Teil des Königreichs Ungarn, wurde aber nach dem Ersten Weltkrieg nach harten Verhandlungen dem damals neu gegründeten österreichischen Bundesland Burgenland zugeteilt. Die abseits zwischen den Feldern stehende, turmlose Martinskirche stammt vermutlich noch aus der Gründungszeit des Ortes. Jedenfalls bezeugt dies ihre Glocke, die älteste des Burgenlands, die sich heute allerdings im Glockenmuseum in Krems-Stein befindet. Lange diente St. Martin als Wehrkirche. Eine Gedenktafel an dem Gotteshaus erinnert an die Erschießung von 57 jüdischen Zwangsarbeitern kurz vor Kriegsende 1945, die a n der Aushebung des »Ostwalls« beteiligt waren. Das Ereignis ging als »Massaker von Deutsch Schützen« in die Geschichte ein.

CAMPING JENNERSDORF

Ruhig gelegen im Naturpark Raab. Nebenan gibt es Tennisplätze und ein Erlebnisfreibad mit direktem Gratis-Zugang vom Platz sowie ein Restaurant. Der Platz selbst verfügt über E-Bike-Verleih. Kinderspielplatz, Aufenthaltsraum, flächendeckendes WLAN. Bei der Anfahrt die maximale Höhe von 3,05 Meter beachten.

Freizeitzentrum 3, 8380 Jennersdorf
camping-jennersdorf.at, GPS 46.945626, 16.134068

OASE HALOGY

Für einen Abstecher nach Ungarn: ein sehr naturnaher, ruhiger Wohnmobilstellplatz am Rand des Nationalparks. Am Waldrand gelegen, der Platz selbst ist vorwiegend sonnig. Der Marienwanderweg verläuft direkt am Gelände vorbei. Sanitäre Einrichtungen vorhanden. Es wird deutsch gesprochen. Ganzjährig geöffnet.

Fö utca 11, 9917 Halogy
oase-halogy.business.site, GPS 46.971711, 16.570347

17 Moschendorf

Die nicht einmal 400 Einwohner zählende Gemeinde wird vor allem wegen ihres Weinmuseums besucht. Es liegt etwas außerhalb des Dorfs und ist als Freilichtmuseum aus 15 typischen Gebäuden konzipiert. Darunter befindet sich ein Kellerstöckl, eines der romantischen traditionellen Winzerhäuser des Burgenlands. Zudem ist das Museum Verwaltungssitz des Naturparks Weinidylle. Bei der Weinidylle handelt es sich um das kleinste Weinbaugebiet im Burgenland, das vorwiegend den Uhudler hervorbringt, einen Wein aus sogenannten Direktträgersorten. Diese waren wegen gesundheitlicher Bedenken im 20. Jahrhundert zeitweise verboten. Erst 1995, nachdem Gutachten die schädliche Wirkung widerlegt hatten, wurde der Uhudler rehabilitiert und darf im Südburgenland sowie in kleinen Teilen der Steiermark weiterhin angebaut werden. Auch eine nur vorübergehende Zulassung durch die EU wurde inzwischen aufgehoben. So sitzt im Weinmuseum Moschendorf auch der Verein der Freunde des Uhudler. Der durch das ganze Hin und Her enorm bekannt gewordene Wein kann überall dort, wo die »Uhudler-Fahne« aushängt, verkostet werden.

18 Heiligenbrunn

Auch Heiligenbrunn, das ebenfalls für den Anbau von Uhudler bekannt ist, hat sein besonders malerisches Kellerviertel mit den typischen Kellerstöckln. Manche Weinkeller tragen noch das traditionelle Strohdach. Rund 80 solcher Bauten aus dem 18. und 19. Jahrhundert blieben hier erhalten. Eine Skulptur im Ort erinnert an den Winzer »Rübezahl«, der eigentlich Johann Trinkl hieß und unbeugsam für die Erhaltung des Uhudlers im Burgenland kämpfte. Seinen Spitznamen verdankte er seinem Vollbart, den langen Haaren und der Tatsache, dass er gern barfuß ging. Mindestens seit dem 12. Jahrhundert ist Heiligenbrunn ein wichtiges Pilgerziel wegen seines Quellheiligtums, des »Heiligen Brunnens«, besser bekannt als Ulrichskapelle. Die Quelle sprudelt über dem Dorf aus einem Hang unmittelbar unterhalb der Clemenskirche und wurde im Verlauf der Zeit um eine Kapelle erweitert. Ihr Wasser galt als wirksam bei Augenleiden. Bis heute kommen Wallfahrer, um es sich in Flaschen abzufüllen.

19 Güssing

Auf einem erloschenen Vulkan thront Burg Güssing, eine ehemals bedeutende Grenzfeste im Westen Ungarns. Auch hier war die Familie Batthyány mit im Spiel, die in Güssing seit dem 16. Jahrhundert ihren Stammsitz unterhielt, um den sich die heute knapp 4000 Einwohner zählende Stadt entwickelte. Ein Schrägaufzug führt zu der exponierten Anlage hinauf, oben gibt es ein Aussichtsrestaurant und ein

Waffen- und Kunstmuseum. Bis ungefähr auf das Jahr 1200 geht die kleine romanische Wehrkirche St. Jakob am Fuß des Burgfelsens zurück. Das Franziskanerkloster von 1574 beherbergt eine Bibliothek mit Handschriften und Erstdrucken aus der Zeit der Reformation, die sich im Burgenland ab 1540 durchsetzte. Die Klosterbasilika birgt die gewaltige Grablege der Familie Batthyány. Ein besonders gut erhaltener klassizistischer Bau ist Schloss Draskovich in der ehemaligen Unterstadt, das dem Magnatengeschlecht als Sommersitz diente. Darüber hinaus ließen die Batthyánys das Neugebäu (heute als Judengebäude bekannt) sowie innerhalb der Stadtmauern das Kastell Batthyány als weitere Wohnstätten errichten, da ihnen die mittelalterliche Burg nicht mehr behagte.

20 Heiligenkreuz im Lafnitztal

Das Dorf nahe der ungarischen Grenze wird von seiner gleichnamigen, auf einer kleinen Anhöhe stehenden Pfarrkirche beherrscht. Diese ist seit dem Mittelalter dokumentiert, wurde aber in ihrer heutigen Form erst Ende des 18. Jahrhunderts errichtet. Ihrem schlanken Schiff ist ein hoher, von einem Zwiebeldach gekrönter Turm vorgesetzt. Innen wurde die Kirche 1966 komplett neu eingerichtet. Mehrere Gasthöfe und eine Heurigenschenke laden zu Verkostungen der regionalen Weine ein. Rund um den Ort ist die Landschaft noch so richtig idyllisch. Der Radweg »Östliches Lafnitztal« ist für Erkundungen in der Auenlandschaft ideal. Der Einstieg in die 71 Kilometer lange Strecke befindet sich im Ortszentrum. Auch der »Jubiläumsradweg«, eine 310 Kilometer lange Verbindung von Nord nach Süd durch das gesamte Burgenland von Seewinkel bis Kalch, berührt Heiligenkreuz.

Links: Die beliebte Pilgerkapelle von St. Ulrich in Heiligenbrunn.

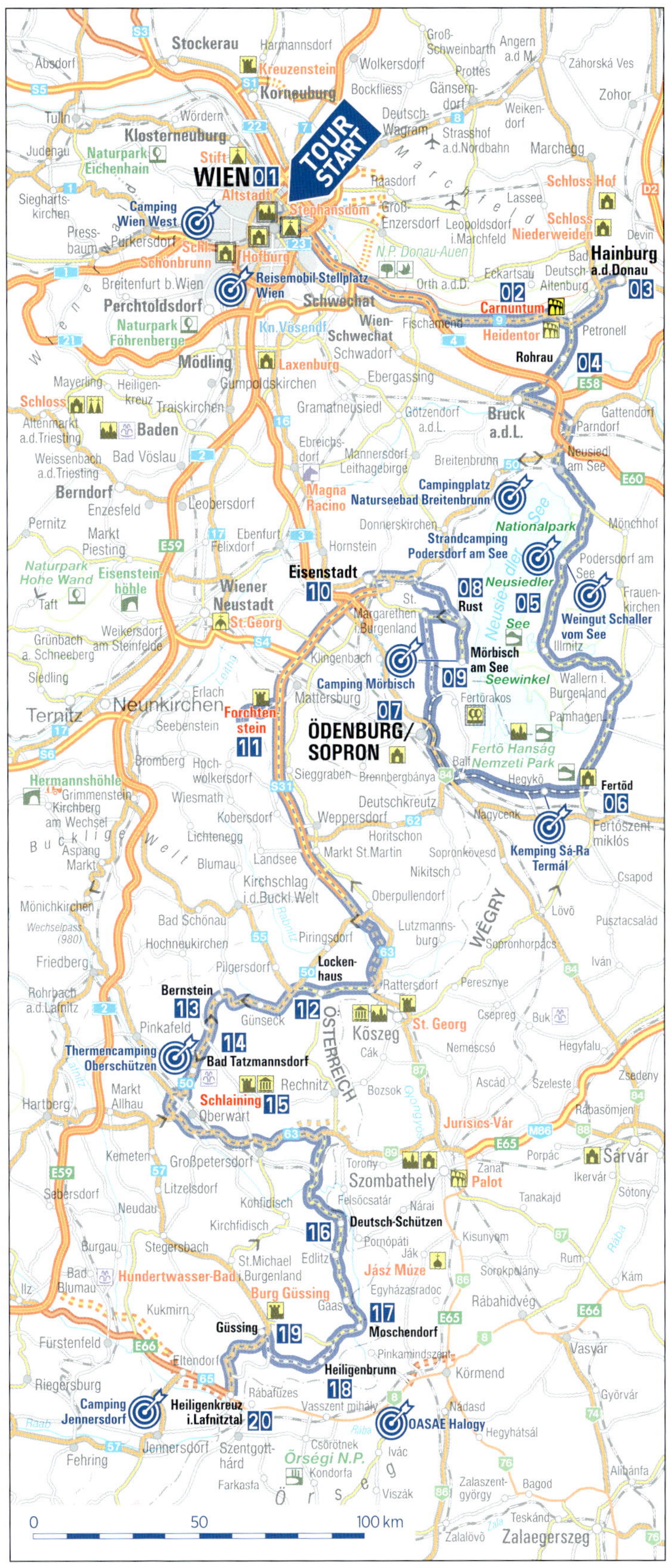

Nahezu von seiner schönsten Seite zeigt sich der Eingang zum Nationalpark Gesäuse mit dem Fluss Enns im Herbst, wenn die vereinzelten Laubbäume rot und gelb zwischen den Nadelbäumen aufleuchten.

Romantische Berg- und Talfahrt

Idyllisch liegt Hallstatt an seinem See, überragt vom Dachstein, dem Berg der Berge. Urige Täler und ein mittelalterliches Stift leiten zu zwei ungebändigten, wilden Nationalparklandschaften über.

Weithin umfassen senkrechte Felswände den Hallstätter See. Umso zauberhafter ist Hallstatt an seinem Südufer, das Ausgangspunkt für Erkundungen des Dachstein-Massivs ist. Als Inbegriff einer romantischen Seenlandschaft, wo sich zahlreiche Dichter inspirieren ließen, gilt das Ausseer Land. Das lange, breite Tal der Enns wird auf der Salzkammergutstraße über die von Norden her flache Klachauer Höhe (833 Meter) erreicht. Auf der Südseite geht es nach Trautenfels zwar steil hinab, der einst berüchtigte Straßenabschnitt ist aber entschärft.

Ennsaufwärts breitet sich Admont mit seinem Benediktinerstift im Talgrund aus. Nun verengt sich das Ennstal zur Schlucht und tritt in das Gesäuse ein, eines der aufregendsten, unberührtesten Gebirge Österreichs. Senkrechte Felswände wechseln mit schmalen Seitentälern, bizarren Gipfeln und dunklen Wäldern ab. Nach der Engstelle weitet sich das Tal beim Ennsknie noch einmal, um bald erneut die schroffen Kalkalpen zu durchbrechen. In Altenmarkt bei St. Gallen verlässt man die Enns und fährt über den mäßig hohen Hengstpass (987 Meter). Windischgarsten liegt am Südrand, Molln am Nordrand des Nationalparks Kalkalpen. Wander- und Radwege erschließen ihn.

In Micheldorf in Oberösterreich kündigt sich dann schließlich das Alpenvorland an.

- **Routenlänge:** 225 km
- **Zeitbedarf:** 8–10 Tage
- **Start und Ziel:** Hallstatt | Micheldorf in Oberösterreich
- **Charakteristik:** Alle Straßen gut ausgebaut. In Hallstatt ist Parken schwierig, besser ab Obertraun mit Fahrrad oder Boot.
- **Hot Spot:** Dachstein, der spektakulärste Berg weit und breit
- **Schönster Campingplatz:** camping-putterersee.at
- **Best place on tour:** Vom Nationalpark Panoramaturm Wurbauerkogel die Aussicht genießen und dann im Bergrestaurant schlemmen oder Most in der Jausenstation schlürfen.

Hier geht's zum GPS-Track

derdachstein.at, nationalpark-gesaeuse.at, kalkalpen.at

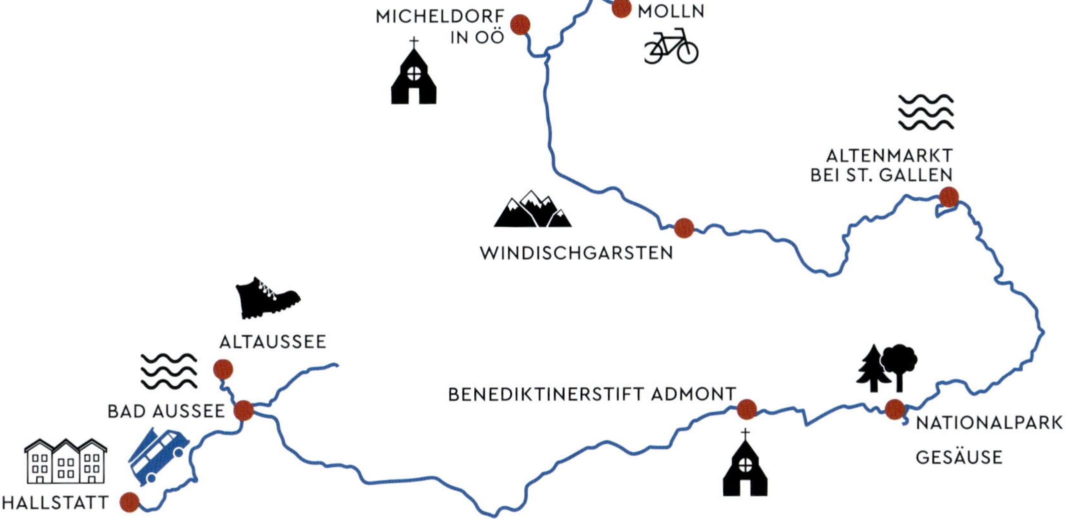

01 Hallstatt

Der Ort gilt, vergleichbar höchstens mit St. Wolfgang, als die Ikone des Salzkammergut-Tourismus schlechthin. Er zählt kaum mehr als 700 Einwohner, ist aber, wie er sich, im Wesentlichen bloß aus einer Straße und einem Marktplatz bestehend, auf dem extrem schmalen Uferstreifen zwischen Berghang und See hinduckt, so fotogen, dass chinesische Investoren ihn vor einigen Jahren erst in der Südprovinz Guangdong als Kopie im 1:1-Format nachbauten. Und als eine Art lebendiges Freiluftmuseum inneralpiner Architektur ist er so einzigartig, dass ihn die UNESCO 1997 zusammen mit der Region Dachstein zum Weltkulturerbe adelte. Die Rede ist von Hallstatt, jener Gemeinde, auf deren Boden bereits vor 6000 Jahren Salz geschürft wurde. Das Bergwerk, eines der ältesten der Welt, ist mittlerweile zwar stillgelegt. Es kann jedoch teils zu Fuß, teils per Grubenbahn sowie über Holzrutschen besichtigt werden.

02 Bad Aussee

Die »Hauptstadt« des steirischen Salzkammerguts liegt am Zusammenfluss der aus Grundl- und Altausseer See gespeisten Quellflüsse der Traun. Sie verdankt ihre Entstehung den Salzlagerstätten der Region. Bereits im 13. Jahrhundert befand sich hier das landesfürstliche Salzsudwerk. Von der darauf folgenden Blüte des Handels zeugen im Ortskern die vielen mit Fresken und Sgraffiti dekorierten »Hallingerhäuser« und der in der Spätgotik als Sitz der Salinenverwaltung gebaute, heute als Stadtmuseum genutzte Kammerhof. Die heilkräftige Sole verschaffte Aussee 1911 den Titel »Bad«. Sie speist ein Vitalresort und im Verbund mit dem gesunden Höhenklima und der liebreizenden Landschaft seinen Ruf als Jungbrunnen für Geist und Seele. In die Regionalgeschichte ging die Stadt auch als Heimat der Postmeisterstochter Anna Plochl, der Gemahlin Erzherzog Johanns, ein.

03 Altaussee

Ein Refugium für naturliebende Nostalgiker ist der am Südwestrand des Toten Gebirges gelegene Kurort Altaussee. Er blieb, darin liegt sein spezieller Reiz, über alle Boomzeiten hinweg von modernen Bausünden verschont, besteht immer noch überwiegend aus den regionaltypischen entzückenden Holzvillen mit blumenüberwucherten Veranden. Das Freizeitangebot umfasst Wanderwege in Hülle und Fülle, ein Skigebiet, die Panorama-Mautstraße auf den auch bei Paraglidern beliebten Hausberg Loser, ein Literaturmuseum, im Spätfrühling das berühmte Narzissenfest und als Hauptattraktion das Schau-Salzbergwerk. Der größte touristische Trumpf aber ist, gänzlich unkommerziell, der See gleichen Namens. Es gibt wohl kaum einen Gast, der nicht den anderthalbstündigen Spaziergang rund um dieses bis auf das Dorf am Westende gänzlich unverbaute, ja nicht einmal durch Straßen erschlossene Idyll unternimmt.

04 Grundl- und Toplitzsee

Auf eine generationenlange Tradition als Sommerfrischeregion blickt auch der Grundlsee zurück. Sein nur wenige Fahrminuten östlich von Bad Aussee gelegener Hauptort ist – wie das gesamte Nordufer dieses größten Sees der Steiermark – gespickt mit stattlichen Villen und Schlösschen. Als romantischer Ausflug populär ist von hier aus die Drei-Seen-Tour: Sie führt in zwei Bootsfahrten und auf zwei kurzen Wanderungen zum Toplitz-

Von oben: Hallstatt am gleichnamigen See wurde als Sommerfrischeort schon ab dem 19. Jahrhundert international berühmt.

Morgens den Vorhang im Wohnmobil aufziehen und den Blick auf den Hallstätter See genießen.

ZWISCHENSTOPP

Dachstein und Dachsteinhöhlen
Der Dachstein (2995 m) ist seit 1997 UNESCO-Welterbe. Zu seinem Hochplateau mit mehreren schroffen Gipfeln und dem östlichsten Alpengletscher fährt von Obertraun eine Seilbahn hinauf (Mautstraße zur Seilbahn für kleinere Wohnmobile gut machbar, alternativ Dachstein-Gletscher Linienbus ab Schladming). Oben führt ein Erlebnisweg zu einem Eispalast mit jährlich wechselnden Eisskulpturen. Die spektakuläre stählerne Aussichtsplattform »5fingers« ragt wie eine Hand über den Abgrund hinweg.
derdachstein.at

Salzbergwerk Altaussee
Die »Salzwelten« sind Österreichs größte Salzabbaustätte – seit dem Hochmittelalter und noch heute aktiv, zugleich als Schaubergwerk öffentlich zugänglich. Der Gang in den kilometerlangen Stollen, durch die »Kammer des geronnenen Lichts« zur Barbara-Kapelle und über zwei Bergmannsrutschen hinab zum unterirdischen See, ist unvergesslich. Die preisgekrönte Multimediaschau mit dem Titel »Bomben auf Michelangelo« erzählt von der Rolle des Bergwerks in der Endphase des Zweiten Weltkriegs. Damals wurden hier Gemälde von Rubens, Rembrandt und Michelangelo gelagert, die nur knapp der Zerstörung durch Nationalsozialisten entgingen.
salzwelten.at

und weiter zum Kammersee. Ersterer, ein von Wasserfällen gespeistes und dunklem Bergwald umrahmtes Idyll, verdankt Gerüchten, die SS hätte 1944/45 in ihm sagenhafte Kunstschätze, Goldreserven und Geheimdokumente versenkt, internationale Bekanntheit. Einige medial aufwendig inszenierte Tauchexpeditionen förderten jedoch vom schlammigen Grund nur gefälschte Banknoten und rostiges Kriegsgerät zutage.

05 Benediktinerstift Admont

Am westlichen Eingang zum Gesäuse, einer schluchtartigen Engführung des Flusses Enns, thront das Benediktinerstift Admont. Ein Großteil dieser bereits 1074 von Mönchen aus St. Peter in Salzburg besiedelten und dank Salzgewinnung und Erzabbau zu immensem Reichtum gelangten Abtei fiel im Jahr 1865 einem Brand zum Opfer. Beinahe alle Trakte und auch das Münster sind Neubauten aus den Jahren danach. Verschont blieb damals wie durch ein Wunder die berühmte barocke Bibliothek mit ihren kostbaren Buchbeständen, den 1400 Handschriften und beinahe 1000 Inkunabeln. Öffnet man die unscheinbare Tür zu ihrem lichtdurchfluteten Prunksaal, versteht man, warum er nach seiner Vollendung im Jahr 1776 »das achte

ZWISCHENSTOPP

Totes Gebirge
Es erstreckt sich als Teil der Nördlichen Kalkalpen zwischen dem Alm-, Traun- und Stodertal über eine Fläche von 400 Quadratkilometern: jenes Karrenplateau, das gemeinhin als größte Steinwüste der Ostalpen gilt. Wo sich der Name herleitet, ist leicht erklärt: Seine Kalke und Dolomite sind extrem verkarstet. In den vielen Dolinen, Schächten und Höhlen versickern Regen- und Schmelzwasser im Nu. Entsprechend trocken und vegetationslos ist die Hochfläche. Im Westteil hingegen ist der bei Wanderern und Kletterern beliebte, überwiegend naturgeschützte Gebirgsstock von Kiefern-, Lärchen-, Zirbenwäldern und auch Almwiesen bedeckt. Der höchste Gipfel ist der Große Priel (2515 Meter), die größte Höhle das 135 Kilometer lange, 1061 Meter tiefe Schönberg-System. An seinen Rändern liegen Bergseen und – mit Loser, Hinterstoder, Tauplitz- und Wurzeralm – populäre Skigebiete.

Von oben: Auf einsamen und landschaftlich unberührten Pfaden wandert man am Vorderen Lahngangsee im Toten Gebirge entlang.

Der Architekt und Barockbaumeister Josef Hueber wusste: »Wie den Verstand soll auch den Raum Licht erfüllen.« Das Ergebnis ist die prachtvolle Klosterbibliothek.

CAMPING KLAUSNER-HÖLL

Nur hier ist für Wohnmobile Parken unmittelbar in Hallstatt erlaubt. Badestrand, Salzbergseilbahn, Schiffsanleger und andere Annehmlichkeiten liegen in unmittelbarer Nähe, zum Ortszentrum sind es 800 Meter. Auf dem Platz lädt das Pfannhauserstüberl mit Bar zur Einkehr ein, ein Kiosk verkauft frische Ware.

Lahnstr. 201, 4830 Hallstatt
hallstatt.net, GPS 47.552837, 13.647360

CAMPING AM SEE

Ein charmanter, parkähnlicher Platz mit altem Baumbestand. Die Anlage wird ökologisch geführt. Man campt maximal 70 Meter vom Badestrand am Hallstätter See entfernt. WLAN nur im Empfangsbereich. Hunde erlaubt, aber kein Gassigehen im Park. Nebenan der Wohnmobilstellplatz Obertraun (Gebührenautomat).

Winkl am Hallstättersee 77, 4831 Winkl
camping-park-am-see.at, GPS 47.548761, 13.677676

CAMPING TEMEL

Der freundlich geführte Familienbetrieb ist ein sehr gepflegtes, weitläufiges Areal mit allen notwendigen Ver- und Entsorgungseinrichtungen sowie Internet. Es geht relaxed und ruhig zu. Geöffnet von Anfang Mai bis Ende September. Zehn Minuten Fußweg bis zum See. Hunde sind nicht gestattet.

Puchen 137, 8992 Altaussee
camping-altaussee.com, GPS 47.628313, 13.773610

CAMPING GÖSSL AM GRUNDLSEE

Ein typischer Alpencampingplatz, ruhig und familiär, von Bergkulissen, Wiesen und Wäldern umgeben. Die Anlage selbst ist sonnenverwöhnt, es gibt keinen Baumbewuchs. Komfortabler Sanitärbereich mit Fußbodenheizung, Einzelwaschkabinen und geräumigen Duschen. Waschmaschine und Trockner vorhanden.

Gößl 17, 8993 Grundlsee
campinggoessl.com, GPS 47.637486, 13.902447

CAMPING PUTTERERSEE

Sehr sonnig gelegen im breitesten Teil des Ennstals. Mit direktem Zugang zu dem gleichnamigen, besonders warmen Moorbadesee, der in den Sommermonaten bis zu 26 Grad Wassertemperatur erreichen kann. Großzügiger Sanitärbereich. Gegen Aufpreis kann man private Badekabinen mit Dusche und WC mieten. Geöffnet Mitte April bis Ende Oktober.

Hohenberg 2a, 8943 Hohenberg
camping-putterersee.at, GPS 47.521036, 14.132363

Weltwunder« genannt wurde: In den weiß-goldenen Regalschränken stehen etwa 70 000 Bände dicht aneinandergereiht.

06 Nationalpark Gesäuse

Nur 16 Kilometer ist das Durchbruchstal nahe dem Ennsknie zwischen Admont und Hieflau lang. Doch was das Wasser dieses österreichweit längsten Binnenflusses hier im Lauf der Jahrmillionen in den Kalkstein gefräst hat, zählt zu Österreichs bizarrsten und sehenswertesten Gebirgsszenerien. Zu beiden Seiten: steile Felswände, oft über 1500 Meter und mehr senkrecht abfallend; im Hinterland: die bis über 2300 Meter hohen Gipfel der Hochtor- und Buchsteingruppe, dazwischen tiefe Schluchten, Gräben, dicht bewaldet, weitgehend unberührt. Kein Wunder, dass man im Jahr 2002 mehr als 100 Quadratkilometer dieses ökologisch so wertvollen Landstrichs zum Nationalpark erklärte. Und kein Wunder auch, dass sich Wanderer, Bergsteiger, Kletterer, Fischer und Wildwasserfahrer bei schönem Wetter zuhauf aufmachen in dieses Outdoor-Paradies.

07 Altenmarkt bei St. Gallen

Rund 800 Menschen leben in dem idyllischen Flecken am Dreiländereck zwischen der Steiermark, Nieder- und Oberösterreich. Durch die Lage am Ennsradweg zieht Altenmarkt zahlreiche Radfahrer an. Ein architektonisches Kleinod ist die barocke Flößerkapelle von 1764, ebenfalls an der Enns gelegen. In der Kapelle werden die »Wasserheiligen« Nikolaus und Johannes von Nepomuk verehrt. Während Nikolaus Schutzpatron der Flößer war, wurde Nepomuk als Brückenheiliger angesehen. Ihre Statuen verschwanden ebenso wie weitere hier aufbewahrte Heiligenfiguren bei einem Einbruch 1977 und wurden nicht wieder aufgefunden. Ganz in der Nähe befinden sich Reste einer spätmittelalterlichen Anlegestelle für Flöße, auf denen Roheisen aus der Stadt Eisenerz, wo es im Tagebau gewonnen wurde, flussabwärts transportiert und in Altenmarkt, wo die nötige Wasserkraft vorhanden war, weiterverarbeitet wurde. An die historische »Eisenstraße«, die bis ins 19. Jahrhundert von Eisenerz nach Steyr verlief, erinnert im Ort die Eisenstraßenhalle, heute eine moderne Veranstaltungslocation.

08 Windischgarsten

Der Ortsname nimmt Bezug auf die Wenden, eine frühere Bezeichnung für Slawen, die im Mittelalter die Mehr-

heit der Bevölkerung in Windischgarsten stellten. Seit 1444 durfte hier mit königlicher Erlaubnis ein Wochenmarkt abgehalten werden. Von der Bedeutung dieses Marktes zeugen vornehme barocke Handelsbürgerhäuser im historischen Ortskern. Im 20. Jahrhundert positionierte sich Windischgarsten sowohl als Wintersportort in den alpinen und nordischen Disziplinen als auch als Luftkurort. Ende Juli wird an einem Wochenende mit einem Augenzwinkern das »Lederhosentreffen« in Kombination mit einer großen Party gefeiert. Der 858 Meter hohe Wurbauerkogel, Windischgarstens Hausberg, ist per Sessellift bequem zu erreichen. Oben warten neben einer Jausenstation jede Menge Abenteuer mit dem Klettersteigpark Bannholzmauer, einem Bikepark mit vier unterschiedlich anspruchsvollen Mountainbiketrails und einem Panoramaturm mit Fernsicht zu ganzen 21 Zweitausendern, bis in den Nationalpark Gesäuse und ins Tote Gebirge, passendes Wetter vorausgesetzt. Die Ausstellung »Faszination Fels« im Turm befasst sich mit erstaunlichen Leistungen aus der Tier- und Pflanzenwelt.

09 Molln

Aus einer mittelalterlichen Pechersiedlung, in der Baumharz (Pech) aus Kiefern gewonnen wurde, entwickelte sich der heutige recht stattliche Ort, in dem die Verwaltung des Nationalparks Kalkalpen ihren Sitz hat. Das Nationalparkzentrum sticht durch seine Architektur hervor. Es handelt sich um das größte Holzatrium in Österreich. Darin ist die Dauerausstellung »Verborgene Wasser« untergebracht. Besuchenswert ist auch das Wildderermuseum, in dem über Wilderei informiert wird, die noch bis vor rund 100 Jahren zu erbitterten Auseinander-

ZWISCHENSTOPP

Nationalpark Kalkalpen
Gut 20 000 Hektar ist er groß und seine Kennzeichen sind naturnahe Wälder, Almen, Berggipfel, an die 2000 Meter hoch, und dazwischen abgeschiedene Schluchten. Der Nationalpark Kalkalpen umfasst, eingerahmt von Eisenwurzen und Totem Gebirge, dem Weyer Land an der Enns und dem Steyrtal, das Sengsen- und das Reichraminger Hintergebirge. Er ist Lebensraum und Rückzugsgebiet für seltene Tiere und Pflanzen: 50 Säugetier- und 80 Brutvogelarten, 1400 Schmetterlinge und mehr als 1000 Blütenpflanzen, Moose und Farne. Zugleich ist er auch ein wertvolles Erholungsgebiet für Menschen. 800 Kilometer Radwege durchziehen die Region. Sie führen in wildromantische Seitentäler, auf aussichtsreiche Bergstraßen oder auch zu historischen Denkmälern wie Schmieden und Hammerwerken.
kalkalpen.at

Ein fantastisches Panorama zeigt sich dem Bergfreund vom großen Buchstein aus. Weit reicht der Blick über den Nationalpark Gesäuse mit den Gipfeln der Hochtor- und Admonter Reichensteingruppe (von links).

WOHNMOBILSTELLPLATZ LIEZEN

Für eine Zwischenübernachtung ist der kostenfreie Stellplatz für ca. vier Wohnmobile am Ortsrand von Liezen eine prima Adresse. Keine Entsorgung, kein Strom, aber Wasser, Picknicktisch und Kinderspielplatz vorhanden. Toilette und Dusche (im angrenzenden Sportzentrum), jeweils gegen Gebühr.

Friedau 16, 8940 Liezen
GPS 47.565122, 14.233515

CAMPINGPLATZ FORSTGARTEN

Die steiermärkischen Landesforste betreiben dieses großzügig bemessene Areal, das mit geschotterten Stellflächen und Stromanschlüssen auch Wohnmobilen beste Voraussetzungen bietet. Idyllisch gelegen vor einer Bergkulisse, mit Badeplatz direkt an der Enns. Geöffnet etwa von Mai bis Ende Oktober.

Gstatterboden 105, 8912 Johnsbach
landesforste.at, GPS 47.589475, 14.627475

GEOCAMPING B47 – WEIBERLAUF

Sehr natürlicher Platz am 47. Breitengrad mit eigenem Sandstrand an der Salza und bei Kanuten beliebt. Mit einem Center für Rafting. Die Stellplätze und Fichtenholzhütten verteilen sich über drei Terrassen. Wer möchte, kann ein Frühstücksbuffet hinzubuchen. Von Ende April bis Oktober geöffnet.

Krippau 35, 8931 Landl
camping-weiberlauf.at, GPS 47.673343, 14.739014

CAMPINGPLATZ PYHRN-PRIEL

Plattebenes Gelände im Talboden, das für Wohnmobile wie auch für Wohnwagen ideal ist. An allen Plätzen Energiesäulen und Frischwasser. Die Anlage ist dem rustikalen Gasthaus Hopfenliebe angeschlossen. Neue, moderne Sanitäranlage, in der auch zwei Mietbäder zur alleinigen Benutzung angeboten werden.

Gleinkerau 34, 4582 Spital am Pyhrn
camping-pyhrn-priel.at, GPS 47.691112, 14.325847

CAMPING OBERMAYR

Wegen vieler Dauercamper ist die Aufnahmekapazität für durchreisende Wohnmobile begrenzt, aber es gibt Möglichkeiten. Der angrenzende Elisabeth-Badesee bietet Liegeflächen mit Blick in die Berge und beste Wasserqualität dank zufließenden Grund- und Quellwassers. Auch Angler sind hier willkommen. Dank der zahlreichen Bäume und Sträucher gibt es auch an heißen Tagen Schattenflächen.

Kniewas 37, 4572 St. Pankraz
camping-obermayr.eu, GPS 47.776367, 14.169552

setzungen in der Umgebung führte. Auch thematisiert es die Maultrommel, der sich zudem gleich drei moderne Skulpturen im Ort widmen. Das Hoisn Haus ist als ehemalige Maultrommelschmiede aus der Zeit um 1900 zu besichtigen. Seit dem 17. Jahrhundert werden in Molln Maultrommeln produziert, heute gibt es noch drei Manufakturen. Das Instrument wurde früher von jungen Männern beim »Fensterln« angestimmt, um die Mädchen klangvoll zu betören. Auf dem Steyrtalradweg, einer stillgelegten Bahnstrecke, gelangt man in einer knappen halben Stunde zu einem sehenswerten Jugendstil-

ROUTE 10

kraftwerk, dessen Turbinen von 1908 die Gemeinde Molln und einige Nachbarorte mit Strom versorgen. Es wurde oberhalb des Steyrdurchbruchs angelegt, einer malerischen, von Felsen gesäumten Engstrecke im Fluss.

10 Micheldorf in Oberösterreich

Der etwas sperrige Namenszusatz wurde 1951 angehängt, um die Unterscheidung von einem gleichnamigen Dorf in Kärnten zu erleichtern. Abgekürzt wird dann gern zu Micheldorf in OÖ. Im Gemeindewappen weist eine ionische Säule, von einem Kreuz gekrönt, auf eine kontinuierliche Besiedelung seit der Römerzeit hin. Damit ist Micheldorf einer der ältesten Orte im oberen Kremstal, durch das eine wichtige römische Straßenverbindung verlief. Auf dem kegelförmigen Georgenberg (594 Meter) wurde aus einem antiken Tempel eine frühchristliche Kirche, die später zur gotisch-barocken Georgikirche ausgebaut wurde, dem gerne für Hochzeiten und Taufen genutzten Wahrzeichen von Micheldorf. Alle zwei Jahre (in geraden Jahren) ist die Kirche Ende April Ziel des traditionellen Georgiritts, einer Pferde-Wallfahrt. Noch weiter oben auf 900 Meter Höhe überragt die gewagt auf einer Felsnase errichtete Burg Altpernstein den Ort. Eine Wanderung führt in anderthalb Stunden hinauf. In Micheldorf arbeiteten früher bis zu zwölf Sensenschmieden. Im größten dieser seit Jahrzehnten stillgelegten Werke informiert das OÖ. Sensenschmiedemuseum (wegen Sanierung derzeit nur nach Voranmeldung). Auch ein Themenweg wurde angelegt. Im 19. Jahrhundert wurde Micheldorf für seine Kaltwasser-Heilanstalt bekannt, die sich aus der nahe gelegenen Kremsursprung-Quelle speiste. Heute gibt es stattdessen mit dem Alpenbad ein großzügig angelegtes Naturerlebnisbad.

DACHSTEIN MIT NATIONALPARKS GESÄUSE UND KALKALPEN

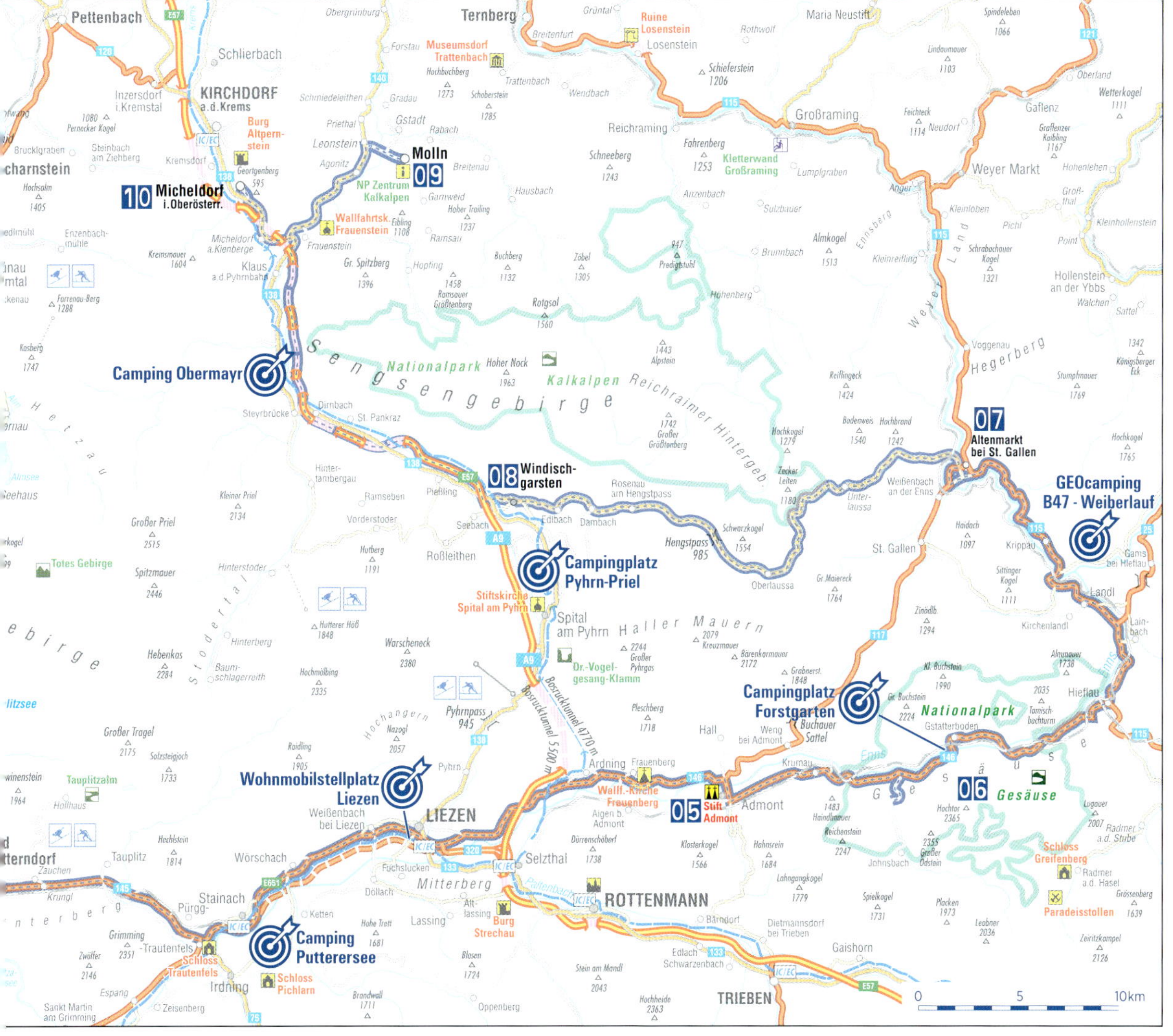

Zwischen der Gerlitzen Alpe und den Ossiacher Tauern, nur wenige Autominuten nordöstlich von Villach, erstreckt sich eines der schönsten Badegewässer Kärntens, der beliebte Ossiacher See.

Im Land der Berge & Seen

Diese Reise durch Mittelkärnten führt nicht nur zu zahlreichen kulturellen Highlights, sondern auch durch eine atemberaubend schöne Natur. Dies ist eine Tour für Herz und Seele.

Wenn sich italienische Sonne und österreichisches Brauchtum aufs Beste vermischen, muss es Kärnten sein. Das südlichste Bundesland Österreichs liegt klimatisch günstig, denn es ist nicht nur sonnenreich, sondern auch vom Wasser verwöhnt. Klare Seen bieten auf dieser Tour eine schöne Erfrischung, die gar nicht mehr so eisig ist wie im Norden der Alpen.

Beginnend in Villach lohnt es sich schon bald, einen Platz zu suchen, der am Wasser liegt. Denn der Ossiacher See ist ganz nah und lädt nach dem Stadtbummel zum Bad oder wenigstens zum Eisessen am Ufer ein.

Die Wohnmobiltour durch Mittelkärnten führt nicht nur zu zahlreichen kulturellen Highlights, sondern auch durch eine atemberaubend schöne Natur, die sich anders als in den Nordalpen viel lieblicher und sanfter präsentiert. Die Hohen und Niederen Tauern bilden dabei die Wetterscheide, halten monströse Wolkengebilde, aus denen es nicht selten herunterschüttet, meist an ihren Nordhängen fest. Dies verspricht eine stabile Wetterlage. Die Landschaften scheinen hier einem Bilderbuch entsprungen zu sein. Über sanfte Kuppen erheben sich schroffe Gipfel, zu denen Wohnmobilisten teilweise über alpine Straßen hinaufgelangen, wie etwa zur Turracher Höhe, die mit einem großen Freizeitangebot direkt am schönen See lockt. Übrigens lohnt es sich grade in Kärnten, die Womo-Küche kalt zu lassen und Restaurants aufzusuchen, kulinarisch ist hier viel geboten.

- **Routenlänge:** 450 km
- **Zeitbedarf:** 1–2 Wochen
- **Start und Ziel:** Villach | Millstatt
- **Charakteristik:** Die Route lässt sich gut fahren, da die Landschaften in Kärnten nicht mehr hochalpin sind, sondern alles etwas gemächlicher zugeht. Besonders schön ist die Möglichkeit, an den vielen Seen einfach zu stoppen.
- **Hot Spot:** Durch den Villenweg am Millstätter See flanieren
- **Schönster Campingplatz:** seecamping-berghof.at
- **Best place on tour:** Schokoladenverkostung in der Craigher Manufaktur

Hier geht's zum GPS-Track

kaernten.at, millstaettersee.com

01 Villach

»Kärntens heimliche Hauptstadt«, wie die Villacher ihre Heimat nennen, liegt östlich des Dobratsch am Zusammenfluss von Gail und Drau. Für Wohlstand sorgt von alters her die günstige Lage am Schnittpunkt der Fernverkehrsrouten Salzburg – Venedig und Bozen – Lienz – Graz. Ihr spezielles Flair verdankt die Stadt der Synthese germanischer, italienischer und slawischer Einflüsse. Die adrette Altstadt mit ihren verkehrsbefreiten Gässchen um den lang gestreckten Hauptplatz lädt zum Bummeln und Shoppen. Museen wie die für Stadtgeschichte und Oldtimer, aber auch das 182 Quadratmeter große 3-D-Relief von Kärnten und die schon von Paracelsus gerühmte Therme im Ortsteil Warmbad sorgen auch bei Schlechtwetter für Kurzweil. Zudem lassen sich von Villach aus einige der schönsten Straßen Kärntens wunderbar erkunden.

02 Gerlitzer Alpenstraße

Eine davon führt von Bodensdorf am Ossiacher See zum nordwestlich gelegenen Gipfel des Gerlitzen und heißt folgerichtig auch Gerlitzer Alpenstraße. Es handelt sich um eine mautpflichtige Privatstraße (8 Euro pro Fahrzeug), die auf 1720 Meter Höhe am Parkplatz eines Hotels endet. Bis dorthin ist die Straße durchgehend asphaltiert, der weiterführende Weg unterliegt aber einem Fahrverbot. Auf den knapp 14 Kilometern sind Steigungen von bis zu 14 Prozent und gut ausgebaute Kehren zu meistern. Da es sich um eine Sackgasse handelt, nimmt man den gleichen Weg auch wieder retour, was herrliche Panoramen aus einer anderen Perspektive garantiert. Gar nicht weit entfernt befindet sich auf etwa 1200 Meter Höhe der geografische Mittelpunkt Kärntens. Mit dem Fahrzeug ist er nicht erreichbar, von Arriach aus könnte man auf einem Wanderweg hingelangen. Zurück am See, bringt einen die B95 an den Stadtrand von Feldkirchen. Den Ortskern sollte man meiden. Auf der Gurktaler Straße B93 entkommt man einfacher in Richtung Norden. Dann geht es auf die Landesstraße 80, die in sanften Schwüngen zum Goggausee führt. Den weiteren Verlauf der Goggausee-Landesstraße bestimmen feine Kehren und Kurven. Dann ist auch schon das Gurktal mit den Gurktaler Alpen erreicht.

03 Gurk

Kirchen erzählen grundsätzlich viele Geschichten. Keine 10 Kilometer entfernt ergibt sich eine erste Gelegenheit dazu, denn dort steht eines der kulturellen Highlights dieser Route – der Dom zu Gurk mit seinen markanten, weithin sichtbaren Zwillingstürmen. Er ist einer der bedeutendsten romanischen Sakralbauten Mitteleuropas. Seine Geschichte ist untrennbar mit dem Namen der Schutzpatronin Kärntens, der heiligen Hemma, verbunden. Denn sie war es, die als Gräfin Hemma von Friesach-Zeltschach ebendort um die Mitte des 11. Jahrhunderts ein Kloster für Benediktinerinnen stiftete. Drei Generationen später beschloss Bischof Roman I., diesem einen monumentalen Dom hinzuzufügen. Das Ergebnis begeistert bis heute: eine weitgehend original erhaltene Pfeilerbasilika mit einem grandiosen Portal aus der Bau-

Von links: Im Villacher Stadtteil Perau ragen vor eindrucksvoller Bergkulisse die Türme der barocken Heiligenkreuzkirche in den Himmel.

Von einem 150 Meter hohen, weithin sichtbaren Kalksteinkegel blickt die Burg Hochosterwitz stolz und mächtig auf Kärnten.

zeit, mit herrlichen gotischen Glasfenstern und Fresken sowie, als ältestem und weihevollstem Bauteil, einer 100-säuligen Krypta, in der die bis heute verehrte Landesmutter begraben liegt. Hemma war eine der reichsten Frauen ihrer Zeit, wurde bereits 1287 seliggesprochen, aber erst 651 Jahre später erfolgte ihre Heiligsprechung durch den damaligen Papst Pius XI. Als Schutzpatronin Kärntens ist sie auch in Gurk bestattet. Ihr Grab in der Krypta des Doms ist Ziel zahlreicher Wallfahrten.

04 Burg Hochosterwitz

Weiter geht es auf der L61. Die schmale Landesstraße führt kurvenreich, aber verkehrsarm, über den Pisweger Sattel nach St. Veit an der Glan. Nach ein paar Kilometern erhebt sich ein weiteres Wahrzeichen Kärntens rechter Hand in den Himmel: Die Burgan-

CAMPING ARNEITZ

Etwas außerhalb von Villach liegt dieser Platz außerordentlich schön am Faaker See. Er hat einen eigenen, weißen Kiesstrand und verfügt über geschützte, durch Büsche und Hecken abgetrennte Stellplätze unter Bäumen. Der Platz ist Teil einer Freizeitanlage, die für viel Abwechslung sorgt, aber auch denjenigen, die es lieber ruhig mögen, die Möglichkeit lässt, sich zurückzuziehen.

Seeuferlandesstr. 53, 9583 Faak am See, camping.arneitz.at GPS 46.57461, 13.93633

SEECAMPING BERGHOF

Direkt am Ossiacher See liegt dieser Platz und punktet nicht nur mit der ruhigen Lage, sondern auch mit von Hecken geschützten Stellplätzen, einem eigenen Steg und vielen Spielmöglichkeiten für Kinder. Dank der Lage stehen die Chancen gut, den Sundowner mit Blick über den See vom Womo aus zu genießen.

Ossiacher See Süduferstr. 241, 9523 Villach seecamping-berghof.at, GPS 46.65323, 13.9339

ZWISCHENSTOPP

Brauerei der Sinne
Im Murtal wurde an der Produktionsstätte der Brauerei Murau am Raffaltplatz eine Bier-Erlebniswelt erschaffen. Während der zweistündigen Erlebnistour werden Besucher nicht nur in die Geheimnisse des Bierherstellungsprozesses eingeweiht, es erwarten sie darüber hinaus auch audiovisuelle Stationen, Geruchs- und Gehörstationen und ein Schaubrunnen. Im Ökologieraum kann man sich von der Umweltleistung der Brauerei überzeugen. Am Ende der Erlebnistour ist selbstverständlich auch eine Verkostung inbegriffen.
murauerbier.at/brauerei-der-sinne

Museum Liaunig
Das wahrscheinlich spektakulärste Gebäude Österreichs befindet sich in Neuhaus im südlichen Kärnten. Die Konstruktion aus Sichtbeton und Stahl schwebt förmlich auf einem zur Drau abfallenden Hügel zwischen Bundesstraße und bogenförmig vorbeifließendem Fluss. Sie beherbergt ein Privatmuseum, in dem der Kärntner Unternehmer Herbert W. Liaunig eine große, auf Kunst in Österreich nach 1945 konzentrierte Sammlung zusammengestellt hat. Sie wird durch Vertreter der klassischen Moderne und exemplarische Werke internationaler Künstler ergänzt. Inzwischen gibt es rund 4000 Exponate zu bestaunen.
museumliaunig.at

lage Hochosterwitz thront hoch über der Landschaft auf einem gut 150 Meter hohen Kalkfelsen, der uneinnehmbar scheint. Für Fahrzeuge ist er das auch, ein Besuch der Anlage ist nur über einen steilen, 620 Meter langen Fußweg möglich. Er führt über tiefe Klüfte hinweg und entlang einer in den Berg gehauenen Steige bis zur Hochburg hinauf, wo unter anderem ein Arkadenhof samt altem Ziehbrunnen und ein Burgmuseum mit Rüstungen, Waffen und Objekten zur Bau- und Familiengeschichte warten. Die 14 Tore, die man auf dem Weg nach oben passiert, sind, jedes für sich, massiv mit Pechnase, Schanzen und Schießscharten bewehrt. Man versteht, wieso an dieser Bilderbuchburg alle, wirklich alle Möchtegern-Eroberer der Geschichte scheiterten. Der Aufstieg ist ein wenig anstrengend, lohnt aber die Mühe. Alternativ steht neuerdings aber auch ein Lift zur Verfügung. Die Burg wurde erstmals um 860 erwähnt, gehörte bis etwa 1150 dem Bistum Salzburg und fiel 1541 nach mehrmaligem Besitzerwechsel in die Hände der einst bedeutsamen Adelsfamilie Khevenhüller, der die Burg, die längst als Museum öffentlich zugänglich gemacht wurde, bis heute gehört.

05 Diex

Im Anschluss rollt das Wohnmobil weiter nach Haimburg. Dort erwartet einen die L113, die auf 1159 Höhenmeter nach Diex führt. Es soll – so sagt man – der sonnigste Ort Österreichs sein. Auf jeden Fall ist die aussichtsreiche Abfahrt nach Brückl den Abstecher wert. Eine Weile folgt man dem Verlauf des Görtschitztals, biegt dann aber Richtung Althofen ab und erreicht das östliche Ende des Gurktals. Die Zufahrt wird garniert vom frühklassizistischen Schloss Pöckstein, einer Residenz der Gurktaler Bischöfe. Mit diesem Teil der Kirchengeschichte mag manch einer so seine Probleme haben. Während die Orden der Klöster unter Verzicht auf weltliche Güter lebten und es dem Volk oft an vielem mangelte, mochten sich die Kirchenfürsten nicht einschränken. Im Gegenteil, sie lebten oft in Saus und Braus wie ihre weltlichen Adelsbrüder und waren ob ihres ausschweifenden Lebensstils kaum als Statthalter Christi auf Erden ernst zu nehmen.

06 Straßburg

In westlicher Richtung ist dann mit dem Schloss Straßburg ein weiteres opulentes Bauwerk am Wegesrand erreicht, das zur Besichtigung lockt. Ursprünglich fungierte es als Hauptsitz der Bischöfe von Gurk. Nachdem die Wehranlage hoch über der Straße im 18. Jahrhundert bei einem Erdbeben schwer beschädigt und in Folge aufgegeben wurde, überließ man sie über fast zwei Jahrhunderte dem Verfall. Erst in den 1950er-Jahren begann eine umfassende Restaurierung, die weite Teile des Schlosses wiederherstellte. Alsdann steht die Überquerung der Gurktaler Alpen an. Prädestiniert dafür ist die kurvenreiche, wenn auch schmale Prekover Landesstraße, die vom Gurk- ins Metnitztal führt. In Marienheim weist ein kleines, unscheinbares Hinweisschild den Weg zu einem kurzen Abstecher gen Osten. Am »Landhotel Seppenbauer« in St. Salvator findet sich ein erstaunliches Auto- und Motorradmuseum. Die private Sammlung von Gerhard Porsche ist ein echtes Schmankerl, in dem selbst Technikmuffel ins Staunen kom-

Von oben: Der kleine, sonnenumflutete Ort Diex mit seiner markanten doppeltürmigen Kirche liegt malerisch inmitten einer grünen Hügellandschaft.

Moderne Architektur trifft auf Natur pur: Das Museum Liaunig ist von außen ein Hingucker und innen sehenswert.

Die Gunst der Stunde nutzen – mit dem Wohnmobil gehören spontane Pausen zum Reisegefühl.

men. Jedes einzelne Stück erzählt motorisierte Geschichte, von den Anfängen motorisierter Mobilität über die »Rockin' Fifties« bis in die Gegenwart. Zurück in Marienheim folgt man der Metnitztaler Straße nur für ein Stück, um links auf die parallel verlaufende und ungleich schöner zu fahrende Gradeser Straße abzubiegen.

07 Metnitz

Angesichts einer riesigen rostigen Skulptur, die im Ortszentrum von Metnitz auf die Straße blickt, sollte man vermeiden, während der Fahrt zusammenzuzucken, was gar nicht so einfach ist. Es handelt sich um ein Totenschiff, das auf einen alten Brauch verweist: den Totentanz. Das Ganze ist zwar makaber, aber irgendwie doch faszinierend. Anschließend geht es hinauf zur Flattnitzer Höhe. Sie verbindet Stadl an der Mur westlich von Murau mit Glödnitz in Kärnten und hat eine Höhe von 1400 Meter sowie zum Teil steile Stücke bis 18 Prozent. Oben angekommen, sollte man auf jeden Fall eine Rast einlegen und den schönen Blick genießen. Fortan sind es weniger Berg- als Talstraßen, auf der die Route weiterführt. Immer wieder schmiegen sie sich eng an Bach- und Flussläufe.

08 Stadl an der Mur

Bald darauf wird man dem schönen Kärnten für wenige Kilometer untreu, denn mit dem Murtal ist schon die Steiermark erreicht. In der kleinen Ortschaft Stadl an der Mur heißt es, links abzubiegen. Von der örtlichen Beschilderung sollte man sich nicht irreleiten lassen. Zum 1. Januar 2015 fusionierte Stadl an der Mur im Rahmen einer kommunalen Gebietsreform mit der gut sechs Kilometer westlich gelegenen Gemeinde Predlitz. Beide liegen idyllisch am Oberlauf der Mur und bilden nun gemeinsam Stadl-Predlitz. Nach Kärnten kehrt man anschließend in südlicher Richtung über ein weiteres fahrerisches Highlight zurück.

09 Turracher Höhe

Gemeint ist die Turracher Höhe, die hier nicht nur die umliegende Landschaft, sondern vor allem den formidablen alpinen Grenzpass zwischen Steiermark und Kärnten bezeichnet. Die Straße verläuft durch die Ortschaft Turrach und säumt den malerischen Turracher See auf dem rund zwei Kilometer langen Sattel. Der höchste Punkt befindet sich auf 1763 Metern. Noch höher hinaus geht es durchaus, allerdings nicht mit dem Wohnmobil. Ab dem See schaukelt eine Gondel auf 2000 Meter hinauf. Von der dortigen Panorama-Alm hat man einen traum-

haften Rundumblick über die Umgebung. Fahrerisch ist vor allem die Südrampe der Turracher Höhe anspruchsvoll. Mit stellenweise über 20 Prozent Steigung muss so manches Gefährt hier ganz schön ächzen.

10 Innerkrems

Der Panoramarausch scheint kein Ende zu nehmen. Im Süden trifft die Turracher Höhe kurz vor dem Ort Ebene Reichenau auf die Nockalmstraße. Diese ist legendär, da sie mit maximal 23 Prozent Steigung zu den steilsten Bergstraßen des Landes gehört. Wohnmobilisten müssen als Weggeld zwar 23 Euro entrichten, dieses Geld ist aber

Mit ihren sanften Kuppen, kleinen Seen und blühenden Alpenrosen sind die Nockberge ein echtes Familienwandergebiet.

CAMPING GOGGAUSEE

Wer einen klassischen Campingplatz sucht, ist hier richtig. Er ist günstig und bietet naturverbundene Stellplätze in einer schönen Umgebung. Die Wasserfälle sind ebenso schnell erreichbar wie der See, alles liegt in Wandernähe.
Niederwinklern 2, 9560 Feldkirchen in Kärnten
camping.info, GPS 46.79435, 14.1437

CAMPING AM BADESEE, FAMILIE WERNIG

Idyllisch liegt dieser Campingplatz, für den sich vor allem für Familien ein Schlenker lohnt. Das Gelände gehört zu einem Bauernhof und ist nur im Sommer geöffnet. Der eigene Badesee bietet Erfrischung mit Blick auf die Berge. In der Nähe liegt der Naturpark Zirbitzkogel-Grebenzen.
Hitzmannsdorf 2, 8822 Mühlen, camping-am-badesee.at
GPS 47.03691, 14.48646

CAMPING BERGHEIM SCHMIDT

Der Platz liegt auf rund 1700 Metern Höhe, nicht weit vom schönen Turracher See entfernt. Am Fuße des Rinsennocks bieten sich viele Möglichkeiten zum Wandern, während Wintercamper den Ort für den kurzen Weg zur Skipiste lieben. Nur 1 Monat Winterpause.
Turracherhöhe 30, 9565 Ebene Reichenau
bergheimschmidt.com, GPS 46.91449, 13.87288

TERRASSENCAMPING MALTATAL

Wanderer und Aktivurlauber werden sich im Maltatal wohlfühlen. Der Campingplatz ist klein, aber fein, verfügt über terrassenförmig angelegte Stellplätze und moderne, helle Sanitäranlagen. Kinder freuen sich über den eigenen Pool. Winterpause bis Ende April.
Malta 6, 9854 Malta, camping-maltatal.at
GPS 46.94961, 13.5097

STRANDCAMPING WINKLER

Ein gepflegter Platz mit Seeblick, nur wenige Gehminuten von der Stadt enfernt. Seeboden ist ein hübscher Ort, in dem es sich gut aushalten lässt, wenn man von einsamer Natur und Bergen doch einmal genug hat. Nur von Mitte Mai bis Ende September geöffnet.
Seepromenade 33, 9871 Seeboden, GPS 46.81522, 13.52046

KOMFORT CAMPINGPARK BURGSTALLER

Am Südende des Millstätter Sees befinden sich gleich drei Campingplätze, von denen jeder seine Vorzüge hat. Der Campingpark Burgstaller verwöhnt seine Besucher mit einem eigenen Strand und familiengerechter Ausstattung.
Seefeldstr. 16, 9873 Döbriach, burgstaller.co.at
GPS 46.76987, 13.64803

gut angelegt. Auf 57 Kilometern verteilen sich 52 Kehren, die sich wunderbar in die ungewöhnliche Landschaft des Nationalparks Nockberge einfügen. Die runden Nocken sind erdgeschichtliche Raritäten, da sie um einiges älter als die benachbarten Gebirge und reich an Bodenschätzen sind. Zahlreiche nicht mehr in Betrieb befindliche Hochöfen zeugen vom Bergbau in dieser Region. Zudem ist der Nationalpark Nockberge für seinen einmalig großen Lärchen- und Zirbenbestand bekannt. Die Eisentalhöhe ist mit 2042 Metern der höchste Punkt der Strecke. Zwischendurch geht es fast 500 Höhenmeter wieder bergab, bevor sich die Nockalmstraße zur Schiestelscharte noch einmal auf fast das gleiche Niveau emporschwingt. Im Mautpreis enthalten sind Informationen zum 1500 Quadratkilometer großen Biosphärenpark und seiner Natur, die zu Entdeckungstouren lockt. Von ihrer westlichen Rampe führt die Nockalmstraße geradewegs in eine der am besten erhaltenen Mittelalterstädte der Alpenrepublik hinein.

Von links: Der Blick auf Millstatt und über den Millstätter See lässt das Herz höherschlagen. Hier vereint sich ein Naturidyll mit urbanen Glanzpunkten.

Am Eingangstor zum Nationalpark Hohe Tauern und dem Biosphärenpark Nockberge liegt die mittelalterliche Stadt Gmünd. Sie setzt erfolgreich auf Kunst und Kultur und hat so die gut erhaltene Altstadt mit neuem Leben gefüllt.

11 Gmünd

Gmünd liegt am Zusammenfluss von Malta und Lieser. Das Gebiet der heutigen Stadtgemeinde erstreckt sich im Westen entlang der Ausläufer des Nationalparks Hohe Tauern und im Osten entlang des Nationalparks Nockberge und weiß mit seiner Historie in den Bann zu ziehen. Entstanden ist Gmünd vermutlich zwischen dem 11. und 12. Jahrhundert als Vorposten der Erzdiözese Salzburg zum Schutz des Katschbergsattels gegen das Kärntner Herzogtum. Das Stadtrecht erhielt sie 1346. Damit ist sie nach Friesach die zweitälteste Stadt im heutigen Kärnten. Als Relikt dieser Zeit wird unter der einheimischen Bevölkerung noch heute eine Salzburger Mundart gesprochen, vor allem im höchstgelegenen Liesertal, dem Katschtal. Aufmerksamkeit verdient hier das ansässige Porsche-Museum. Ferdinand Porsche wirkte hier von 1944 bis 1950. In Gmünd entstand der erste echte Porsche – der legendäre 356 Coupé mit 44 PS und acht Cabrios verließen das Werk Gmünd. 1982 eröffnete vor diesem Hintergrund der Gmünder Antiquitätenhändler Helmut Pfeifhofer das erste private Porsche-Automuseum in Europa. In Gmünd beginnt aber auch ein weiteres Panoramaschätzchen: die Malta Hochalmstraße. Auf einer Länge von knapp 15 Kilometern führt die mautpflichtige Straße (Wohnmobilfahrer zahlen 22 bis 27 Euro) durchs Maltatal hinauf zur höchsten Staumauer Österreichs: Die Kölnbreinsperre liegt auf 1933 Metern. Man muss kein großer Rechenkünstler sein, um festzustellen, dass man sich über so manche Steigungen hinaufkämpfen muss, schließlich beginnt diese Alpenstraße auf nur 911 Metern. Geprägt von sechs Natursteintunneln, gleich mehreren scharfen Spitzkehren und zahlreichen Wasserfällen, die in der Nacht allerdings versiegen, weil ihr sprudelndes Nass in die weiteren umliegenden Speicherseen umgeleitet

wird, ist die Malta Hochalmstraße eine der spektakulärsten Alpenstraßen Österreichs. Besonders beeindruckend sind die Malteiner Wasserspiele. Das Wasser rauscht hier über mehrere Felsstufen in die Tiefe. An zwei besonders engen Stellen wird der Verkehr per Ampel gesteuert. Nervenstarken und hundertprozentig schwindelfreien Zeitgenossen sei der »Airwalk« direkt an der Staumauer empfohlen. Die Glaskonstruktion bietet freie Sicht in den Abgrund. Wer sich davor scheut, schaut sich besser auf festem Boden um. Rundherum genießt man die atemberaubende Aussicht auf die hochalpine Landschaft des Nationalparks Hohe Tauern. Alternativ kann man sich auch einer der kostenlosen Staumauerführungen anschließen und sich damit auf eine Entdeckungsreise in die Welt der Stromerzeugung begeben. Für was auch immer man sich entscheidet, an der Staumauer ist auf jeden Fall Schluss mit dem motorisierten Verkehr. Da als Stichstraße angelegt, geht es anschließend auf gleichem Wege retour nach Gmünd und in einem südöstlichen Schwenk zur letzten Etappe dieser Route in einen Ort, der sich zu Recht als »Juwel von Kärnten« bezeichnet.

12 Millstatt

Der Millstätter See ist – nach dem Wörthersee – der zweitgrößte See Kärntens und mit 141 Metern sein tiefster und wasserreichster. Er ist knapp zwölf Kilometer lang und liegt auf 588 Höhenmetern. Das Wasser hat Trinkqualität und wird im Hochsommer gerne bis zu 26 Grad warm. Perfekte Badebedingungen also. Doch Wasserratten können auch abseits des Ufers Erfrischung finden. 2012 wurde hier das erste Kärntner Badehaus eröffnet, das Wellness zu jeder Jahreszeit ermöglicht. Es befindet sich direkt am Nordufer des Sees und gehört zur Gemeinde Millstatt am See. Gegen Ende des 19. Jahrhunderts wuchs der Ort zu einem Ziel für Sommerfrischler heran. 1879 wurde die erste Villa erbaut. Im Verlauf der nächsten Jahre folgten zahlreiche weitere Adelige diesem Beispiel und ließen Sommerresidenzen errichten. Diese Villen aus der Gründerzeit prägen bis heute das Ortsbild und sind durch entsprechende Tafeln gekennzeichnet. Wer keines der prachtvollen Häuser verpassen möchte, kann sich bei einem Spaziergang mittels des beim örtlichen Tourismusbüro erhältlichen Millstätter Villen-

ZWISCHENSTOPP

Schau-Bauernhof GailtalBauer
Der GailtalBauer in Kirchbach, entstanden aus einer Kooperative von Gailtaler Landwirten, ist ein Musterbeispiel dafür, wie lebensfähige Landwirtschaft heute aussehen kann. Neben der aktiven Arbeit ist fast nebenbei Kärntens modernster Schau-Bauernhof entstanden: spannend für Technik- und Landwirtschaftsinteressierte, aber auch für Freunde nachhaltiger Tierhaltung und Lebensmittelproduktion. Stationen der Erlebnistour sind der 5-Sterne-Rinderstall und der »Melk-Robbie«, eine Schaukäserei mit Reiferäumen, ein Heukino sowie ein Streichelzoo. Im Hofladen kann man Speck, Würste und Heumilchkäse, hausgemachte Marmeladen und Säfte erwerben.
gailtalbauer.at

Schokoladen-Erlebnis-Manufaktur
Nach dem Motto »Qualität vor Quantität« werden in der Schokoladenmanufaktur Craigher in Friesach täglich 500 Tafeln Schokolade hergestellt, gerade so viele, wie an einem Tag verkauft werden. Dafür steht Vielfalt statt Einheitsgeschmack auf dem Programm. Man tüftelt lange an neuen Kreationen, um immer neue Geschmacks-Kompositionen anbieten zu können. Die leckere Ware wird in liebevoller Handarbeit produziert.
craigher.com

Früh am Morgen erwacht der Campingplatz in Döbriach am Millstätter See. Bei schönem Wetter locken zahlreiche Aktivitäten die Reisenden aus ihren mobilen Unterkünften.

ROUTE 11

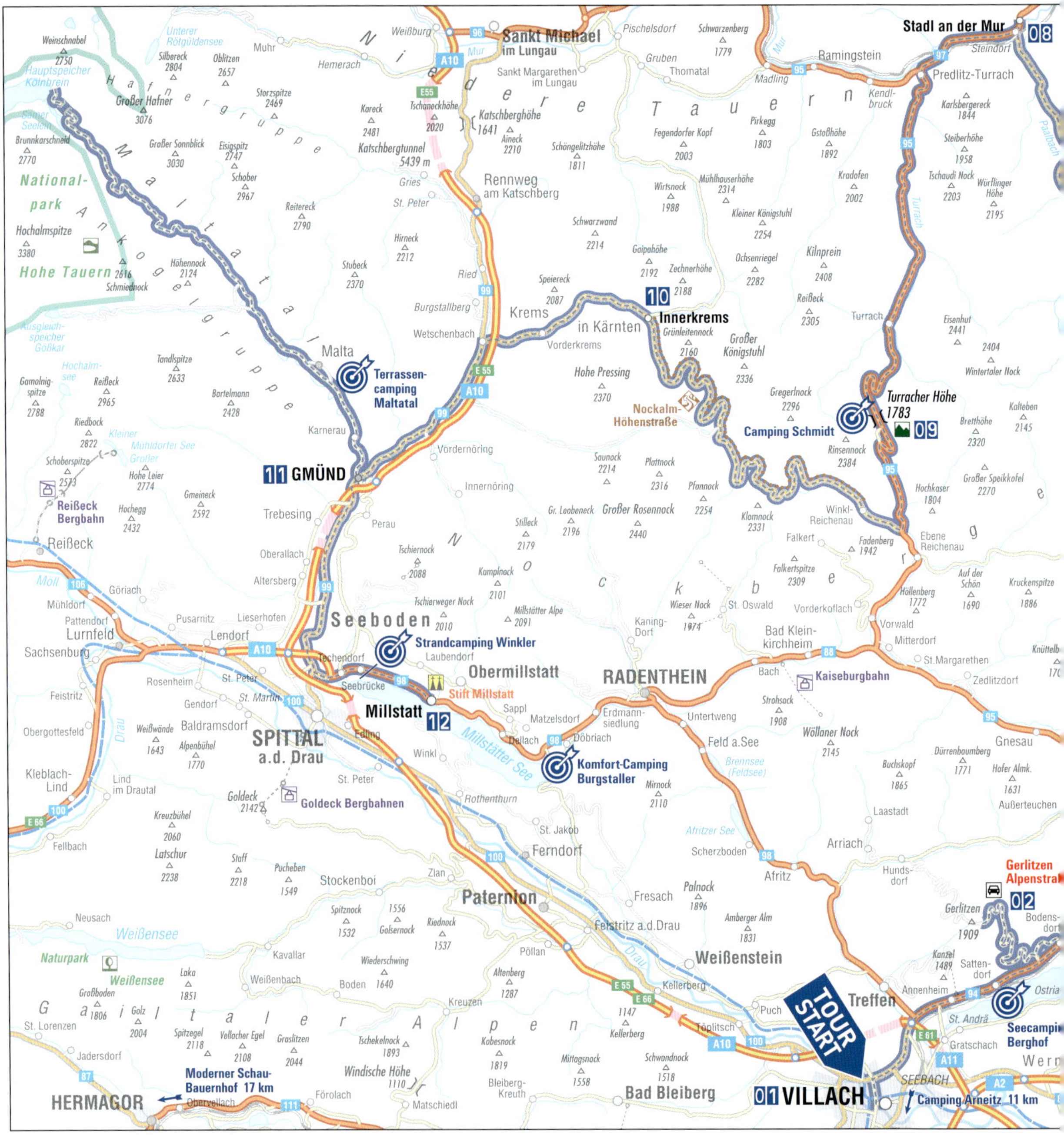

Sankt Michael im Lungau
Stadl an der Mur 08
Predlitz-Turrach
Ramingstein
Nationalpark Hohe Tauern
Katschbergtunnel 5439 m
Rennweg am Katschberg
Innerkrems 10
Krems in Kärnten
Turracher Höhe 1783
Camping Schmidt 09
Nockalm-Höhenstraße
Malta
Terrassen-camping Maltatal
11 GMÜND
Trebesing
Reißeck Bergbahn
Seeboden
Strandcamping Winkler
Obermillstatt
RADENTHEIN
Stift Millstatt
Millstatt 12
Kaiseburgbahn
SPITTAL a.d. Drau
Komfort-Camping Burgstaller
Goldeck Bergbahnen
Ferndorf
Paternion
Weißenstein
Gerlitzen Alpenstraße 02
Treffen
TOUR START
Seecamping Berghof
01 VILLACH
Bad Bleiberg
Camping Arneitz 11 km
HERMAGOR
Moderner Schau-Bauernhof 17 km
Weißensee
Millstätter See

Wegweisers näher mit den einzelnen Geschichten beschäftigen. Man kann sich auch noch weiter in die Vergangenheit entführen lassen: Um 1070 wurde in Millstatt ein romanisches Benediktinerkloster errichtet, das 1469 vom Orden der St.-Georgs-Ritter übernommen und im gotischen Stil umgebaut wurde – das heutige Stift Millstatt. Von 1598 bis 1773 hatte der Jesuitenorden die Verwaltung inne und stattete die Stiftskirche Sankt Salvator und Allerheiligen mit einer barocken Inneneinrichtung aus. Das Kloster war über Jahrhunderte geistiger und kultureller Mittelpunkt Oberkärntens und zählte mit seinen Besitzungen rund um den Millstätter See, im Görtschitztal, in Friaul und in Salzburg zu den bedeutendsten in Kärnten. Das Kloster wird mittlerweile nicht mehr sakral, aber immer noch intellektuell betrieben. Im ersten Stockwerk können sich Besucher auf einer Fläche von 400 Quadratmetern in einem multifunktionalen Raum mit allen Spielarten der zeitgenössischen Kunst näher beschäftigen – falls wider Erwarten doch mal schlechtes Wetter anstehen sollte.

KÄRNTEN

Eine traumhafte wie berühmte Kulisse bilden die Julischen Alpen mit dem Bleder See und der Marienkirche in seiner Mitte. Das beschauliche Eiland rühmt sich, die einzige Insel von ganz Slowenien zu sein.

Aufregendes Landschaftspotpourri

Die zwei Metropolen Südösterreichs, Klagenfurt und Graz, werden auf spannenden Umwegen verbunden. Stationen sind der Wörthersee, zwei schroffe Gebirgsstöcke in Slowenien und das milde Lavanttal.

Klagenfurt gilt als Juwel der Renaissance-Architektur und punktet mit einem vielseitigen Kulturleben. Daneben lockt vor allem der reizende Wörthersee in die Region. Gemütlich zockelt man mit dem Wohnmobil an seinem Nordufer entlang, um hier und da in einem der mondänen Badeorte einen Stopp einzulegen.

Als Kontrastprogramm folgt die Fahrt durch den Karawankentunnel. Jenseits des Gebirgskamms ist das Julische Gebirge mit dem slowenischen Nationalpark Triglav eine bizarre Bergwelt mit gurgelnden Wildbächen und artenreicher Flora. Das Tal der Save geht abwärts zum Luftkurort Bled und weiter nach Kranj mit seiner sehenswerten Altstadt. Hier wird die Save Richtung Karawanken verlassen. Die wenig befahrene Straße zum Seebergsattel windet sich in immer engeren Serpentinen durch dicht bewaldete Landschaft.

Auch jenseits des 1215 Meter hohen Passes, nun wieder in Österreich, folgen etliche enge Serpentinen. Bad Eisenkappel und Sittersdorf sind zweisprachig und durch die sowohl österreichische als auch slowenische Kultur geprägt. Das Lavanttal verdankt seine Entstehung einem eiszeitlichen Stausee. Orte wie die frühere Bischofsstadt St. Andrä oder das urbane Wolfsberg liegen auf breiten Schotterterrassen über dem Fluss. Der liebliche Landstrich gilt als riesiger Obstgarten. Ein Besuch des charmanten Graz, Festspielstadt ersten Ranges, beschließt die Tour.

- **Routenlänge:** 300 km
- **Zeitbedarf:** ca. 5–7 Tage
- **Start und Ziel:** Klagenfurt | Graz
- **Charakteristik:** In Slowenien Vignette für Autobahnen und Maut im Karawankentunnel. Am Seebergsattel enge Kurven, maximale Höhe 3 Meter (alternativ Loiblpass, aber nur bis 3,5 Tonnen, keine Gespanne).
- **Hot Spot:** Wörthersee, die »Riviera Österreichs«
- **Schönster Campingplatz:** feriensued.com
- **Best place on tour:** Vino Hren in Sittersdorf zählt mit seinen Bioweinen zu den Top-Weingütern in Kärnten.

Hier geht's zum GPS-Track

kaernten.at, slovenia.info, steiermark.com

01 Klagenfurt

Ihre Wurzeln liegen, glaubt man der Legende, in einer sumpfigen Furt des Flusses Glan. Dort sollen sagenhafte »klaga«, also Totenfrauen, ihr Unwesen getrieben haben, ehe ein Herzog Hermann von Spanheim im ausgehenden 12. Jahrhundert an genau jenem Ort einen Markt gründete. Die eigentliche Namensherleitung entstammt aber eher aus dem Slawischen und der Nähe zum Wasser. Dank ihrer handelsstrategisch günstigen Lage wuchs die Siedlung alsbald zu einer ansehnlichen Stadt und in der frühen Neuzeit durch die Schenkung an die Stände zur Landesmetropole. Heute zählt Klagenfurt als Hauptstadt von Kärnten 105 000 Einwohner und strahlt in seiner Bedeutung als Verwaltungszentrum, Wirtschaftsstandort, Universitäts- und Museumsstadt über Kärntens Grenzen weit hinaus. Die Gassen und Plätze seiner Fußgängerzone atmen mit ihren schmucken Häusern, Cafés und Boutiquen mediterranes Flair. Insgesamt gliedert sich die Stadt in 15 Verwaltungsbezirke. Zusätzlich erhöht wird der Freizeitfaktor durch die unmittelbare Nähe des Wörthersees und seiner Infrastruktur.

02 Velden am Wörthersee

Seit dem Fin de siècle ist Velden ein Synonym für einen High-Society-Treff. Hier, am Westende des Wörthersees, hatten um 1900 schon Architekten mit Gespür für touristischen Zeitgeist reihenweise mondäne Villen und Hotels errichtet. Nochmals bekannter und zugleich massentauglich wurde die malerische Bucht Anfang der 1990er-Jahre dank der Fernsehserie »Ein Schloss am Wörthersee«. Als zentraler Schauplatz für die insgesamt 34 Folgen mit Roy Black und Uschi Glas in den Hauptrollen fungierte jenes vierflügelige Renaissanceschloss, das sich Ende des 16. Jahrhunderts Bartholomäus Khevenhüller, Burggraf zu Klagenfurt, hatte bauen lassen, und das findige Investoren vor einigen Jahren zu einem luxuriösen Fünf-Sterne-Plus-Hotel herausgeputzt haben.

03 Jesenice

Wer durch den Karawankentunnel von Österreich nach Slowenien fährt und die mautpflichtige slowenische Autobahn gleich hinter dem Südportal wieder verlässt, wird als Erstes auf diesen Ort stoßen. Jesenice ist nicht gerade ein Schmuckstück. Dafür war es zu lange Industriestandort. Schon in der spätmittelalterlichen Siedlung an der Save wurde nach Erzen geschürft und in den Hochöfen vor Ort verhüttet. Zuletzt schlossen die deutschen Besatzer im Zweiten Weltkrieg die Eisenhütten ihrer gigantischen Kriegsmaschinerie an. Und noch unter Tito fanden über 7000 Menschen hier Lohn und Brot, was die Werke von Jesenice zum größten Arbeitgeber der Oberkrain machte. Die einst rauchenden Schlote sind längst stillgelegt und zusammen mit den Werken großteils abgetragen, nur ein langer Schlot ist das letzte Überbleibsel.

04 Bled

Am nördlichen Rand des Triglav-Nationalparks gelegen, gilt das Städtchen Bled als eines der touristischen Aushängeschilder Sloweniens. Seit 1855 ist Bled ein Kurort und konnte 1903 sogar den Titel des schönsten im gesamten österreichischen Kaiserreich einheimsen. Der See von Bled ist das wohl meistfotografierte Motiv des Landes. Er ist aber auch einfach malerisch

gelegen. Im Südwesten erheben sich majestätisch die Gipfel des Triglav-Nationalparks, davor das Pokljuka-Hochplateau. Und mitten in dem rund 1,5 Quadratkilometer großen Gewässer liegt eine kleine Insel (übrigens die einzige Sloweniens), auf der einsam eine hübsche Marienkirche ihren Turm in den alpinen Himmel reckt. Wer sich übersetzen lässt, erfährt dann auch, warum den ganzen Tag über Glockenklänge über den See schallen. In der Marienkirche hängt eine Wunschglocke, die man gegen einen kleinen Obolus selbst ertönen lassen kann.

05 Kranj

Der nächste Abschnitt der Tour verläuft weitgehend entlang des Flusses

Links: Bestrebungen, die Region um Triglav und Mangart zu schützen, gab es schon zu Beginn des 20. Jahrhunderts. Heute ist der Nationalpark Triglav ein Aushängeschild des Landes und nicht nur im Abendlicht wunderschön anzusehen.

Unten: Der markante Lindwurmbrunnen in Klagenfurt stammt von 1583. Seitdem wurde er mehrfach restauriert und einmal sogar sein Standort verlegt.

Ganz unten: Ein Segeltörn auf dem Wörthersee bietet grandiose Aussichten, hier zum Beispiel auf Schloss Velden.

ZWISCHENSTOPP

Wörthersee
Er ist mit einer Fläche von fast 20 Quadratkilometern Kärntens größter See und blickt auf eine gut 150-jährige Geschichte als Fremdenverkehrszentrum zurück, wovon bis heute eine Vielzahl historischer Schlösschen und Villen, Bade- und Bootshäuser zeugt. Nach 1945, in der Wirtschaftswunderzeit, wurde der Wörthersee zu »Österreichs Riviera«, einem Treffpunkt des Hoch- und Geldadels, der Großprominenz aus Funk und Fernsehen.
Die touristische Infrastruktur ist nach wie vor prima, das Wasser blitzsauber und das Partyvolk schick.
woerthersee.com.

Nationalpark Triglav
Drei Köpfe, so sagt es die alte slawische Legende, besitzt der Gott Triglav, der auf dem höchsten Gipfel der Julischen Alpen wohnt bzw. thront. Den ersten Kopf wendet er dem Himmel zu, den zweiten der Erde und den dritten der Unterwelt. Die Slowenen nannten diesen Berg ehrfürchtig Triglav, den »Dreikopf«.
So heißt der 2864 Meter hohe Gipfel bis heute. Er ist auch eines der nationalen Symbole Sloweniens, das auf Landeswappen und 50-Cent-Münze prangt. Der einzige Nationalpark Sloweniens (bereits im Jahr 1924 als Schutzgebiet ausgewiesen) erhielt seinen Namen vom höchsten Berg des Landes
www.tnp.si

Save. Zahlreiche Siedlungen sind an seinen Ufern entstanden, als eine der wichtigsten Kranj – oder Krainburg. Das historische Zentrum mit der Burg Kieselstein thront auf einem Steilhang über der Save, die sich hier tief ins Gelände geschnitten hat. Auf der anderen Seite umfließt die Kokra die Altstadt, bevor sie zu ihren Füßen in die Save mündet. Wirtschaftlichen Aufschwung nahm Kranj, das schon früh Stadtrechte erhielt, durch seine Lage am Schnittpunkt wichtiger Verkehrswege. Neben der hübschen Altstadt ist ein Abstecher auf den 646 Meter hohen Šmarjetna gora zu empfehlen. Dort gibt es nicht nur eine pittoreske, der Namensgeberin Sveta Marjeta (heilige Margarete) gewidmete Kirche und eine ansprechende Gastronomie auf der Terrasse des Hotels »Bellevue«. Es eröffnet sich ein prächtiges Panorama mit Kranj zu Füßen und den Karawanken im Hintergrund.

06 Bad Eisenkappel

Einmalig in Österreich, firmiert Bad Eisenkappel sowohl als Kurort als auch als Luftkurort. Der Anteil der Kärtner Slowenen an der Bevölkerung im Ort ist immer noch beachtlich, auch wenn die slowenische Sprache im Verlauf des 20. Jahrhunderts stark zurückgedrängt wurde. Während des Zweiten Weltkriegs gingen viele Kärtner Slowenen in den Widerstand und schlossen sich den jugoslawischen Partisanen an, die im zehn Kilometer östlich von Bad Eisenkappel nahe der Grenze zu Slowenien gelegenen Peršmanhof einen Stützpunkt einrichteten. Kurz vor Kriegsende erstürmte eine SS-Einheit den Hof, wobei elf Zivilisten den Tod fanden. Der Peršmanhof ist heute Gedenkstätte mit Museum und auf einer schmalen Straße, idealerweise mit dem E-Bike, zu erreichen. Schloss Hagenegg am Südrand von Bad Eisenkappel geht auf das Mittelalter zurück und war lange Sitz des Geschlechts »derer von Hagen«, die den Landesfürsten vertraten. Der heutige, von einem englischen Landschaftspark umgebene Bau aus dem 17. Jahrhundert befindet sich in Privatbesitz und ist nur aus der Ferne zu bewundern. Im Sommerhalbjahr sind die Obir-Tropfsteinhöhlen zu besichtigen, das Info- und Ticketbüro befindet sich am Hauptplatz von Bad Eisenkappel. Von dort geht es per Bustransfer zu dem weit oberhalb des Ortes gelegenen Höhlensystem. Auf dem 800 Meter langen unterirdischen Rundgang sind großartige Tropfsteingebilde zu sehen, darunter die seltenen »lebenden« Tropfsteine.

07 Sittersdorf

Auch in Sittersdorf ist der Anteil an slowenischsprachigen Bewohnern relativ hoch. Auf Burg Sonnegg oberhalb des gleichnamigen Ortsteils, von der nach einem Erdbeben 1690 nur Mauerreste blieben, tagte im Mittelalter ein

Von oben: Die Kirche Sankt Primus erhebt sich nahe von Kranj auf einem grünen Hügel. Im Hintergrund türmen sich die Gipfel der Karawanken auf.

Maria Loreto wendet sich mit der herrschaftlichen Südfassade dem historischen Ort St. Andrä zu.

herzogliches Landgericht. Heute ist die verwunschene Ruine auf dem dicht bewaldeten Schlossberg (657 m) ein Wanderziel, das eher als Geheimtipp gilt. Seit dem 9. Jahrhundert wird in Sittersdorf Weinbau betrieben. Bekannt wurde der »Rötel«, ein Rotwein, der als Magenstärkungsmittel im 18. Jahrhundert an den Hof des spanischen Königs Karl III. gesandt wurde. Bis heute wird Sittersdorfer Rötel in geringen Mengen gekeltert und jedes Jahr Ende September beim örtlichen Weinfest ausgeschenkt. Der Hof Vino Hren geht mit widerstandsfähigen Rebsorten und biologischer Produktion neue Wege. Camper dürfen hier eine Nacht stehen und den 200 Jahre alten Weinkeller sowie den Weingarten besichtigen.

08 Griffen

Zwei Sehenswürdigkeiten machen die am Nordrand des Jauntals, östlich von Völkermarkt gelegene Gemeinde Griffen zu einem Anlaufpunkt für Kulturinteressierte: zum einen der markante, jählings in Form senkrechter Felswände 180 Meter hoch aufschießende Schlossberg. Denn auf ihm thront die Ruine einer der einst mächtigsten Festungen des Landes. Und in seinem Bauch lädt eine farbenprächtige Tropfsteinhöhle zum unterirdischen Erkundungsgang, der durch die Tatsache noch an Faszination gewinnt, dass man in ihr spektakuläre Relikte altsteinzeitlicher Jäger gefunden und eine Multimedia-Schau eingerichtet hat. Und im nahen Prämonstratenserstift hat man Kärntens renommiertestem Gegenwartsdichter, Peter Handke, zu Ehren ein kleines Museum eingerichtet.

09 St. Andrä

St. Andrä, einer der ältesten Orte in ganz Kärnten, besticht durch seine anmutige Lage inmitten sanft gewellter Wiesen und Felder, umgeben von Burgen und Schlössern. Die Pfarrkirche, ein gotischer, dreischiffiger Bau mit bemerkenswerten figürlichen Grab-

CAMPING KLAGENFURT WÖRTHERSEE

Gepflegte Anlage in der Nähe des Sees und nicht weit vom Stadtzentrum, das auf einem vier Kilometer langen Radweg zu erreichen ist. Ein Strandbad mit Sandstrand, Riesenrutsche, Bierinsel und großzügigen Liegeflächen liegt gleich jenseits der Straße. Campinggäste erhalten stark ermäßigte Eintrittskarten.

Metnitzstrand 5, 9020 Klagenfurt
camping-woerthersee.at, GPS 46.618396, 14.256383

CAMPINGPLATZ BRÜCKLER

Unmittelbar am Ufer des Keutschachersees gelegen, der als einer der wärmsten Badeseen Kärntens gilt. Auf dem ebenen Wiesengelände, das durch Bäume und Hecken aufgelockert wird, besteht meist freie Platzwahl. Kinder- und haustierfreundlich. Es gibt einen speziellen Strandabschnitt, wo Hunde erlaubt sind.

Plaschischen 5, 9074 Keutschach am See
brueckler.co.at, GPS 46.591736, 14.169233

CAMPING-STELLPLATZ ROSEGGERHOF

Der Wiesenstellplatz mit Bergkulisse ist einem typischen Kärntner Gasthof angeschlossen. Er darf maximal für zwei Übernachtungen genutzt werden und ist von April bis Oktober geöffnet. Auch sehr große Wohnmobile finden genügend Platz. Für das Frühstück kann man Backwaren aus einer reichen Auswahl vorbestellen.

Schulweg 4, 9232 Rosegg
roseggerhof.com, GPS 46.590237, 14.020533

KAMP TRIGLAV

Idyllisch gelegene Anlage im Trenta-Tal im Herzen des Triglav-Nationalparks. Idealer Ausgangspunkt für Berg- und Radtouren. Der Platz ist mit allem notwendigen Komfort ausgestattet. Die Fahrt hierher führt über den 1611 Meter hohen Pass Prelaz Vršič und ist für sich genommen schon ein besonderes Erlebnis.

Trenta 18a, 5232 Soča
kamp-triglav.si/de, GPS 46.374444, 13.740583

RIVER CAMPING BLED

Der Platz bietet einen herrlichen Blick auf die Bergwelt und verfügt über Pool, Restaurant und viele Freizeitmöglichkeiten, er ist insgesamt komfortabel ausgestattet und liegt nahe dem Bleder See und dem Fluss Save. Hier steht man unter hohen Kiefern oder auf einer freien Rasenfläche. Wassersportler erfreuen sich an einer Kanutour auf dem Fluss. Gegenüber liegt ein großer Dino-Park.

Alpska cesta 111, 4248 Lesce
rivercamping-bled.si, GPS 46.367097, 14.135585

ZWISCHENSTOPP

Klopeiner See
Willkommen an Österreichs wärmstem Badesee! Schon im 19. Jahrhundert strömten scharenweise Sommerfrischler an dieses südlich der Drau nahe Völkermarkt gelegene Idyll. Kein Wunder, erreicht sein Wasser doch dank der windgeschützten Lage und geringen Durchflutung oft schon im Mai 22 Grad Celsius und im Hochsommer bis zu 29 Grad. Allein die Hauptgemeinde St. Kanzian zählt über 900 000 Übernachtungen pro Jahr. Entsprechend viel begangen ist die Promenade, die rund um das 1,8 Kilometer lange Gewässer führt. Und entsprechend dicht ist auch die örtliche Hotel-, Sport- und Freizeitinfrastruktur.
klopeinersee.at

Schloss Eggenberg
Bauherr dieses bedeutendsten Barockschlosses der Steiermark war Hans Ulrich aus dem Geschlecht der Eggenberger, der als siegreicher Kommandeur im Kampf gegen die Türken und politischer Berater Kaiser Ferdinands II. zu Reichtum gelangt war. Als Vorbild für die viertürmige, monumentale Anlage schien ihm der Madrider Escorial gerade gut genug. Das Gebäude, das heute Sammlungen des Universalmuseums Joanneum beherbergt, besitzt 365 Fenster und 24 Prunksäle mit 52 Türen und ist bewusst nach Tageszeiten und Windrichtungen hin ausgerichtet.
museum-joanneum.at

steinen, fungierte über sechs Jahrhunderte lang, bis das hiesige Bistum im Jahr 1859 teils nach Gurk verlegt, teils nach Marburg in der Krain übertragen wurde, als Kathedrale eigenständiger Lavanttaler Bischöfe. Ihre Vorgängerkirche wurde vermutlich schon im 8. Jahrhundert unter Bischof Modestus begründet und bereits im Jahr 890 in einer Urkunde Kaiser Arnulfs erstmals urkundlich erwähnt. Nähere Beachtung verdient auch die Wallfahrtskirche Maria Loreto mit ihren 60 Meter hohen Doppeltürmen. Im zugehörigen Kloster wirkten, bis sie von den Nationalsozialisten vertrieben wurden, die Mönche des Jesuitenordens. Über die Landesgrenzen hinaus bekannt sind zudem die Wochenmärkte, der Geflügelmarkt im Herbst und die Krippenausstellung.

10 Wolfsberg

Das urbane Zentrum des Lavanttales ist nicht nur Kärntens drittgrößte Stadt und mit fast 400 Quadratkilometern nach Wien die flächenmäßig größte Gemeinde ganz Österreichs. Es ist dank der beiderseits aufragenden Berge, Kor- und Saualpe, auch Ausgangspunkt für wunderschöne Wanderungen. Vor allem aber besitzt die Bezirkshauptstadt, die ab dem frühen 11. Jahrhundert bis 1758, als die Habsburger das Gebiet kauften, dem Bistum Bamberg gehörte, einen sehr sehenswerten historischen Kern. Bauliche Höhepunkte der Oberen Stadt sind das Rathaus an der steinernen Brücke, der von stattlichen Bürgerhäusern umsäumte Hohe Markt und der Getreidemarkt mit dem gotischen Reckturm. Auch der kurze Anstieg zum

Schloss lohnt aufgrund der schönen Aussicht, aber auch wegen seiner im neugotischen Tudorstil gestalteten Prunkräume und dem prachtvollen historistischen Landschaftsgarten.

11 Bärnbach

Auf halbem Weg zwischen den ehemaligen Bergwerksstädten Voitsberg und Köflach liegt Bärnbach. Die kleine Gemeinde hat sich auf Basis des in der Region lange Zeit florierenden Kohlebergbaus einen Namen als Zentrum der Glasherstellung gemacht. Interessante Einblicke in Geschichte und Gegenwart dieses fragilen Gewerbes vermittelt das bis heute hochaktive Unternehmen Stölzle-Oberglas in seinem firmeneigenen Glasmuseum. Auf 2000 Quadratmeter Ausstellungsfläche

DANICA CAMP

Diese Vier-Sterne-Campinganlage wird nach ökologischen Kriterien geführt. Die Stellplätze liegen in einer parkähnlichen Landschaft unweit des Ortszentrums an einem Gebirgsfluss. Ein Restaurant verwöhnt mit regionalen Köstlichkeiten. Auch ansonsten muss man auf dem Platz keinen Komfort vermissen. Rund ums Jahr geöffnet.
Triglavska cesta 60, 4264 Bohinjska Bistrica
tdbohinj.si/en, GPS 46.273373, 13.948855

SONNENCAMP AM GÖSSELSDORFERSEE

Einen kleineren Badesee mit Kiesstrand, Liegewiese und abgeteiltem Hundestrand gibt es direkt in der Anlage, das Strandbad am Gösselsdorfer See ist 800 Meter entfernt. Das flache und recht geräumige Campinggelände wird durch vereinzeltes Gebüsch und Bäume gegliedert. Im Winter ist der Platz geschlossen.
Seestr. 21, 9141 Gösselsdorf
goesselsdorfersee.com, GPS 46.574769, 14.624307

SEEGASTHOF KATSCHNIG CAMPING

Unmittelbar am Südufer des Klopeiner Sees, Treppeneinstiege von der Liegewiese ins Wasser. 60 Stellplätze auch für große Wohnmobile und Wohnwagen. Man steht auf Rasenflächen auf ansteigendem Gelände mit Blick auf den See. Im angeschlossenen Gasthaus traditionelle regionale Küche mit viel Süßwasserfisch.
Südpromenade 57, 9122 St. Kanzian am Klopeiner See
feriensued.com, GPS 46.599090, 14.582704

Links oben: Friedensreich Hundertwasser gestaltete die Pfarrkirche von Bärnbach.

Links: Zu einem Sprung ins erfrischende Nass lädt der Klopeiner See ein.

Unten: Es grünt so grün in Kärnten.

CAMPING HIRSCHEGG
Lauschig an einem Schwimmteich mit Liegewiese gelegen. Im Wildbach wird geangelt, in der Umgebung sind Wandern und Radfahren möglich. Trinkwasser aus eigenen Quellen. Geräumige Stellplätze, einige speziell für Wohnmobile angelegt. Für Hunde besteht Leinenpflicht, sie dürfen aber im Teich und Bach baden.
Hirschegg 53, 8584 Hirschegg-Pack/Steiermark
camping-hirschegg.at, GPS 47.021228, 14.955483

REISEMOBIL-STELLPLATZ GRAZ
Ein neues Konzept mit zwei Zonen, eine davon ist speziell für Wohnwagengespanne ausgelegt, die andere für Wohnmobile. Direkter Anschluss an ein Freibad. Von der nahegelegenen Bushaltestelle erreicht man in 20 Minuten das Stadtzentrum. Das ganze Jahr über geöffnet, Check-in rund um die Uhr.
Martinhofstr. 3, 8054 Graz
reisemobilstellplatz-graz.at, GPS 47.024323, 15.396377

werden Arbeitsprozesse erläutert, illustrieren kostbare Exponate den steten Wandel des Designs. Bärnbachs zweite große Attraktion ist seine Pfarrkirche: 1948 erbaut und der heiligen Barbara geweiht, bekam sie in den späten Achtzigern von Friedensreich Hundertwasser eine fröhlich-bunte Fassade und ihr Turm zehn goldene Kugeln verpasst. Rund um dieses neue Wahrzeichen schuf er zwölf Torbögen, die er mit Zeichen der großen Weltreligionen versah.

12 Graz

Ihre Altstadt ist ein architektonisches Schmuckstück von europäischem Rang – eine mustergültig restaurierte Landschaft von verwinkelten Straßenzügen und Schindeldächern, Bürgerhäusern und Adelspalais aus Renaissance und Barock. Doch die steirische Landesmetropole an der Mur, einst wichtiges Bollwerk gegen die Osmanen und heute mit 285 000 Einwohnern zweitgrößte Stadt Österreichs,

Rechts: Barockes Juwel in Graz ist die Wallfahrtskirche Maria Trost.

Unten: Die Erzherzog-Johann-Brücke führt in Graz über die Mur.

wartet nicht nur mit einer anmutigen Kulisse auf. Zu Füßen des Uhrturms, des Wahrzeichens auf dem Schlossberg, herrscht auch ein reges Kultur- und Geistesleben. Hochrangige Universitäten und Bühnenhäuser, Festivals wie »Styriarte« oder »steirischer herbst« und Museen wie das Kunsthaus, das Universalmuseum Joanneum mit Alter und Neuer Galerie oder das Landeszeughaus mit seinem Schatz an Rüstungen und Waffen sorgen für ein fruchtbares Miteinander von Tradition und Moderne.

ROUTE 12 **KARAWANKEN UND LAVANTTAL**

Die südliche Steiermark mit ihren sonnigen Hängen und ertragreichen Weinbergen rühmt sich auch mit dem glanzvollen Beinamen »Toskana von Österreich«.

Land, Leute und Wein entdecken

Acht Weinstraßen wurden in der Steiermark eingerichtet, an denen rund 200 Winzer werkeln. Diese Runde führt durch die Südsteiermark, wo Spitzenweine gekeltert werden. Überall laden Buschenschänken zur Einkehr ein.

Wie hingetupft stehen Bäume auf Streuobstwiesen, daneben Weinberge mit ordentlich gereihten Rebstöcken und Kürbisfelder für das berühmte Kürbiskernöl. Die Steiermark ist ein Garten voller Köstlichkeiten. Mit Renaissanceschloss, Rokokokirche und manieristischem Mausoleum bietet das kleine Ehrenhausen viel.

Durch sanfte Hügel wird Ratsch erreicht, einer der vielen nun folgenden traditionsreichen Winzerorte. So etwa auch Gamlitz, wo man zudem Obstbrände destilliert. Das pittoreske Sulztal mit seinen verstreuten Weingütern und Buschenschänken erkundet man am besten zu Fuß oder per Fahrrad. In Glanz dienen markante Windräder, die Klapotetze, als Vogelscheuchen. Leutschach bietet zahlreiche Einkehrmöglichkeiten.

Bis Arnfels geht es zügig auf einer Bundesstraße. In das weitläufige Weinland von Eichberg-Trautenburg locken für kleinere Wohnmobile oder per E-Bike machbare Abstecher.

Die Aussichtswarte am Demmerkogel im Sausal erschließt sich nur Wanderern, in die Nähe des Gipfels gelangt man aber gut mit mittelgroßen Fahrzeugen. Das liebliche Kitzeck eignet sich dank seiner Höhenlage für den Anbau von Riesling. Im Sulmtal lockt das Winzerdorf Heimschuh.

Die Route führt nun am Sulmsee (mit Campingplatz) vorbei mit einem Abstecher in den Traditionsort Tillmitsch. Leibnitz ist dann eine ausgeprägte Weinstadt. Von hier ist es nicht mehr weit nach Ehrenhausen.

- **Routenlänge:** 100 km
- **Zeitbedarf:** ab 3 Tage
- **Start und Ziel:** Ehrenhausen
- **Charakteristik:** Oft verläuft die Route auf schmalen Landstraßen ohne Mittelstreifen.
- **Hot Spot:** Demmerkogel mit Aussichtswarte, Klapotetz und Schmetterlingswiese
- **Schönster Campingplatz:** campingbadschwanberg.at
- **Best place on tour:** Im Szenelokal Ankerpunkt am Adriansee mediterrane Gerichte zu steirischen Weinen speisen.

Hier geht's zum GPS-Track

steiermark.com, steiermark.wine

01 Ehrenhausen

»Wer guten Wein trinkt, schläft gut. Wer gut schläft, sündigt nicht. Wer nicht sündigt, wird selig – also, wer guten Wein trinkt, wird selig.« Diesem fröhlichen Motto scheinen sich die Grenzlandbewohner verschrieben zu haben. Nicht umsonst heißt ihre Heimat im Volksmund »Steirisches Himmelreich«. Entlang der Strecke von Arnfels ostwärts, der Südsteirischen Weinstraße, gedeihen seit alters vorzügliche Tropfen. Das Zentrum dieser reizenden Landschaft und zugleich größter Weinbauort der Steiermark ist Gamlitz. Gleich dahinter, an der einstigen Römerstraße über den Platsch, liegt Ehrenhausen. Der Ort ist eine architektonische Schatztruhe: mit markanten Giebelhäusern, der Pfarrkirche, dem Renaissanceschloss der ehemals hier herrschenden Eggenberger und, als größter Kostbarkeit, deren Mausoleum, einem Entwurf Pietro de Pomis', dessen Interieur Fischer von Erlach zugeschrieben wird.

02 Ratsch an der Weinstraße

In Ratsch an der Weinstraße wurde schon früh Weinbau betrieben. Erstmalig urkundlich erwähnt wurde die Gemeinde Ratsch im 11. Jahrhundert, damals unter der Bezeichnung »Rats«. Die Legende erzählt, dieser Name sei darauf zurückzuführen, dass der Ort in einem Kessel liegt und man sich hier gern zu Ratsversammlungen getroffen habe. Ratsch an der Weinstraße hat sich besonders für die Einrichtung der Südsteirischen Weinstraße eingesetzt und trägt deren Markenzeichen – eine Traube und ein Klapotetz-Windrad - seit 1961 sogar im Wappen. Klapotetze sind nichts anderes als lärmende Vogelscheuchen, die als windgetriebene Räder mit Schlägeln ein rhythmisches Klappern erzeugen. Dies soll die Vögel aus den Weinbergen vergraulen. Traditionell werden sie in jedem Jahr zu Jakobi am 25. Juli aufgestellt und nach der Weinlese, meist zu Allerheiligen oder Martini Anfang November, wieder abgebaut.

03 Gamlitz

Der nächste Stopp, Gamlitz, ist die größte Weinbaugemeinde der Steiermark. Die sie umgebende sanft hügelige Landschaft verspricht jedem Gast sein ganz spezielles Plätzchen im »Steirischen Himmelreich«. Im ganzjährig milden Klima wachsen nicht nur vielfach ausgezeichnete Weine, sondern auch die aromatischen steirischen Marillen, Kirschen, Äpfel und Zwetschgen, aus denen schmackhafte Obstbrände destilliert werden. In den für die Gegend typischen Buschenschänken fließt heuriger, selbst produzierter Wein. Ein Weinmuseum im Schloss Gamlitz informiert über den steirischen Weinbau. Das Schloss wurde zwischen 1111 und 1113 erbaut und kam durch eine Schenkung in den Besitz des Stiftes St. Paul im Lavanttal, dessen Äbten es als Sommersitz diente. Seit dieser Zeit dreht sich hier alles um die Reben, auch den Messwein für das Stift hat man in Gamlitz gekeltert.

Links von oben: Bereits im 11. Jahrhundert wurde die auf einem Basaltkegel errichtete Burg Kapfenstein erstmals erwähnt.

Mit historischen Sehenswürdigkeiten besticht Ehrenhausen an der Weinstraße, zum Beispiel mit der Pfarrkirche und einem Mausoleum.

Die markanten Klapotetz-Windräder prägen die Weinberge an der Südsteierische Weinstraße bei Gamlitz.

ZWISCHENSTOPP

Steirisches Thermenland
Der Südosten der Steiermark ist ein geradezu perfektes Gebiet für Erholungsucher. Auch in diesem Hügelland östlich der Mur gedeiht vielerorts Wein, im Umland von Puch und Weiz zusätzlich viel Obst. Der große Trumpf der Region, deren Landschaftsbild lange erloschene Vulkane formten, sind die vielerorts aus dem Boden quellenden warmen Wässer. Deren Heilkraft schätzten schon die Römer. Heute ermöglicht eine ganze Reihe topmodern ausgebauter Thermalzentren, Glieder und Seele zu entspannen, aber auch von Krankheiten zu genesen oder die Fitness zu trainieren – in dem entzückenden Städtchen Bad Radkersburg zum Beispiel, im südöstlichsten Landeszipfel; im noch vergleichsweise jungen Kurort Bad Waltersdorf, wo man sich bevorzugt fernöstlich-ganzheitlicher Behandlungsmethoden bedient; in Loipersdorf mit seiner Therme, die aus dem speziell familientauglichen Erlebnisbad, dem exklusiven Schaffelbad und dem Saunadorf besteht, oder in Bad Gleichenberg, das mit seinen sieben Quellen das älteste und zugleich größte Heilbad der Steiermark darstellt. Besonders originell-bunt geht es in Bad Blumau zu, einem architektonischen Gesamtkunstwerk aus Hotel und Spa, das die unverwechselbare Handschrift Friedensreich Hundertwassers trägt.
steiermark.com

ZWISCHENSTOPP

Schilcher Weinstraße
In Ligist beginnt die nach jenem roséfarbenen Tropfen benannte »Schilcher Weinstraße«, dessen Reben das Hügelland bis hinunter zur slowenischen Grenze bedecken. Der Schilcher stammt aus der roten Rebsorte Blauer Wildbacher, sein als Marke geschützter Name von der hellrot schillernden – österreichisch: »schilchernden« – Farbe. Die nach ihm benannte Themenstraße führt über Stainz und Deutschlandsberg nach Eibiswald. Entlang der gut ausgeschilderten Route passiert man pittoreske Dörfchen und Weiler. Unverzichtbarer Teil der Route sind Zwischenstopps in den gemütlichen Buschenschänken, um die regionalen Spezialitäten, Edelkastanien, Kürbisse oder einen mit dem Öl der Kürbiskerne angemischten Salat zu verkosten.
steirische-spezialitaeten.at

So gemütlich und urig wie in Leutschach sieht es in der Steiermark oft aus, wenn man den Blinker setzt und bei einem der lockenden Buschenschänken einkehrt. Die Tische stehen idyllisch im Freien nahe den Seligkeit versprechenden Weinreben, bewacht durch die charakteristischen Klapotetze.

04 Sulztal

Bis 2015 firmierte der Ort unter dem Namen Sulztal an der Weinstraße. Dann wurde er der Gemeinde Gamlitz zugeschlagen. Aus der Zeit der Eigenständigkeit existiert noch das Wappen, das zwei silberne Weinstöcke zeigt und damit auf den Haupterwerbszweig im Ort hinweist. Wer nach Sulztal kommt, sollte ein paar Stunden Zeit für eine Rundwanderung mitbringen. Zu malerisch ist die Landschaft mit ihren Obst- und Weingärten, und am schönsten ist sie zu Fuß oder auf dem Fahrrad erlebbar. Beim Buschenschank »Prettner« beginnt ein sechs Kilometer langer Rundweg, der bis zum Sulzbach ins Tal absteigt, später dann durch Gärten und Wald führt. Gelbe Schilder weisen den Weg. Besonders erfreulich für Weinfreunde: Immer wieder ergibt sich die Möglichkeit, in einem der zahlreichen Wirtshäuser am Weg einzukehren und lokale Tropfen nebst einer zünftigen Jause mit lokalen Produkten zu probieren.

05 Glanz an der Weinstraße

Die Gemeinde Glanz an der Weinstraße hat nur etwa 1400 Einwohner, ist aber die zweitgrößte steirische Weinbaugemeinde. Auf rund 400 Hektar

Rebfläche entstehen jährlich 1,5 Milliarden Liter Wein höchster Qualität. Seit dem Jahr 2001 ist der Traube auch künstlerisch ein Denkmal gesetzt: Der ortsansässige Künstler Willibald Trojan hat auf dem Berg Eorykogel die mit fünf Meter Höhe größte Weintraube der Welt aus Edelstahl und verschmolzenen Farbglasfüllungen geschaffen. Ihre 365 Traubenperlen stehen für die Jahrestage, Blätter symbolisieren die zwölf Monate und 52 Wochen. Am Kunstwerk startet zudem der Hoftourwanderweg, der viele Bauernläden in der Region verbindet. Wie auch an vielen anderen Orten begleitet das Klappern der Klapotetze, mal aus weiter Ferne, mal von nah, die Wanderer.

06 Leutschach

Östlich schließt sich nun der heutige Hauptort des steirischen Rebenlandes an. Leutschach blickt auf eine lange Handelstradition zurück. Schon im Jahr 1421 erhielt es Marktrechte. Der heutige Marktplatz stammt aus dem 17. Jahrhundert. Unter den gut erhaltenen Häusern am Hauptplatz war das älteste die Trappenburg. Im Rathaus informiert die Weingalerie Leutschach über die mühsame Arbeit der Winzer. Hier haben Besucher auch die Möglichkeit zu Verkostungen und zum Einkaufen. Das Umland besteht aus Obst- und Weingärten, Mischwäldern und Hopfenanlagen. Wer hier unterwegs ist, findet zahlreiche Buschenschänken zur Einkehr und Direktvermarkter, um sich mit lokalen Produkten einzudecken. Als »Rebenland« haben sich die Weinbaugemeinden Leutschach, Eichberg-Trautenburg, Glanz an der Weinstraße und Schlossberg zusammengeschlossen.

07 Arnfels

Schon von Weitem zu erkennen ist Arnfels mit seinem ockerfarbenen Schloss auf einem Hügel über dem Ort. Errichtet wurde es von den Grafen Schönborn, die sich vielerorts im

CAMPING OLIVER KOCHT

Über 40 Wohnmobile und Wohnwagen finden neben dem Gasthof von Oliver und seinem Team Platz für einzigartige Urlaubstage. Oliver kombiniert Regionales und Saisonales mit angesagter Kochkunst. Campinggäste finden Strom- und Wasserversorgung, Entsorgung und Sanitäranlage. Wer mag, genießt den Frühstücksservice.
Murfelder Str. 42, 8472 Straß in der Steiermark
oliver-kocht.at, GPS 46.716152, 15.676102

CAMPINGSTELLPLATZ LOAR MOAR

An einem Wein- und Obsthof kann man im Sommerhalbjahr mit dem Wohnmobil übernachten. Komfort wie auf einem Campingplatz: Strom, Wasser, Sanitäranlagen mit Geschirrspülraum und Waschmaschine, Brötchenservice und WLAN. Wein wird ab Hof verkauft oder im Buschenschank ausgeschenkt, ein Frühstückscafé gibt es auch.
Untere Hauptstr. 21, 8462 Gamlitz
loarmoar.at, GPS 46.722402, 15.565031

CLAUS RESCH CAMPING STELLPLATZ

Neben einem Buschenschank außerhalb des Ortes befindet sich dieser unkomplizierte Platz. Reservierung ist nicht erforderlich. Man kommt einfach und steht neben einer wenig befahrenen Straße. WC/Dusche und Waschmaschine vorhanden. Im angeschlossenen Hofladen wird Kürbiskernöl aus der eigenen Mühle verkauft.
Schlossberg 89, 8463 Leutschach
GPS 46.651815, 15.471019

GENUS-STA CAMPING, KUNST UND KULINARIK

Das nennt sich mal eine gekonnte Mehrfachnutzung der besonderen Art: Kunst aus Edelstahl ist das Geschäftsmodell des Unternehmens. Neben dem mit Stahlskulpturen ausstaffierten Wohlfühlgarten kann man zwischen Ende März und Ende September kürzere oder auch längere Campingaufenthalte einlegen, sich im angeschlossenen Bistro stärken und an Schmankerltagen teilnehmen.
Kitzelsdorf 70, 8454 Arnfels
sta-edelstahlkunst.com, GPS 46.684825, 15.384651

ÖLSPUR CAMPING IN EIBISWALD

Liebevoll geführter Platz mit knapp 50 Parzellen, dessen Name auf das in der Umgebung produzierte Kürbiskernöl Bezug nimmt. Nebenan liegt ein Freizeitbad, das zu Erfrischungen an heißen Tagen lockt, Möglichkeiten zum Wandern und Radfahren befinden sich ganz in der Nähe. Frühstück kann man nach eigenen Vorstellungen bestellen.
Eibiswald 127, 8552 Eibiswald
oelspur-camping.at, GPS 46.692866, 15.253157

deutschsprachigen Raum als Bauherren betätigten. Von der barocken, einst viel größeren Anlage blieb nur die Vorburg erhalten. Sie befindet sich in Privatbesitz und ist nicht zu besichtigen. Zu Füßen des Schlosses liegt der alte Ortskern von Markt Arnfels mit seinen Bürgerhäusern. Den schönsten Blick auf die Pfarrkirche Mariä Geburt im südsteirischen Barock bietet die blumengeschmückte Steinbrücke, die malerisch über die Pößnitz schwingt und von dem Brückenheiligen Nepomuk beschützt wird. Für Wohnmobile ist sie trotz ihres ehrwürdigen Alters befahrbar. Jenseits der Kirche errichteten die Schönborns 1820 das Talschloss im klassizistischen Stil, heute ein Seniorenwohnhaus. Eine Reihe schöner Wanderwege beginnt in Arnfels, etwa zum Höhenzug im Süden, der die Grenze zu Slowenien bildet, oder zum Eichberg im Norden mitten zwischen schönen Weinbergen.

08 Eichberg-Trautenburg

Der Doppelname weist nicht etwa auf zwei zusammengelegte Ortschaften hin. Vielmehr handelt es sich bei dem Namenszusatz Trautenburg um die Lehnsherrschaft, zu der Eichberg früher gehörte. Über die hügelige weststeirische Landschaft, die Koralm und bis in die ungarische Tiefebene fällt der Blick von der Kreuzbergwarte. Der 30 Meter hohe Turm am Kreuzberg (633 Meter) ist eines der Wanderziele in der Region Eichberg-Trautenburg. Gleich unterhalb des Turms winkt die Einkehr in der Kreuzberghütte. Für kleinere Wohnmobile ist sie sogar auf einer Straße zu erreichen. Weitere Ziele sind die zahlreichen Buschenschänken des Gebiets. Ein besonderes Highlight für Freunde guter Tropfen ist der Weinkulturweg am Weingut Kollerhof. Auf dem einen Kilometer langen Lehrpfad werden nicht nur Fragen wie »Wie viele Weinsorten gibt es eigentlich?« oder »Welche Arbeiten fallen im Weingarten an?« auf Schautafeln beantwortet. Zahlreiche entlang des Weges gepflanzte Traubensorten laden außerdem zum Probieren ein.

09 Demmerkogel

Höchste Erhebung des Sausaler Hügellandes ist mitten im Naturpark Südsteirisches Weinland der Demmerkogel (671 m). Am besten zu erreichen ist der Gipfel vom Klapotetz-Parkplatz, der für die meisten Wohnmobile gut anfahrbar ist. Von dort geht man ungefähr 20 bis 30 Minuten zu Fuß. Der Klapotetz gleich oberhalb des Parkplatzes zwischen den Weinbergen war mit 16 Metern bis 2010 der höchste der Welt, dann wurde der drei Meter höhere in Schlossberg bei Leutschach errichtet. Am Demmerkogel wird eine 2023 eingeweihte Aussichtswarte über 140 Stufen erklimmt. Sie eröffnet weite Blicke in alle vier Himmelsrichtungen, über die Südsteiermark und an klaren Tagen sogar bis nach Slowenien und ins Burgenland. Die alte Warte war 2019 durch ein Feuer zerstört worden. In die Außenverschalung des Neubaus wurden Nisthilfen für verschiedene Vogelarten eingesetzt. Bekannt ist der Demmerkogel für seine Schmetterlingswiese, einen Halbtrockenrasen, auf dem Wildorchideen und andere heimische Pflanzenarten wachsen, die neben einer Vielzahl verschiedener Insekten vor allem ganze 51 Tagfalterarten anlocken. Das sind mehr, als beispielsweise in ganz England leben. Die Wiese erstreckt sich am Südwesthang unterhalb des Gipfels.

10 Kitzeck im Sausal

Der nächste Ort, den wir anfahren, ist Kitzeck im Sausal. Besonders schön ist es hier im Sommer, wenn leuchtend blauer Lavendel die Straßen säumt. Aber auch wenn im Herbst die Gehölze die Landschaft rot, orange und gelb leuchten lassen, zeigt sich die Ortschaft von ihrer schönsten Seite. Mit 546 Metern ist Kitzeck das höchstgelegene Weindorf Österreichs. Es liegt zwischen der Kleinen Ungarischen Tiefebene, den Gebirgen der Obersteiermark, den Bergen Sloweniens und der Koralpe. Im Sausal wird vorwiegend Riesling angebaut. Die Hänge mit den Weingärten sind sehr steil. Hier gibt es einiges über die Landwirtschaft zu lernen und zu erleben, denn Kitzeck rühmt sich nicht nur, das erste Steirische Weinbaumuseum aus dem Jahr 1979 zu besitzen. Es gibt auch einen Weinwanderweg, den ersten südsteirischen Schau- und Patenschaftsgarten sowie einen Wald- und Wildlehrpfad. Und nicht nur hervorragende Weine entstehen hier, man braut auch gutes Bier und destilliert Hochprozentiges.

11 Heimschuh

Im östlichen Kessel des Sulmtals liegt reizend und von Weingärten und Hügeln umgeben die kleine Gemeinde Heimschuh. Die hier gekelterten Weine zeichnen sich durch eine besondere Frische und Fruchtigkeit aus. Ein gut ausgebauter Rundwanderweg, die »Panoramagalerie«, führt Wanderer durch die liebliche Landschaft und zu den schönsten Aussichtspunkten, aber auch Radwanderer finden hier gut ausgeschilderte Wege vor. Zwischendurch locken immer wieder Einkehrmöglich-

Kitzeck im Sausal bestricht durch seine charmante Höhenlage, bei Sonnenuntergang wird die Landschaft ringsherum mit der zentralen Pfarrkirche romantisch illuminiert.

MOORE CAMPING BAD SCHWANBERG

Der Platz wurde erst 2023 neu angelegt und verfügt über zeitgemäße Einrichtungen. Alle Stellplätze sind großzügig bemessen und mit eigenem Strom, Wasser und Entsorgung ausgestattet. Freibad nebenan. Die Umgebung hat mit zahlreichen Buschenschänken und Gasthöfen sowie Wander- und Radwegen hohen Freizeitwert.

Forst 20, 8541 Schwanberg
campingbadschwanberg.at, GPS 46.762970, 15.205130

WEINLAND CAMPING

Nettes Wiesengelände an einem Naturbadeteich mit kleinem Kiesstrand. Die Sanitärbereiche sind noch recht neu und auf der Höhe der Zeit, unter anderem kann ein Privatbad gemietet werden. WLAN steht gratis zur Verfügung. Für Hunde gibt es eine Trink- und Futterstation sowie einen eigenen Badestrand.

Gleinstätten 230, 8443 Gleinstätten
weinland-camping.at, GPS 46.751695, 15.361422

NATURPARK-CAMPING SAUSALERLAND

Von jedem der 25 Stellplätze genießt man einen sagenhaften Fernblick. Rundherum liegen Weinberge und Buschenschänken. Speziell für Camper gibt es eine kleine Bar, außerdem lädt nebenan ein feines Hotelrestaurant zur Einkehr ein. Alles Notwendige für Wohnmobile vorhanden, WLAN auf dem ganzen Platz.

Höch 93, 8444 Höch, GPS 46.797581, 15.423292

CAMPINGPLATZ-STELLPLATZ HOLZMIRTL IM SULMTAL

Wohltuende Ruhe und wunderschöne Lage sind die Markenzeichen der Anlage. Man schaut weit über das Sulmtal. Der Fluss mit Bademöglichkeit liegt ganz in der Nähe. Nur drei Stellplätze für Wohnmobile oder Wohnwagen, daher empfiehlt sich vorherige Anmeldung. Strom ist im Preis inbegriffen, Grillplatz vorhanden.

Stegweg 1, 8430 Leibnitz
campingstellplatz-holzmirtl.business.site,
GPS 46.766766, 15.510337

CAMPING LEIBNITZ

Mitten in einem öffentlichen Park gelegener, städtischer Campingplatz mit etwa 60 Stellflächen auf ebenem Gelände. Campinggäste haben freien Eintritt in das benachbarte Freibad. Bad und Campingplatz erlitten im August 2023 schwere Hochwasserschäden, sollen aber bald wieder öffnen (Stand März 2024).

Rudolf-Hans-Bartsch-Gasse 33, 8430 Leibnitz
leibnitz.at, GPS 46.778596, 15.528881

ZWISCHENSTOPP

Schloss Seggau
Auf einem Hügel über der Stadt Leibnitz steht zwischen Weinbergen Schloss Seggau. Von oben blickt man über Leibnitz und weit ins Sulmtal, an klaren Tagen über die Murebene auch bis nach Slowenien. Die Salzburger Erzbischöfe richteten hier im 12. Jahrhundert eine Station zur Missionierung der südlichen Steiermark ein, die ab 1208 von den Bischöfen von Seckau erweitert wurde. »Seggau« ersetzte irgendwann die alte Schreibweise. Empfehlenswert ist der Besuch des Weinkellers.
seggau.com

Frauenberg
In der Steiermark gehört Frauenberg zu den wichtigsten archäologischen Stätten. Von der Jungsteinzeit bis ins frühe Mittelalter wurde hier menschliche Besiedelung nachgewiesen. Es existieren ein keltischer Kultplatz, ein spätantikes Gräberfeld und ein griechisch-römischer Tempel. Über die Funde informiert das Tempelmuseum Frauenberg. In der Nähe parkt man bei der mit Fresken geschmückten Wallfahrtskirche Mariä Himmelfahrt. Sie geht auf einen spätgotischen Bau aus dem 15. Jahrhundert zurück und ist an jedem 13. des Monats Ziel einer Pilgerfahrt. Von ihrem alten Namen »Unserer lieben Frauen Berg ob Leibnitz« leitet sich der heutige Name Frauenberg ab.
tempelmuseum-frauenberg.at

keiten. Mitten im Ort wurde direkt an der Sulm der Generationenpark angelegt, eine gepflegte Anlage für die ganze Familie mit Fontäne, verschiedensten Spielgeräten für Kinder und einem schönen Kaffeehaus nebenan. Gegenüber lädt die Ölmühle Hartlieb in ihr Museum ein, das 100 Jahre alte Geräte zeigt, die oft noch einsatzfähig sind. Auch geführte Touren mit Verkostung der hier hergestellten Ölspezialitäten sind möglich – von dem bekannten Kürbiskernöl bis hin zu Raritäten wie Marillenkernöl oder Mariendistelöl.

Von oben: Heute befindet sich im Schloss Seggau neben einem Tagungshotel mit Restaurant ein 300 Jahre alter Weinkeller, der größte der Steiermark.

So schön kann rasten sein – Stelldichein inmitten von Weinreben.

12 Tillmitsch

Richtung Norden geht es nun weiter in einen der ältesten Orte der Gegend. Älter als Rom sei das kleine Tillmitsch – so jedenfalls rühmt man sich hier. Das beweisen Funde in einer Ziegelei, die auf das Jahr 1000 v. Chr. datiert sind. Die Illyrer betrieben damals dort, wo sich heute Tillmitsch befindet, eine Eisenschmelze. Im Norden des Ortsgebietes kennzeichnet die Eiserne Pforte den Beginn des Teufelsgrabens. Dieser elf Meter breite und zwei Meter tiefe germanische Landwehr stammt aus der Zeit zwischen den Jahren 750 bis 800. Am nahen Adriansee, einer von mehreren Auskiesungen im Tal der Mur, ist ein Badestrand mit der szenigen Location »Ankerpunkt« entstanden. Dort trifft man sich, um mediterrane Gerichte zu südsteirischen Weinen zu speisen und in lauen Sommernächten zu feiern.

13 Leibnitz

Eine ausgesprochene Weinstadt ist Leibnitz. Im Sommer spielt sich das Leben in und vor den gemütlichen Straßencafés, Restaurants und Schänken im Stadtkern ab. Bodenständige und internationale Küche serviert man zum passenden Tropfen aus der Region. In der Ferne sieht man das Schloss Seggau zwischen den Weinbergen aufragen. Der Jahreszeit entsprechend feiert Leibnitz Weinfeste, unter anderem das »Herbstfest«, das die Weinfeste der Südsteiermark beschließt. Im Herbst gibt es auch kulinarische Feste in der Stadt. Und wer nicht genug von den guten Tropfen bekommen kann, begibt sich zum Landesweingut Silberberg am Sulmsee, das sich der Förderung des regionalen Weinbaus und der Ausbildung des Winzernachwuchses verschrieben hat. In den hauseigenen Weinbergen werden ausschließlich biozertifizierte Weine erzeugt. Auf etwa 2 Kilometern führt am Silberberg der Steirische Obst- und Weinlehrpfad als Themenweg durch Weingärten und Obstkulturen.

14 Ehrenhausen

Auf dem Rückweg nach Ehrenhausen durchquert man das Sulmtal mit seinem besonderen klimatischen Charakter. Der sogenannte Sausaler Stock, das Urgestein in dem Weinanbaugebiet, stammt aus dem Paläozän und ist etwa 60 Millionen Jahre alt. Schiefer bildet die Grundlage für den besonderen Tiefgang, die Langlebigkeit und die elegante Mineralität der regionalen Weine aus dieser alten Kulturlandschaft. Als lokale Spezialität wird das Sulmtaler Hendl geschätzt. Dieses ist Festtagsbraten und Delikatesse, wird aber auch einfach so gern verzehrt. In Ehrenhausen selbst kommen Weinkenner im Restaurant »Die Weinbank« auf ihre Kosten, in dem Sommelier Christian Zach in Zusammenarbeit mit Küchenchef Gerhard Fuchs regionale Tropfen und kulinarische Hochgenüsse anbietet. Fuchs gilt auch als Vorreiter für die moderne, frische vegetarische und vegane Küche in der Südsteiermark.

ROUTE 13 **STEIRISCHE WEINSTRASSEN**

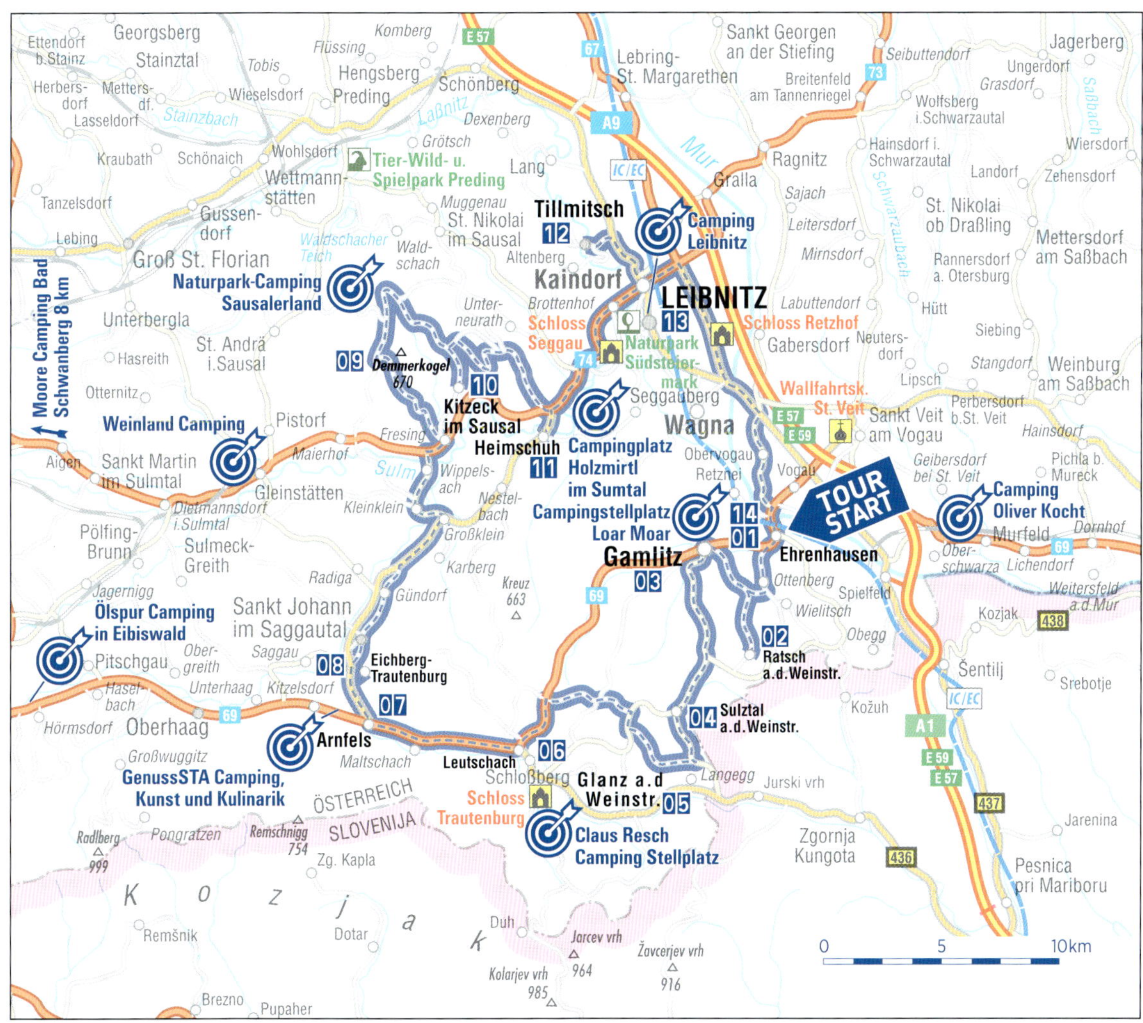

Atemberaubende Panoramen am laufenden Band erblickt das Auge bei einer Fahrt mit Wohnmobil oder Camper durch Österreich (im Bild: Hahntennjoch, Lechtaler Alpen).

ZEICHENERKLÄRUNG

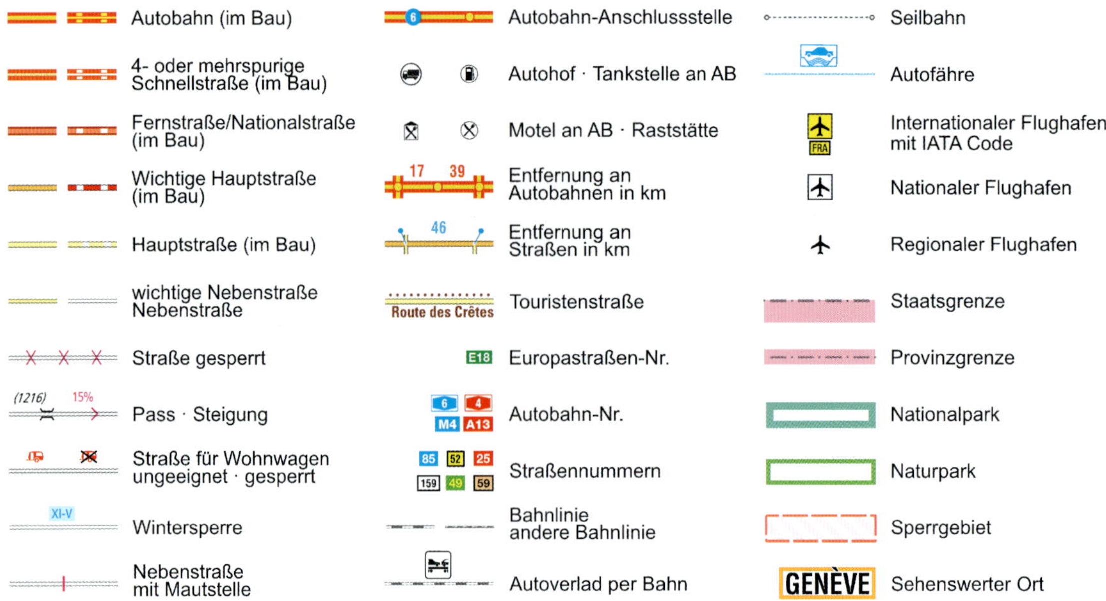

BESONDERE SEHENSWÜRDIGKEITEN

Herausragende Naturlandschaften und Naturmonumente

- UNESCO-Weltnaturerbe
- Gebirgslandschaft
- Felslandschaft
- Wüsten-, Dünenlandschaft
- Seenlandschaft
- Küstenlandschaft
- Flusslandschaft
- Schlucht/Canyon
- Depression
- Gletscher
- Vulkan, erloschen
- Vulkan, aktiv
- Geysir
- Wasserfall/Stromschnelle
- Höhle
- Fossilienstätte
- Nationalpark (Landschaft)
- Nationalpark (Flora)
- Nationalpark (Fauna)
- Nationalpark (Kultur)
- Biosphärenreservat, Waldgebiet
- Naturpark
- Botanischer Garten
- Schmetterlingsfarm
- Zoo/Safaripark
- Vogelschutzgebiet
- Wildreservat
- Schutzgebiet Seehunde
- Insel
- Strand
- Unterwasserreservat
- Quelle

Herausragende Metropolen Kulturmonumente & -veranstaltungen

- UNESCO-Weltkulturerbe
- Vor- und Frühgeschichte
- Römische Antike
- Wikinger
- Keltische Geschichte
- Prähistorische Felsenbilder
- Kirche/Kloster allgemein
- Kirchen-, Klosterruine
- Romanische Kirche
- Gotische Kirche
- Renaissance Kirche
- Barocke Kirche
- Byzantinisch/orthodoxe Kirche
- Islamische Kulturstätte
- Moschee
- Synagoge
- Kulturlandschaft
- Historisches Stadtbild
- Burg/Festung/Wehranlage
- Burgruine
- Palast/Schloss
- Technisches/industrielles Monument
- Spiegel- Radioteleskop
- Staumauer
- Bergwerk geschlossen
- Sehenswerter Leuchtturm
- Windmühle
- Wassermühle
- Herausragende Brücke
- Kriegsschauplatz/Schlachtfeld
- Grabmal
- Denkmal
- Mahnmal
- Sehenswerter Turm
- Herausragendes Gebäude
- Freilichtmuseum
- Markt/Basar
- Feste und Festivals
- Theater
- Weltausstellung

Berühmte Reiserouten

- Autoroute
- Hochgeschwindigkeitszug
- Bahnstrecke
- Schiffsroute

Sport- und Freizeitziele

- Hafen
- Arena/Stadion
- Rennstrecke
- Golf
- Pferdesport
- Skigebiet
- Windsurfen
- Wellenreiten
- Segeln
- Badeort
- Kanu/Rafting
- Freizeitbad
- Hallenbad
- Mineralbad/Therme
- Freizeitpark
- Spielcasino
- Aussichtspunkt
- Wandern/Wandergebiet

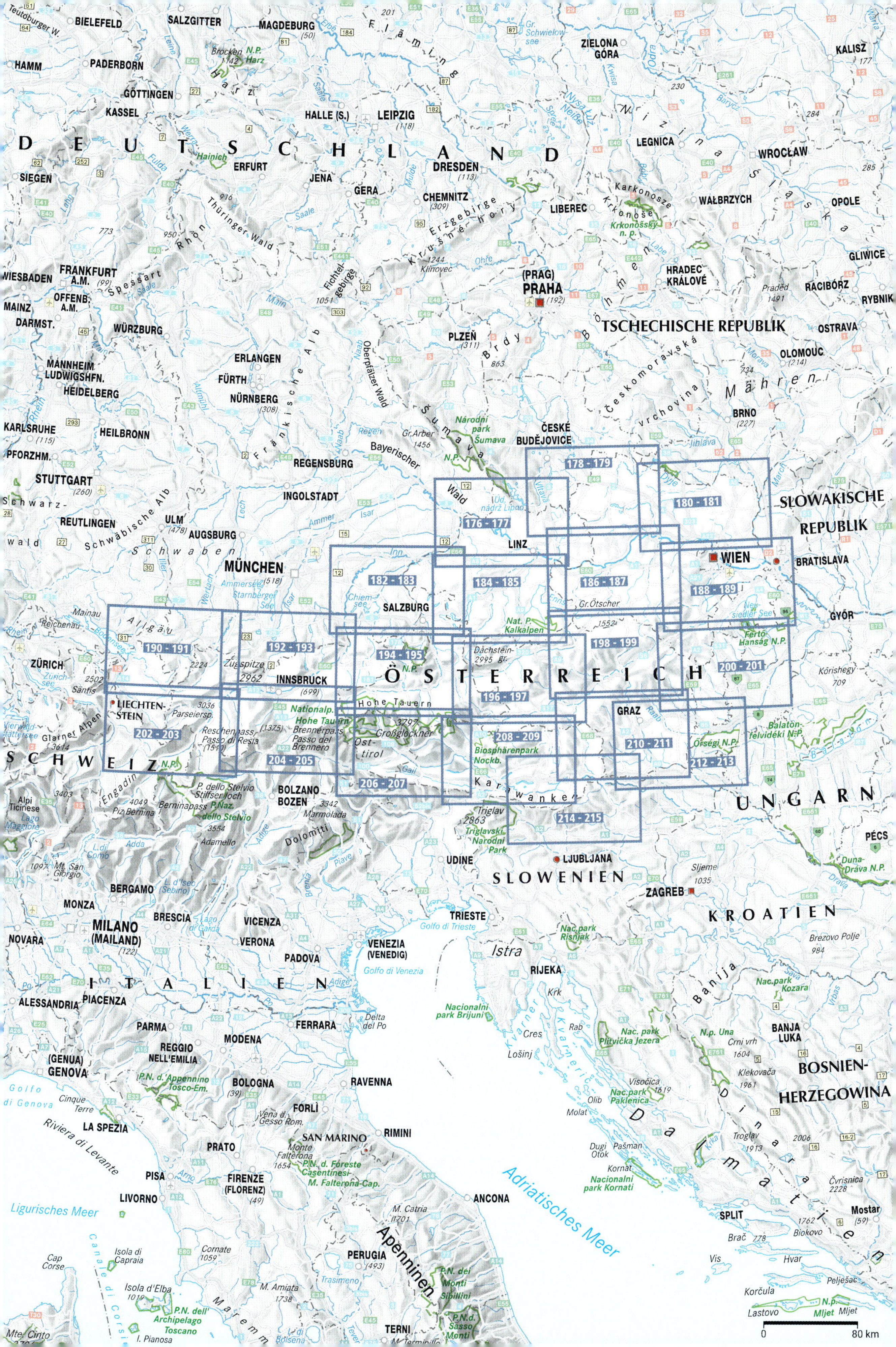

Maßstab 1:300 000

0 5 10 15 20 25 Kilometer

0 5 10 15 Miles

183
184

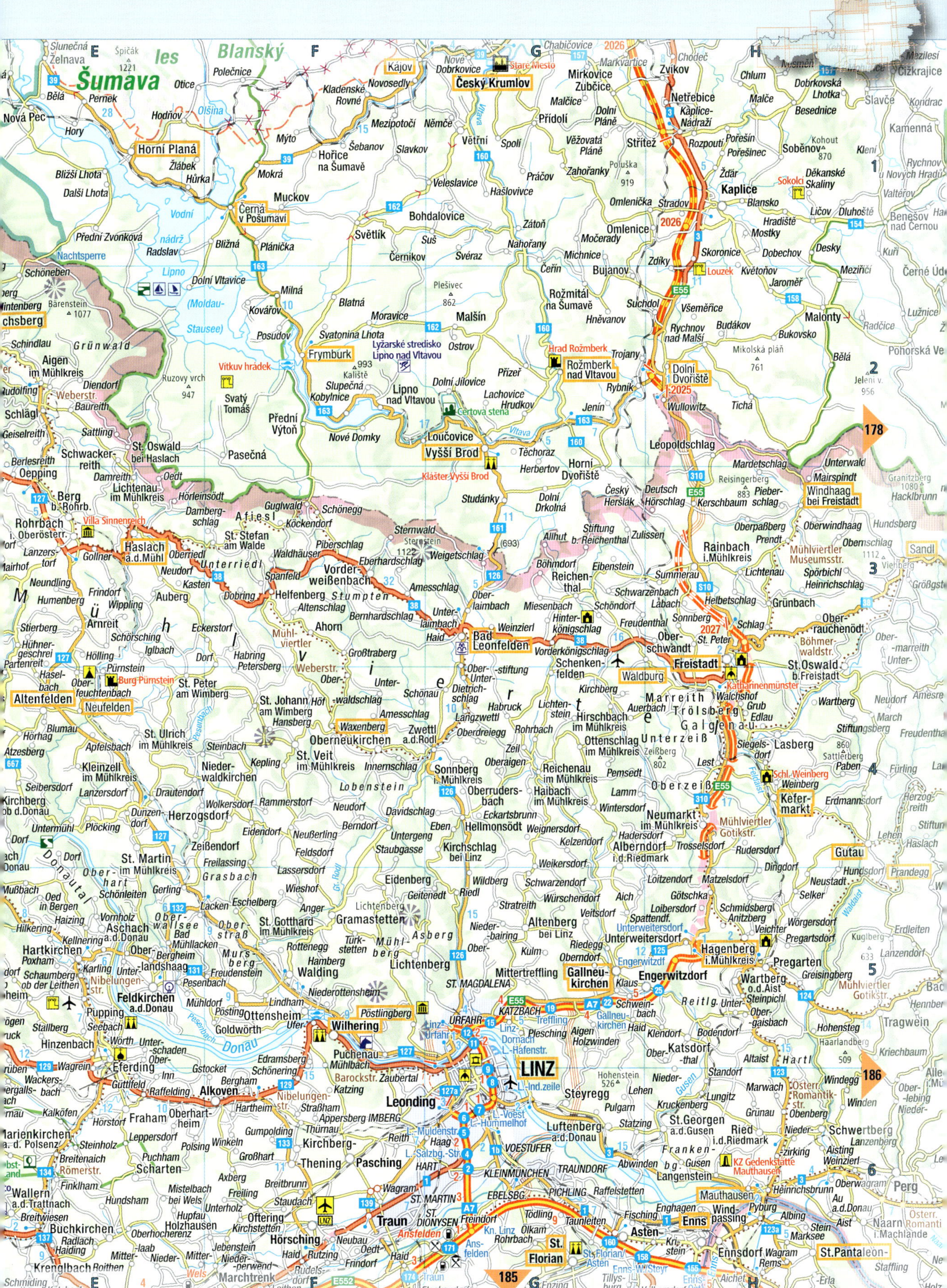

Šumava
Blanský les
Český Krumlov
Horní Planá
Černá v Pošumaví
Frymburk
Lipno nad Vltavou
Vyšší Brod
Rožmberk nad Vltavou
Kaplice
Dolní Dvořiště
Nové Domky
Loučovice
Klášter Vyšší Brod
Hrad Rožmberk
Vítkuv hrádek
Lipno
Nachtsperre
Moldau-Stausee
Grünwald
Aigen im Mühlkreis
Schlägl
Ulrichsberg
Haslach a.d.Mühl
St. Oswald bei Haslach
Leopoldschlag
Windhaag bei Freistadt
Rainbach i.Mühlkreis
Bad Leonfelden
Freistadt
Waldburg
Kefermarkt
Gutau
Altenfelden
Neufelden
Waxenberg
Oberneukirchen
Zwettl a.d.Rodl
Herzogsdorf
Feldkirchen a.d.Donau
Ottensheim
Wilhering
Gramastetten
Lichtenberg
Gallneukirchen
Engerwitzdorf
Hagenberg i.Mühlkreis
Pregarten
Steyregg
LINZ
Leonding
Traun
Pasching
Hörsching
St. Florian
Asten
Enns
Mauthausen
St. Pantaleon
Eferding
Alkoven
Scharten
Wels
Marchtrenk
Donau
Vltava
Mühlviertel
Böhmerwaldstr.
Mühlviertler Gotikstr.
Katharinenmünster
Schl. Weinberg
Burg Pürnstein
Villa Sinnenreich
KZ Gedenkstätte Mauthausen
178
185
186
E
F
G
H
1
2
3
4
5
6

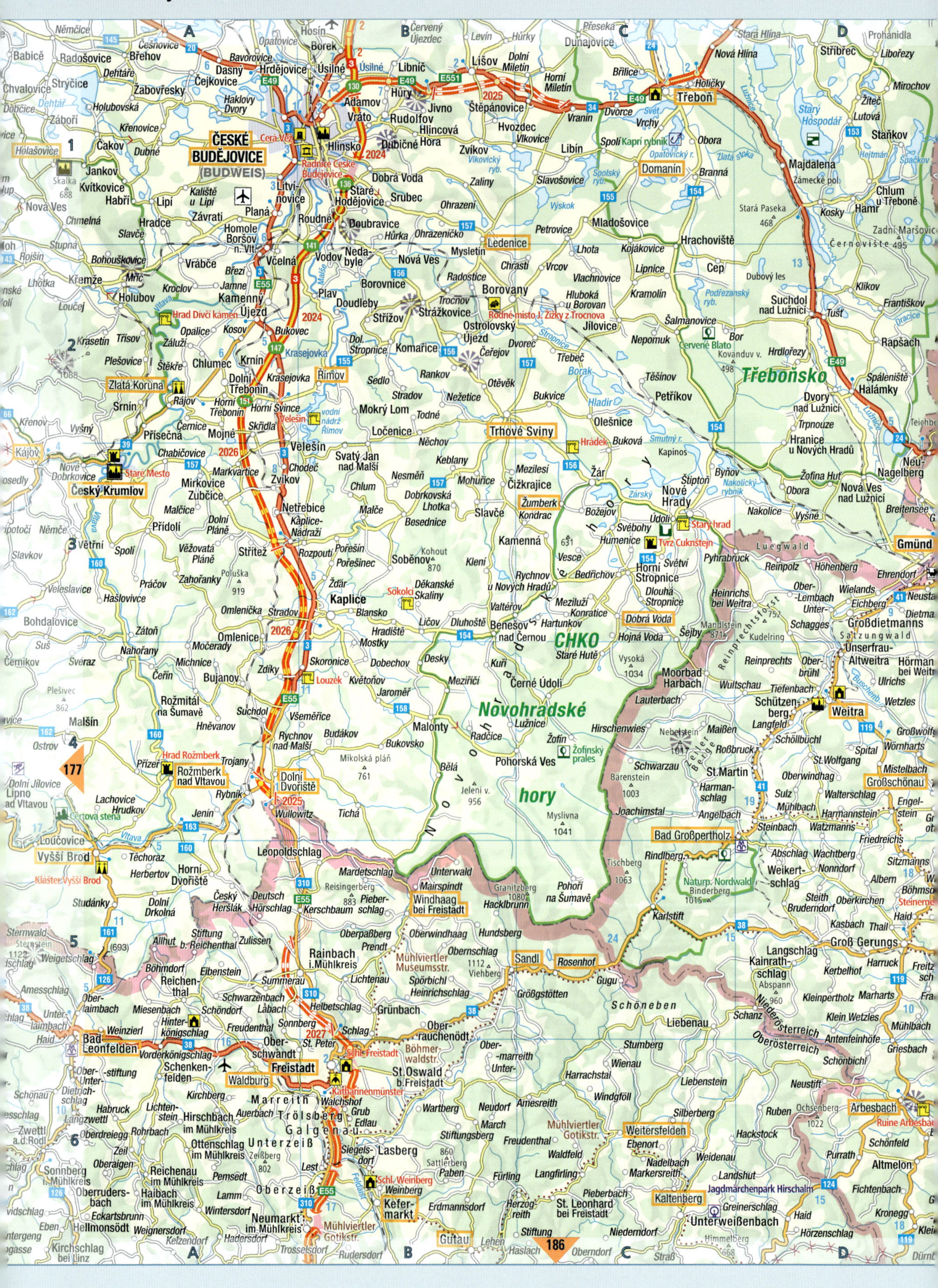

Maßstab 1:300 000

0 5 10 15 20 25 Kilometer
0 5 10 15 Miles

E
F
G
H
Lhota
Nový Vojířov
Smrčná
Nová Bystřice
Landštejn
Hrad Landštejn
Pfaffenschlag
Staré Mesto pod Landštejnem
Dobrohoř
Vlastkovec
Cizkrajov
Holešice
Kostel sv. Marie
Slavonice
Mutná
Staré Hobzí
Nové Dvory
Bańovice
Jemnice
Lhotice
Třebelovice
Mladoňovice
Pálovice
Slavíkovice
Kdousov
Rottaler Haugschlag
Griesbach
Grametten
Hirschenschlag
Forst
Illmanns
Fratres
Slavětín
Modletice
Markéta
Lovčovice
Radotice
Jiratice
Kostníky
Kraj Vysočina
Hörmanns
Litschau
Schlag
Reingers
Schandachen
Leopoldsdorf
Brunn
Rudolz
Schönfeld
Rappolz
Hollabrunner Wald
Písečné
Chvalkovice
Županovice
Bačkovice
Dešná
Police
Jihomoravský kraj
Vysočany
Litschau
Reitzenschlag
Klein-Taxen
Groß-Taxen
Reibers
Waldkirchen a.d.Thaya
Hohenau
Waldhers
Neuriegers
Ziernreith
Rancířov
Lubnice
Korolupy
Oslnovice
Schönau Litschau
Loimanns
Reinberg-Dobersberg
Illmau
Kautzen
Tiefenbach
Lexnitz
Wetzles
Unterpertholz
Hluboká
Mešovice
Zámek Uherčice
Uherčice
Eisgarn
Engelbrechts
Kleingerharts
Pleßberg
Dobersberg
Schuppertholz
Oberndorf
Weikertschlag a.d.Thaya
Šibeník
Vratěnín
Podhradí nad Dyjí
Reichenbach
Klein Radischen
Eggern
Klein-motten
Weißenbach
Goschenreith am Taxenbache
Riegers
Hohenwarth
Rossa
Süßenbach
Schaditz
Wielings
Waldviertler Textilstr.
Gastern
Peigarten
Göpfritzschlag
Münchreith a.d.Thaya
Thuma
Rabesreith
Luden
Ober-Unter-thürnau
Gopprechts
Eberweis
Wiesmaden
Garolden
Frühwärts
Karlstein a.d.Thaya
Obergrünbach
Großau
Nonndorf
Autendorf
Stálky
Thaures
Altmanns
Dietweis
Kleinzwettl
Immenschlag
Merkengersch
Griesbach
Goschenreith
Alberndorf
Zemmendorf
Brand-
Burg Heidenreichstein
Motten
Rohrbach
Eggmanns
Ranzles
Oberedlitz
Niederedlitz
Wertenau
Speisendorf
Modsiedl
Zabernreith
Trabersdorf
Drosendorf
Heinrichsreith
Kleinpertholz
Heidenreichstein
Kleingöpfritz
Schirnes
Thaya
Hart Wald
Schlagles
Liebnitz
Raabs a.d. Th.
Waldviertler Textilstr.
Elsern
Wolfsbach
Kiensaßwald
Oberaalfang
Kirchberg-häuseln
Pfaffenschlag b.Waidhofen a.d.Thaya
Arnolz
Groß-eberharts
Kleineberharts
Großgerharts
Jarolden
Puch
Pommersdorf
Schl. Raabs
Oberndorf b.Raabs
Reith
Eibenstein
Unter-pfaffendorf
Seyfrieds
Langegg
Amaliendorf-Aalfang
Haslau
Artolz
Dimling
Brunn
Waidhofen a.d.Thaya
Loibes
Pyhra
Mostbach
Koggendorf
Kollmitzdörfl
Zettlitz
Zissersdorf
Steinbach
Eugenia
Waidhofen
Buchbach
Hollenbach
Wienings
Predigtstuhl
Weinern
Sauggern
Kollmitzgraben
Wollmersdorf
Zettenreith
Pingendorf
Kotting-hörmanns
Kollersdorf
Hartberg
Guttenbrunn
Gebharts
Edelprinz
Waldviertler Textilstr.
Matzles
Liebenberg
Aigen
Unter-thumeritz
Schrems
Gebharts-teich
Jaudling
Nonndorf b. Grünau
Kainraths
Jasnitz
Ulrichschlag
Waldreichs
Sieghartsles
Schweinburg
Goslarn
Geras
Fugnitz
Nieder-schrems
Lang-schwarza
Heinreichs
Kottschallings
Vestenpoppen
Dietmanns
Fistritz
Diemschlag
Tröbings
Sabatenreith
Japons
Ober-
Pfaffenreith
Ehrenhöbarten
Eulenbach
Stoies
Göltzes
Groß-Siegharts
Wenjapons
Schirmannsreith
Kleedorf
Kurz-
Jetzles
Eschenau
Grünau
Meires
Rafings
Seifriedswald
Ellends
Seebs
Ludweis
Klein-Ulrichschlag
Siegharts-reith
Harth
Hoheneich
Purbach
Grafenschlag
Kleinreichen-bach
Markl
Lichtenberg
Schönfeld
Blumau a.d.Wild
Radessen
Trabenreith
Dallein
Großrupprechts
Vitis
Windigsteig
Weinpolz
Wappoltenreith
Ludweishofen
Nondorf
Ullrichs
Stölzles
Schoberdorf
Matzlesschlag
Limpfings
Breitenfeld
Kirchberg a.d.Wild
Irnfritz-
Oed a.d.Wild
Bahnhof
Etzelsreith
Raisdorf
Albrechts
Hirschbach
Kleingloms
Kaltenbach
Sparbach
Schwarzenau
Scheideldorf
Almosen
Nondorf an der Wild
Irnfritz-
Nöderdsdorf
Pernegg
Groß-Höbarten
Fromberg
Klein-schönau
Kleinpoppen
Schlag
Hausbach
Stögersbach
Dorna
Staningersdorf
Waldenstein
Kirchberg a.Walde
Hollenstein
Wolfenstein
Haimschlag
Echsenbach
Großhaselbach
Thaua
Göpfritz a.d.Wild
Dietmannsdorf an der Wild
Rothweinsdorf
-Messern
Kl.-Ruprechts
Weißenalbern
Warnungs
Rieweis
Ganz
Reinsbach
Merkenbrechts
Steinplattenwald
Lehndorf
Grünbach
Süßenbach
Niederglobnitz
Großkainraths
Zwinzen
(Wurmbach)
Grub
Poigen
Laubberg
Doberndorf
Großreichenbach
Streitbach
Limbach
Ottenschlag
Gerweis
Maierhöfen
Bernschlag
Allentsteig
(Neunzen)
Atzelsdorf
Waiden
Brunn an der Wild
Neukirchen a.d.Wild
St. Bernhard-
Frauenhofen
Mödring
180
Meinhartschlag
Mannshalm
Sallingstadt
Bösenneunzen
Kleinotten
Kaufholz
(Edelbach)
Dappach
St. Marein
Wutzendorf
Groß-Burgstall
Horn
Siebenlinden
Schweiggers
Walterschlag
Großglobnitz
Hörmanns
(Steinbach)
(Haidhof)
(Apfelgschwendt)
Frankenreith
Neubau
Strögen
Breiteneich
Schwarzenbach
Perndorf
(Oberndorf)
(Großpoppen)
(Riegers)
Winkl
Röhrenbach
Feinfeld
Mahrersdorf
Maria Dreieichen
Unterwindhag
Kleinwolfgers
Großhaslau
Germanns
(Schlagles)
(Felsenberg)
Tautendorf
Gobelsdorf
Jagenbach
Unterrabenthan
Sauackerwald
Burgerwiesen
Altenburg
Stift Altenburg
Mühlfeld
Mold
Purken
Rieggers
Ober-Gradnitz
Gerotten
(Kühbach)
(Dietreichs)
(Thaures)
(Heinreichs)
(Eichhorns)
Neupölla
Ramsau
Krug
Fuglau
Schl. Rosenburg
Zaingrub
Rosenau Dorf
-strahlbach
(Pötzles)
Zisterzienser Stift
Ottensteiner
Döllersheim
Franzen
Pölla
Kleinenzersdorf
Altpölla
Ruine Rundersburg
Steinegg
Rosenburg-
Etzmannsdorf am Kamp
Mörtersdorf
Schl. Rosenau
Gerlas
Nieder-Stift Zwettl
Moidrams
Zwettl
Mitterreith
Burg Ottenstein
Stausee
Brugg
Wetzlas
Nondorf
Schmerbach am Kamp
Wegscheid
Wanzenau
Wolfshof
Kamegg
Nonnendorf
Niederneustift
Gutenbrunn
Syrafeld
Rudmanns
Ottenstein
Dobra
Reichhalms
Thurnberg
St. Leonhard am Hornerwald
Gars am Kamp
Rosenau-Schloss
Waldhams
Friedersbach
Peygarten
stausee
Idolsberg
Eisenberg
Ruine Babenberg
Thunau am Kamp
Zitternberg
Kotzendorf
Kleinmeinharts
Jahrings
Ratschenhof
Eschabruck
Krumau am Kamp
Preinreichs
Lichtenbigl
Tautendorf
Ober Neustift
Gschwendt
Kleinschönau
Wolfsberg
Rastenfeld
Steinwand
Buchberg am Kamp
Etzen
Merzenstein
Uttissenbach
Rohrenreith
Gutenbrunn
Werschenschlag
Freischling
Plank am Kamp
Rottenbach
Reichers
Rastenberg
Oberplank
Kamptal Wein
Groß Meinharts
Selbitz
Großweißenbach
Marbach a.Walde
Großgöttfritz
Sprögnitz
Niedernondorf
Niederwaltenreith
Sperkenthal
Blößberg
Mitterberg
Thürneustift
Fernitz
Altenhof
Annatsberg
Frankenreith
Obernondorf
Brand
Marbach i. Felde
Grottendorf
Eisengraben
Jaidhof
Kamptal Schönberg
Kirchbach
Lembach
Roiten
Königsbach
Loschberg
Großmotten
Moritzreith
Stiefern
Schönberg am Kamp
Grünbach
Burg Rappottenstein
Rappottenstein
Höhendorf
Engelbrechts
Waldhausen
Jeitendorf
Grünbach
Reisling
Rastbach
Gföhl
Ober-reith
Mollands
Wielands
Schafberg
Kleinweißenbach
Rappoltschlag
Erdweis
Pallweis
Unter-
Kl.Nondorf
Neustift
Moniholz
Allentsgschwendt
Wietzen
Brunn am Wald
Reittern
Garmanns
Wurschenaigen
Schiltern
Schönberg-Neustift
Aggsbach
Grafenschlag
Kaltenbrunn
Mittelberg
Zöbing
Bromberg
Kleinnondorf
Grainbrunn
Ladings
Lichtenau im Waldviertel
Loiwein
Pehendorf
Grub im Thale
Kleingöttfritz
Voitschlag
Gloden
Kornberg
Scheutz
Taubitz
Ober-
Unter-
Langenlois
Haindorf
Lohn
Pernthon
Langschlag
Heubach
Großnondorf
Großreinprechts
Eppenberg
Felling
-meisling
Königsalm
Lengenfeld
Aschen
Dietmanns
Lugendorf
Sallingberg
Albrechtsberg a.d.Gr. Krems
Attenreith
Hohenstein
Kremstal
Droß
Stratzing
Gobelsburg
Kammern
Schönbach
Schönau
Pfaffings
Rabenhof
Senftenberg
Zeiselberg
Klein-Sieghartis
Ulrichschlag
Spielberg
Bernreith
Armschlag
Heitzles
Gillaus
Gudenushöhle
Nöhagen
Reichau
Priel
Imbach
Gedersdorf
Walkersdorf
Stein
Biberschlag
Gotthartschlag
Weikertschlag
-Purk
Els
Klein-Heinrichschlag
Maigen
Stixendorf
Ostra
Hofstatt
Gneixendorf
Sittendorf
Reittern
Bad Traunstein
Endlas
Teichmanns
Voitsau
Dankholz
Gries
Rohrendf. b.Kr.
Buchegg
Leopolds
Marbach a.d.Kl.Krems
Lobendorf
Weinzierl am Walde
Sandl
Rehberg
Lichteck
Brettles
Weidenegg
Kaltenbach
Haselberg
Neuhof
Ottenschlag
Voirans
Kottes
187
Kalkgrub
Egelsee
Alaun-tal
Lerchenfeld
Stratz-Grunddorf

Maßstab 1:300 000

0 5 10 15 20 25 Kilometer

0 5 10 15 Miles

Dolenice
Litobratřice
Pasohlávky
Strachotin
Břetice
Mackovice
Dolní Věstonice
Šakvice
Starovičky
Velké Pavlovice
Mutěnice
Starý Poddvorov
Horní Věstonice
Pavlov
Zaječí
Trkmanský Dvůr
Nový Poddvorov
Břežany
Brod nad Dyjí
Perná
Rakvice
Velké Bílovice
Dolní Bojanovice
Pravice
Dolní Dunajovice
CHKO
Milovice
Přítluky
Josefov
Jevišovka
Novosedly
Klentnice
Hrušovany nad Jevišovkou
Dobré Pole
Bavory
Bulhary
Podivín
Moravský Žižkov
Prušánky
Pálava
Nový Dvůr
Březí
MIKULOV
(NIKOLSBURG)
Nejdek
Janův hrad
Ladná
Moravská Nová Ves
Hrušky
Velký Karlov
Nový Přerov
Lednice
Šanov
Hrabětice
Na Mušlově
Sedlec
Břeclav
Týnec
Dyjákovice
Alt-Prerau
(LUNDENBURG)
BŘECLAV
Mitterhof
Drasenhofen
Hlohovec
Tvrdonice
Wildendürnbach
Pottenhofen
Ottenthal
Charvátská Nová Ves
Kostice
Hevlín
Neuruppersdorf
Guttenbrunn
Steinebrunn
Valtice
Poštorná
Pohansko
Lanžhot
Laa a.d.Thaya
Kirchstetten
Hausleitner-wald
Falkenstein
Úvaly
Kolnáda
Schrattenberg
Wulzeshofen
Neudorf b. Staatz
Zlabern
Poysbrunn
Reintal
Hanfthal
Altruppersdorf
Poysdorf
Herrnbaumgarten
Katzelsdorf
Bernhardsthal
Staatz
Kottingneusiedl
Ungerndorf
Enzersdorf bei Staatz
Föllim
Altenmarkt
Hagendorf
Wilhelmsdorf
Rabensburg
Fallbach
Kautendorf
Ameis
Kleinhadersdorf
Ketzelsdorf
Großkrut
Wultendorf
Waltersdorf bei Staatz
Wetzelsdorf
Walterskirchen
Altlichtenwarth
Gaubitsch
Loosdorf
Klosterwald
Erdberg
Althöflein
Frättingsdorf
Hausbrunn
Friebritz
Hagenberg
Ginzersdorf
Eichenbrunn
Hörersdorf
Hauskirchen
Hohenau an der March
Altmanns
Siebenhirten
Ebersdorf an der Zaya
Rannersdorf an der Zaya
Röhrabrunn
Gnadendorf
Wenzersdorf
Zwentendorf
Dobermannsdorf
Olgersdorf
Eibesthal
Wilfersdorf
Prinzendorf a.d. Zaya
Neusiedl an der Zaya
Palterndorf
Sekule
Pyhra
Michelstetten
Asparn an der Zaya
Bullendorf
Moravský Svätý Ján
Leiser Berge
Schletz
Mistelbach
Höbersdorf
Maustrenk
Klement
Hüttendorf
Ebendorf
Kettlasbrunn
Niederabsdorf
Ringelsdorf
Grafensulz
Garmanns
Lanzendorf
Gösting
Dörfles
Niederleis
Windisch-Baumgarten
Eichhorn
Dlhé Lúky
Nodendorf
Eggersdorf
Paasdorf
Meierhof
Zistersdorf
Drösing
Haidhof
Steinbach
Ladendorf
Gaiselberg
Waltersdorf an der March
Ernstbrunn
Pürstendorf
Herrnleis
Blumenthal
Sierndorf an der March
Helfens
Mistelbach Süd
Schrick
Obersulz
Groß-Inzersdorf
Jedenspeigen
Veľké Leváre
Simonsfeld
Hipples
Höbersbrunn
Atzelsdorf
Kleinebersdorf
Nexing
Sulz im Weinviertel
Loidesthal
Malé Leváre
Naglern
Kreuzstetten
Neubau
Niedersulz
Streifing
Pellendorf
Bogenneusiedl
Erdpreß
Oberkreuzstetten
Wetzleinsdorf
Gaweinstal
Martinsdorf
Velm-Götzendorf
Dürnkrut
Großrußbach
Niederkreuzstetten
Klein Harras
Gajary
Weinsteig
Hornsburg
Hochleithen
Kollnbrunn
Hohenruppersdorf
Spannberg
Waidendorf
Kreuttal
Bad Pirawarth
Malacky
Karnabrunn
Hautzendorf
Wolfpassing a.d.Hochl.
Kostolište
Hetzmannsdorf
Unterolberndorf
Traunfeld
Weinstr. Matzner Hügel
Ebenthal
CHKO
Lerchenau
Würnitz
Matzner Wald
Grub an der March
Husia dolina
Obergänserndorf
Schleinbach
Kronberg
Großschweinbarth
Vinohrádok
Mollmannsdorf
Riedenthal
Stillfried
Suchohrad
Jakubov
Kleinrötz
Ulrichskirchen
Matzen-Raggendorf
Rückersdorf
Wolkersdorf-N.
Harmannsdorf
Pfösing
Münichsthal
Wolkersdorf im Weinviertel
Ollersdorf
Mannersdorf an der March
Rochus-Kapelle
Tresdorf
Manhartsbrunn
Prottes
Angern an der March
Záhorská Ves
Plavecký Štvrtok
Leobendorf
Seebarn
Enzersfeld i.Weinviertel
Putzing
Obersdorf
Auersthal
Reyersdorf
Záhorie
Stetten
Pillichsdorf
Großengersdorf
Dúbrava
Korneuburg
Markt Großebersdorf
Königsbrunn
Eibesbrunn
Knoten Eibesbrunn
Bockfließ
Schönkirchen
Dörfles
Tallesbrunn
Ortov Mlyn
Flandorf
Klein-Engersdorf
Gänserndorf
Weikendorf
Zwerndorf
Hagenbrunn
Neues Wirtshaus
Seyring
Stripfing
WWF Naturreservat
Vysoká pri Morave
Bisamberg
Föhrenhain
Kapellerfeld
Helmahof
Weiden an der March
Dvor Nandin
Zohor
Stammersdf.
Gerasdorf bei Wien
Deutsch-Wagram
Strasshof an der Nordbahn
Erlebnispark Gänserndorf
Langenzersdorf
Oberweiden
Baumgarten an der March
Piesky
Strebersdf.
Oberlisse
Neu-Süßenbrunn
Deutsch-Wagram
Gänserndorf-Siedlung
Weikendorfer Remise
Marchauen
Groß-Jedlers
Parbasdorf
189

Maßstab 1:300 000

0 5 10 15 20 25 Kilometer

0 5 10 15 Miles

E
F
G
H
1
2
3
4
5
6
Braunau am Inn
Simbach am Inn
Burghausen
Burgkirchen an der Alz
Tittmoning
Laufen
Oberndorf bei Salzb.
Freilassing
Bad Reichenhall
Bayerisch Gmain
Großgmain
SALZBURG
Mattighofen
Neukirchen an der Enknach
Pischelsdorf am Engelbach
Moosdorf
Michaelbeuern
Straßwalchen
Neumarkt am Wallersee
Seekirchen am Wallersee
Eugendorf
Mondsee
St. Gilgen
Fuschl am See
Altheim
Mauerkirchen
Obernberg am Inn
Sankt Georgen bei Obernberg am Inn
Mörschwang
Weilbach
Senftenbach
Aurolzmünster
Kirchheim im Innkreis
Mettmach
Lohnsburg am Kobernaußerwald
Sankt Johann am Walde
Schalchen
Munderfing
Friedburg
Lengau
Lochen am See
Pöndorf
Frankenmarkt
Oberhofen am Irrsee
Zell am Moos
Tiefgraben
Thalgau
Hof bei Salzburg
Koppl
Ebenau
Faistenau
Elsbethen
Grödig
Puch bei Hallein
Anif
Wals-Siezenheim
Piding
Ainring
Teisendorf
Saaldorf-Surheim
Fridolfing
Kirchanschöring
Petting
Obertrum am See
Mattsee
Seeham
Berndorf bei Salzburg
Lamprechtshausen
Bürmoos
Sankt Georgen bei Salzburg
Sankt Pantaleon
Ostermiething
Franking
Haigermoos
Eggelsberg
Feldkirchen bei Mattighofen
Kirchberg bei Mattighofen
Palting
Perwang am Grabensee
Handenberg
Hochburg-Ach
Sankt Radegund
Kobernaußer Wald
Hausruck
Innviertel
Flachgau
Unterer Weilhart-forst
Oberer Weilhart-forst
Biosphärenreservat
Naturpark
Bauernland-Irrsee
Mondsee
Wallersee
Obertrumer See
Mattsee
Grabensee
Fuschlsee
Wolfgangsee
Irrsee
Salzach
Inn
Barockstraße
Domstraße
Österr. Romantikstr.
Salzburger Lokalbahn
FANTASIANA Erlebnispark Straßwalchen
Salzburgring
Burg Burghausen
Burg Tittmoning
Kloster Raitenhaslach
Schl. Fuschl
Schl. Hüttenstein
Pfarrk. Seekirchen
184
195

Maßstab 1:300 000

0 5 10 15 20 25 Kilometer

0 5 10 15 Miles

Maßstab 1:300 000

0 5 10 15 20 25 Kilometer
0 5 10 15 Miles

179
188
199
Krems a.d.D.
Gneixendorf
Gedersdorf
Etsdorf
Grafenegg
Wagram
Grafenwörth
Fels am Wagram
Kirchberg am Wagram
Königsbrunn
Donautal
Donau
Traismauer
Zwentendorf an der Donau
Weißenkirchen i.d.Wachau
Dürnstein
Rossatz
Spitz
Mühldorf
Wachau
Melk
Stift Melk
Emmersdorf a.d.Donau
Aggsbach Markt
Burgruine Aggstein
Dunkelsteiner Wald
Furth bei Göttweig
Stift Göttweig
Paudorf
Mautern a.d.Donau
Herzogenburg
Wasserburg
Kapelln
Weißenkirchen a.d.Perschling
Würmla
St. Pölten
Pyhra
Böheimkirchen
Kirchstetten
Neulengbach
Maria-Anzbach
Altlengbach
Loosdorf
Schallaburg
Prinzersdorf
Haunoldstein
Ober-Grafendorf
St. Margarethen a.d.Sierning
Hürm
Mank
Kilb
St. Leonhard am Forst
Ruprechtshofen
Bischofstetten
Hofstetten-Grünau
Weinburg
Wilhelmsburg
Kleine Niederösterreichische Barockstr.
Rabenstein a.d.Pielach
Kirchberg a.d.Pielach
Loich
Frankenfels
Schwarzenbach a.d.Pielach
Puchenstuben
Annaberg
Wienerbruck
Türnitz
Traisen
St.Veit a.d.Gölsen
Hainfeld
Kaumberg
Lilienfeld
Stift Lilienfeld
Freiland
Hohenberg
St.Aegyd a.Neuwalde
Rohr i.Gebirge
Gutenstein
Gutensteiner Alpen
Kleinzell
Ramsau
Rohrbach a.d.Gölsen
Michelbach
Klamm
Stollberg
Mariazellerbahn
Ötscher
Texingtal

Maßstab 1:300 000

0 5 10 15 20 25 Kilometer
0 5 10 15 Miles

Maßstab 1:300 000

0 5 10 15 20 25 Kilometer

0 5 10 15 Miles

Maßstab 1:300 000

0 5 10 15 20 25 Kilometer

0 5 10 15 Miles

E
F
G
H
Bad Tölz
Sachsenkam
Waakirchen
Reichersbeuern
Greiling
Miesbach
Irschenberg
Bad Aibling
Rosenheim
Raubling
Rohrdorf
Neubeuern
Nußdorf am Inn
Brannenburg
Flintsbach am Inn
Gmund am Tegernsee
Hausham
Schliersee
Tegernsee
Bad Wiessee
Rottach-Egern
Bad Feilnbach
Fischbachau
Bayrischzell
Oberaudorf
Kiefersfelden
Kufstein
Lenggries
Wackersberg
Kreuth
Achenpass
Sylvensteinstausee
Achenkirch
Naturpark
Achensee
Pertisau
Maurach
Steinberg am Rofan
Rofanspitze
Wiesing
Jenbach
Schwaz
Kramsach
Rattenberg
Brixlegg
Alpbach
Wörgl
Kirchbichl
Mariastein
Bad Häring
Söll
Hopfgarten im Brixental
Fügen
Zell am Ziller
Mayrhofen
Gerlos
Gerlospass
Krimml
Wattens
Absam
Hall in Tirol
Tulfes
Fritzens
Weer
Kolsass
Pill
Vomp
Terfens
Stumm
Kaltenbach
Aschau im Zillertal
Uderns
Strass im Zillertal
Schlitters
Gallzein
Buch in Tirol
Eben am Achensee
Münster
Reith im Alpbachtal
Kundl
Angath
Langkampfen
Thiersee
Mangfallgebirge
Rofangebirge
Kitzbüheler Alpen
Gerlostal
Brixental
Zillertal
194
205

Maßstab 1:300 000

0 5 10 15 20 25 Kilometer

0 5 10 15 Miles

Bad Reichenhall
Großgmain
Bayerisch Gmain
Karlstein
Thumsee
Predigtstuhl
Pass Hallthurm
Fronau
Untersberg
Grödig
Sankt Leonhard
Niederalm
Puch/Urstein
Puch bei Hallein
Krispl
Gaißau
Spielberg-Alm
Hintersee
Gaissau Hintersee
Wieserhörndl
Abersee
Österr. Romantikstr.
Strobl
Schellenberger Eishöhle
Marktschellenberg
Hallein
Oberalm
Adnet
Waidach
Knoglberg
Schmittenstein
Lämmerbach
Gruberhorn
Wieslerhorn
Bleckwand
Rinnkogel
Unterjettenberg
Berchtesgadener Land
Vorderettenberg
Unterstein
Neusieden
Bad Dürrnberg
Almbachklamm
Sankt Margarethen
Bad Vigaun
Hoher Zinken
Winterpark Postalm
Deutsche Alpenstraße
Bischofswiesen
Loipl
Maria Gern
Unt.-Salzberg
Oberau
Unterau
Sommerau
Trattberg
Hochwieskopf
Außerlienbach-Alm
Schwarzbachwachtsattel
Berchtesgaden
Roßfeldhütte
Roßfeldstr.
Kuchl
Jadorf
Sankt Koloman
Seewald
Gamsfeld
Deutsche Ferienroute Alpen-Ostsee
Schwarzeck
Strub
Schönau am Königssee
Engedey
Obersalzberg
Oberschönau
Unterschönau
Ahornbüchsenkopf
Kehlstein
Hoher Göll
Strubau
Golling an der Salzach
Gollinger Wasserfall
Scheffau am Tennengebirge
Lammerklamm
Voglau
Einberg
Taborberg
Stocker
Rußbach am Pass Gschütt
Pass Gschütt
Hintersee
Ramsau b. Berchtesgaden
Wimbachklamm
Grünstein-Haus
Königssee
Dürreckstr.
Oberscheffau
Strubberg
Abtenau
St. Blasius
Lammerer
Lindenthal
Bad Abtenau
Gosau
Pass Lueg
Kratz-Sp.
Hochkalter
Kl. Watzmann
Watzmann
Mittel-Spitze
Nationalpark
Jenner
St. Bartholomä
Gotzentalalm
Hagengebirge
Tristkopf
Salzach
Abtenau im Lammertal
Salzburger Dolomitenstraße
Rußbach am Paß
Zwieselalm
Hocheis-Sp.
Kahlersberg
Sulzau
Hochkogel
Eisriesenwelt
Tennengebirge
Scheibling-K.
Gr. Breitstein
Gr. Donner-Kg.
Naturp. Weißbach
Gr. Hundstod
Obersee
Berchtesgaden
Bleikogel
Eiskogel
Annaberg i. Lammertal
Dießbach-Stausee
Pitzkogel
Tenneck
Raucheck
Hochthron
Tauern Kg.
Lungötz
Gr. Bischofsmütze
Diesbach
Schindl-K.
Funtensee
Funtensee-Tauern
Gr. Teufelshorn
Hohenwerfen
Werfen
Fromm
Werfenweng
Korein
Naturschutzgebiet Steinernes Meer
Steinernes Meer
Alpriedlhorn
Lienkopfl
Gerzkopf
Sankt Martin am Tennengebirge
Schönfeld-Spitze
Breithorn
Brandhorn
Pfarrwerfen
Bergbahnen Werfenweng
Hinterimlau
Imlau
Kn. Pongau
Reitsteg
Filzmoos
Wiesing
Saalfelden am Steinernen Meer
Selbhorn
Hochseiler
Torsäule
Hirsch-Kg.
Lammertal
Eben
Kalkalpen
Bischofshofen
Pöham
Kreuzberg
Hüttau
Eben im Pongau
Roßbrand
Kehlbach
Ramseiden
Hochkönig
Hinterthal
Filzensattel
Maria Alm am Steinernen Meer
Almdorf
Buchberg
Höllberg
Radstadt
Bsuch
Urslau B.
Dientner Sattel
Dienten am Hochkönig
Hintermoos
Gerling
Mühlbach am Hochkönig
Einöden
Urreiting
Hochgründeck
Blümeck
Ennstal
Fels
Altenmarkt i. Pongau
Mitterhofen
Schwalbenwand
Schneeberg
Aschegg
Reitdorf
Maishofen
Dienten am Hochkönig Maria Alm - Ski amadé
Mühlbach am Hochkönig - Ski amadé
Brenner Kopfl
St. Johann im Pongau
Schwaighof
Flachau
Wagrainer Höhe
Obristkopf
Wagrain
Langegg
Hochkasern
Dientener Berge
St. Veit im Pongau
Reinbach
Höchau
Vordere Labeneck
Thumersbach
Hundstein
Weng
Plankenau
Höllenstein
Lackenkogel
Zeller See
Gschwandtner B.
Goldegg im Pongau
Schwarzach im Pongau
Grießenkareck
Strims-Kg.
Flachauwinkl-Süd
Zauchensee
Untertauern
Erlbruck
Hahneck-Kg.
Hundsdorf
Liechtensteinklamm
Gern
Grafenberg
Bruck a.d. Großglocknerstr.
Gries
Taxenbach
Lend
Walchau
Wildbühel
Gasteiner Klamm
Entrische Kriche
Burg Klammstein
Höllwand
Kitzstein
Egg
Breiteneben-A.
Kleinarl
Hundsdorf
Sankt Georgen
Kitzlochklamm
Embach
Rauchkögerl
Steinfeld-Spitze
Pichl
Rauriser Tal
Schuhflicker
Schied
Großglockner-Hochalpenstraße
Platt-K.
Unterberg
Mayerhofen
Unterberg
Gründegg
Tauernalm
Kraxenkogel
Oberta
Drei Brüder
Bernkogel
Dorfgastein
Achter
Unt. Pleißling-A.
Zehnerkar
Achenkopf
Hirsch-K.
Fulseck
Großarl
Enns-Ursprung
Jäger-S.
Hochbirg
Gr. Pleißlingkeil
Fusch an der Großglocknerstr.
Reißrachkopf
Rauris
Harbach
Kreuz-Kg.
Großarl Tal - Ski amadé
Nebeleck
Rauriser Tal - Hochalmbahnen
Luggau
Eben
Draugstein
Mosermandl
Tauerntunnel 6401 m
Wurmfeld
Bad Fusch
Breiteben-K.
Jedl-K.
Laderding
Spiel-Kg.
Tappenkarsee
Wildkar-K.
Naturp. Riedingtal in Zederhaus
Hochfeind
Wild- und Freizeitpark Ferleiten
Wörth
Kram-Kg.
Laderdinger Gamskar-Sp.
Wald
Schwarzeck
Gamskogel
Bad Hofgastein
Hüttschlag
Karteis
Glettentörl
Weißeck
Bruckdorf
Zederhaus
Schwarzkopf
Leiterkopf
Seidlwinkl-Ache
Nationalp. Hohe Tauern
Bucheben
Türchlwand
Hundsdorf
Gamskarkogel
Wolfau
Glingspitze
Pleißnitz-Kg.
Baumgartlkopf
Lafen
Gadaunern
Kreuz-Kg.
See
Mauritzen-A.
Edlenkopf
Edelweißspitze
Schloßalm
Badbruck
Platten-Kg.
Bad Gastein - Ski amadé
Bad Gastein
Frauennock
Rotgülden
Hintermuhr
Großeck
Jedl
183
196
207

Schladming
Bad Aussee
Gosau
Hallstatt
Obertraun
Bad Goisern am Hallstättersee
Bad Mitterndf.
Tauplitz
Filzmoos
Radstadt
Altenmarkt i. Pongau
Gröbming
Mauterndorf
Tamsweg
Dachstein
Schladminger Tauern
Biosphärenpark
Lungau
Sankt Michael i. Lungau
Mariapfarr
Ramsau am Dachstein
Hallstätter See
Grundlsee
Naturschutzgebiet
Krakau-Schöder
184
195
208
Maßstab 1:300 000
0 5 10 15 20 25 Kilometer
0 5 10 15 Miles

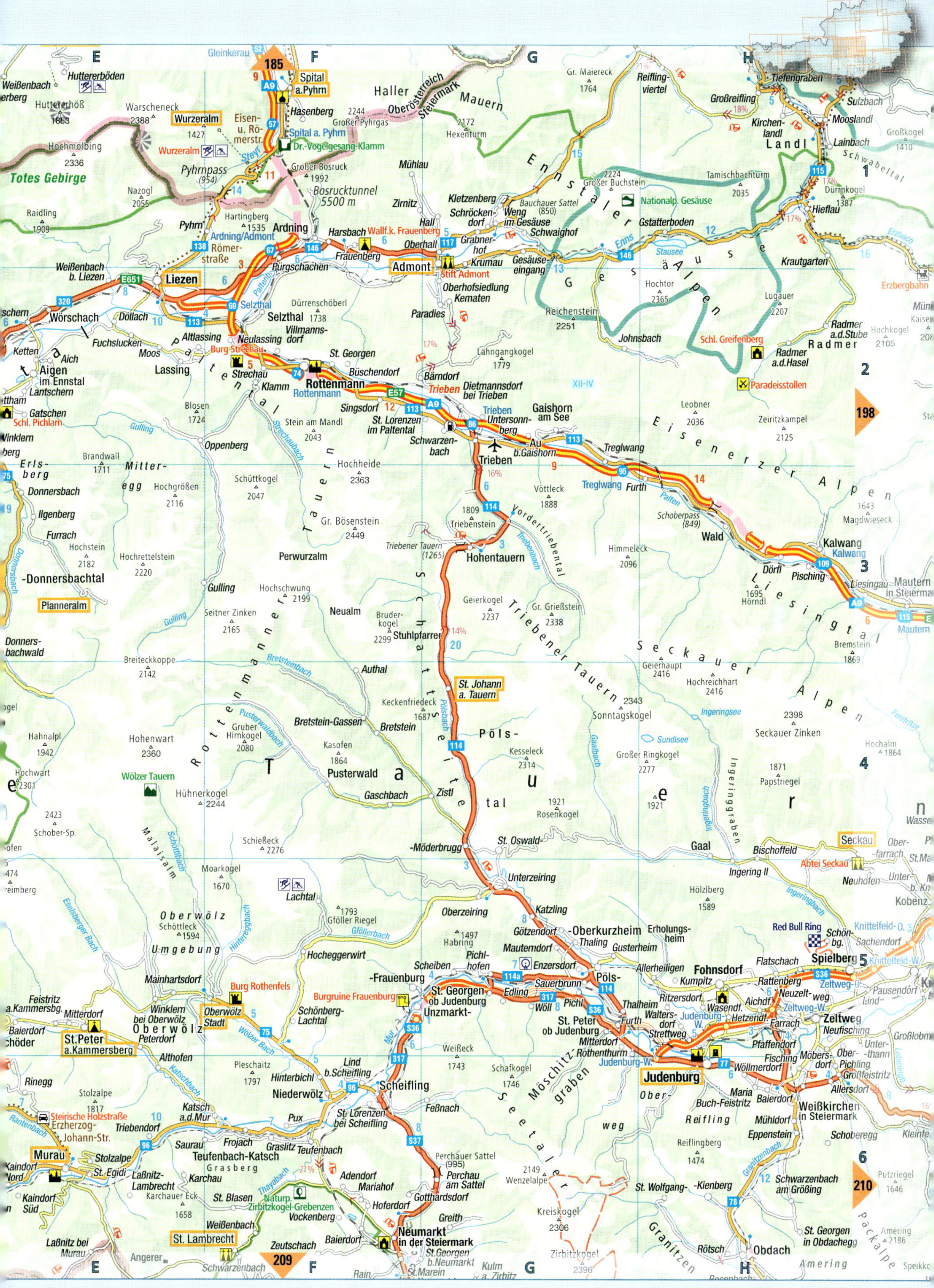

Maßstab 1:300 000

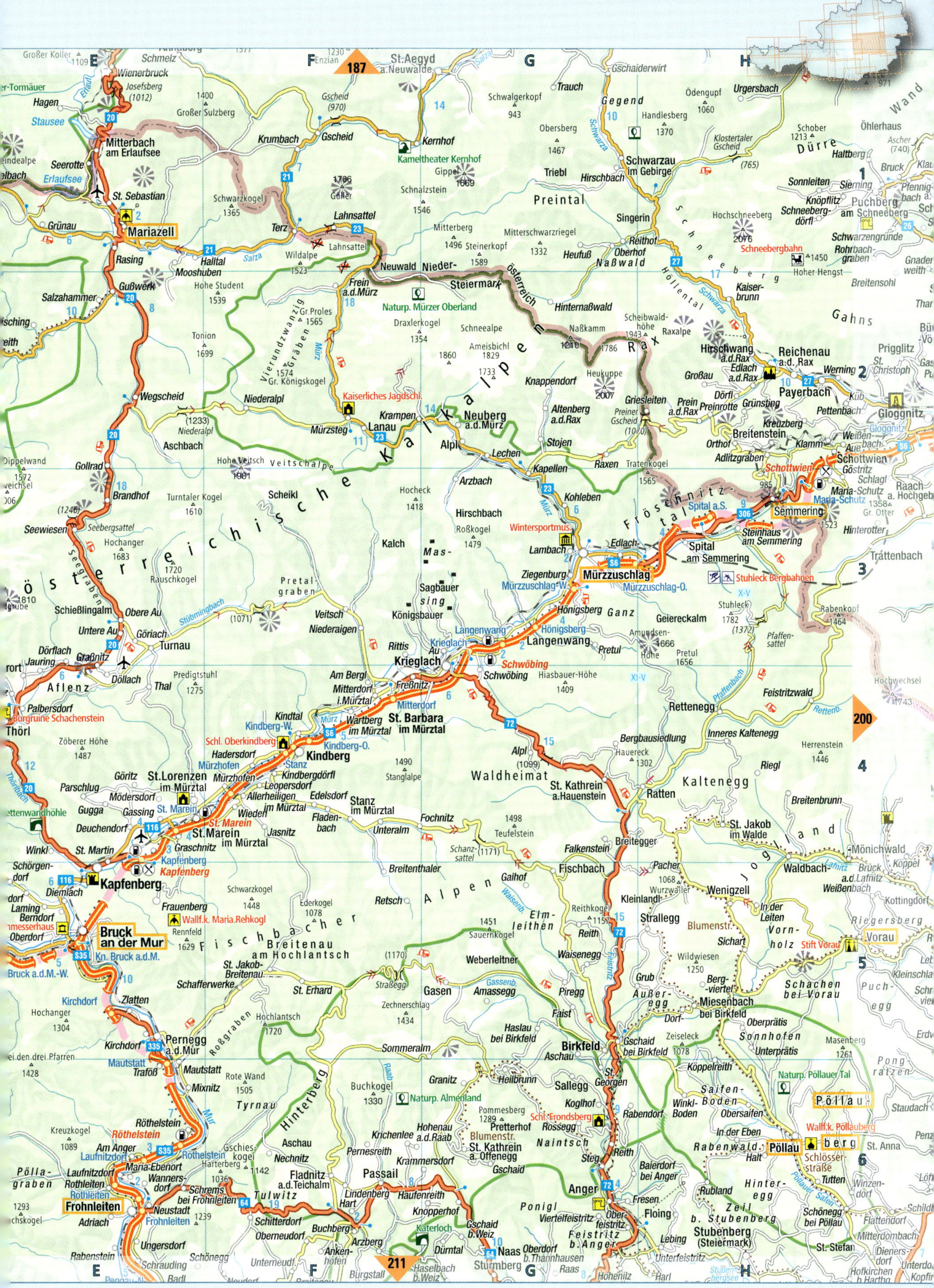
187
200
211
St. Aegyd a. Neuwalde
Wienerbruck
Josefsberg (1012)
Mitterbach am Erlaufsee
Erlaufsee
St. Sebastian
Mariazell
Grünau
Rasing
Halltal
Mooshuben
Gußwerk
Salzahammer
Krumbach
Gscheid
Kernhof
Kamelttheater Kernhof
Gippel 1669
Göller 1766
Lahnsattel
Terz
Wildalpe 1523
Frein a.d.Mürz
Neuwald
Nieder-Steiermark
Naturp. Mürzer Oberland
Schnealpe
Schwalgerkopf 943
Trauch
Gscheidwirt
Gegend
Schwarzau im Gebirge
Hirschbach
Preintal
Singerin
Reithof
Oberhof
Naßwald
Heufuß
Hinternaßwald
Urgersbach
Ödengupf 1060
Handlesberg 1370
Klostertaler Gscheid
Schober 1213
Dürre Wand
Öhlerhaus
Haltberg
Sonnleiten
Sierning
Knöpflitz
Schneeberg-dörfl
Puchberg am Schneeberg
Hochschneeberg 2076
Schneebergbahn
Schwarzengründe
Rohrbach-graben
Hoher Hengst
Schneeberg
Höllental
Kaiser-brunn
Gahns
Rax
Raxalpe
Heukuppe 2007
Hirschwang a.d.Rax
Edlach a.d.Rax
Reichenau a.d. Rax
Payerbach
Werning
Großau
Dörfl
Prein a.d.Rax
Preinrotte
Grünsting
Pettenbach
Gloggnitz
Kreuzberg
Breitenstein
Klamm
Orthof
Adlitzgraben
Schottwien
Göstritz
Maria-Schutz
Semmering
Spital a.S.
Steinhaus am Semmering
Fröschnitz-tal
Stuhleck Bergbahnen
Stuhleck 1782
Mürzzuschlag
Mürzzuschlag-O.
Mürzzuschlag-W.
Lambach
Edlach
Ziegenburg
Wintersportmus.
Kapellen
Kohlleben
Raxen
Altenberg a.d.Rax
Stojen
Knappendorf
Neuberg a.d.Mürz
Lechen
Alpl
Arzbach
Krampen
Lanau
Mürzsteg
Kaiserliches Jagdschl.
Niederalpl
Aschbach
Wegscheid
Hohe Veitsch 1981
Veitschalpe
Österreichische Kalkalpen
Turntaler Kogel 1610
Scheikl
Hocheck 1418
Hirschbach
Roßkogel 1479
Kalch
Mas-sing
Sagbauer
Königsbauer
Veitsch
Niederaigen
Pretal-graben
Hochanger 1683
Rauschkogel 1720
Seewiesen
Seebergsattel
Seegraben
Brandhof
Gollrad
Schießlingalm
Obere Au
Untere Au
Göriach
Turnau
Dörflach
Graßnitz
Jauring
Aflenz
Döllach
Thal
Predigtstuhl 1275
Palbersdorf
Burgruine Schachenstein
Thörl
Zöberer Höhe 1487
Hönigsberg
Ganz
Langenwang
Geiereckalm
Amundsen-Höhe 1666
Pretul
Krieglach
Rittis
Schwöbing
Hiasbauer-Höhe 1409
Freßnitz
Am Bergl
Mitterdorf i.Mürztal
Wartberg im Mürztal
St. Barbara im Mürztal
Kindberg
Kindberg-W.
Kindberg-O.
Schl. Oberkindberg
Hadersdorf
Mürzhofen
Kindbergdörfl
Allerheiligen im Mürztal
Leopersdorf
St. Lorenzen im Mürztal
Göritz
Parschlug
Mödersdorf
Gugga
Gassing
St. Marein im Mürztal
Wieden
Jasnitz
Edelsdorf
Fladen-bach
Stanz im Mürztal
Unteralm
Fochnitz
Teufelstein 1498
Waldheimat
St. Kathrein a.Hauenstein
Alpl (1099)
Rettenegg
Feistritzwald
Bergbausiedlung
Inneres Kaltenegg
Kaltenegg
Riegl
Ratten
Breitenbrunn
St. Jakob im Walde
Joglland
Mönichwald
Waldbach
Wenigzell
Breitegger
Falkenstein
Fischbach
Pacher
Kleinlandl
Strallegg
Reith
Waisenegg
Elm-leithen
Gaihof
Breitenthaler
Retsch
Fischbacher Alpen
Deuchendorf
Winkl
St. Martin
Graschnitz
Kapfenberg
Diemlach
Frauenberg
Wallf.k. Maria.Rehkogl
Rennfeld 1629
Bruck an der Mur
Oberdorf
Kn. Bruck a.d.M.
Bruck a.d.M.-W.
Breitenau am Hochlantsch
St. Jakob-Breitenau
St. Erhard
Schafferwerke
Hochlantsch 1720
Roßgraben
Gasen
Amassegg
Weberleitner
Piregg
Kirchdorf
Zlatten
Pernegg a.d.Mur
Mautstatt
Traföß
Mixnitz
Rote Wand 1505
Tyrnau
Hinterberg
Sommeralm
Haslau bei Birkfeld
Birkfeld
Faist
Aschau
St. Georgen
Sallegg
Koglhof
Heilbrunn
Granitz
Naturp. Almenland
Buchkogel 1330
Rabendorf
Gschaid bei Birkfeld
Miesenbach bei Birkfeld
Vornholz
Stift Vorau
Vorau
Schachen bei Vorau
Oberprätis
Sonnhofen
Unterprätis
Naturp. Pöllauer Tal
Saifen-Boden
Obersaifen
Pöllau
Pöllauberg
Wallf.k. Pöllauberg
Schlösser-straße
Rabenwald
Hinteregg
Tutten
Zeil b. Stubenberg
Stubenberg (Steiermark)
Schönegg bei Pöllau
St. Stefan
Röthelstein
Am Anger
Laufnitzdorf
Maria-Ebenort
Wannersdorf
Rothleiten
Frohnleiten
Schrems bei Frohnleiten
Neustadt
Adriach
Ungersdorf
Rabenstein
Schönegg
Aschau
Nechnitz
Fladnitz a.d.Teichalm
Tulwitz
Schitterdorf
Oberneudorf
Passail
Lindenberg
Hart
Haufenreith
Knopperhof
Buchberg
Arzberg
Gschaid b.Weiz
Naas
Dürntal
Oberdorf b.Thannhausen
Krichenlee
Hohenau a.d.Raab
Pommesberg
Pretterhof
Rossegg
St. Kathrein a. Offenegg
Gschaid
Naintsch
Schl. Frondsberg
Steg
Anger
Baierdorf bei Anger
Floing
Feistritz b.Anger
Lebing
Rubland
Viertelfeistritz
Ponigl

Maßstab 1:300 000

0 5 10 15 20 25 Kilometer
0 5 10 15 Miles

189
SOPRON
Fertőrákos
Ferto-Hansák
Nationalp. Neusiedler See Seewinkel
Apetlon
Apetloner Hof
Wallern im Burgenland
Seewinkel Weinstraße
Waasen
Hanság
Fertő-Hanság N. P.
Pamhagen
Fertőújlak
Hansági-főcsatorna
Tőzeggyármajor
Miklósmajor
Fertő-tó
Ferto tavi N. P.
Nyárliget
Öntésmajor
Osli
Draßburg
Baumgarten
Rosalia-Kogelberg
Sopronkőhida
Schattendorf
Tűztorony
Benedek templom
Ágfalva
Kertváros
Soproni-hegység
Nyires
523
Harka
Balf
Kópháza
Fertőboz
Hidegség
Sarród
Hegykő
Fertőd
Esterházy-Kastély
Agyagosszergény
Kapuvár
Veszkény
Szárföld
Rábatamási
Fertőhomok
Fertőszéplak
Petőháza
Fertőendréd
Vitnyéd
Nagycenk
Deutschkreutz
Schl. Deutschkreutz
Ritzing
Neckenmarkt
Haschendorf
Girm
Unterpetersdorf
Lackendorf
Horitschon
Utagmajor
Peresztegi
Pinnye
Fertőszentmiklós
Endrédújmajor
Babót
Unterrauenhaid
Raiding
Franz Liszt Geburtshaus u. Mus.
Rotweinstraße
Dénesmajor
Köblösmajor
Nagylózs
Ebergőc
Csermajor
Potyond
Großwarasdorf
Kleinwarasdorf
Sopronkövesd
Röjtökmuzsaj
Göbösmajor
Hövej
Nikitsch
Stoob
Kroatisch Minihof
Pétermajor
Kisfalud
Magyarkeresztúr
Mihályi
Csapod
Himod
Ehem. Schl. Rohonczy
Nebersdorf
Langental
Oberpullendorf
Lakatostanya
Völcsej
Lövő
Győró
Vadosfa
Pusztacsalád
Kokasmajor
Józsefmajor
Mitterpullendorf
Kroatisch Geresdorf
Und
Unterpullendorf
Steinberg
Groß-mutschen
Lutzmannsburg
Sopronhorpács
Nemeskér
Erdőlakmajor
Cirák
Vica
Beled
Páli
Oberloisdorf
Klein-Frankenau
Sonnentherme
Egyházasfalu
Újkér
Dénesfa
Edve
Vásárosfalu
Zsira
Strebersdorf
Répcevis
Gyalóka
Győr-Moson-Sopron
Vas
Iván
Csánig
Miklósmajor
Rábakecöl
Mannersdorf an der Rabnitz
Unterloisdorf
Peresznye
Szakony
Tormásliget
Simaság
Répceszemere
Liebing
Klostermarienberg
Ólmod
Kiszsidány
Iklanberény
Csér
Csáfordjánosfa
Répcelak
Pápoc
Rattersdorf
S. Jakab-templom
Kőszeg
Jurisics Vár
Horvátzsidány
Csepreg
Lócs
Nemesládony
Nick
Sajtoskál
Nagygeresd
Rábakecskéd
Kendig
726
Jurisics-vár
Gyógyszertár Múzeum
Bük
Kincsédpuszta
Tompaládony
Vámoscsalád
Mesterháza
Vasegerszeg
Mügát
Kenyeri
Kőszegfalva
Tömörd
Bő
Chernelházadamonya
Uraiújfalu
Cák
Kőszegdoroszló
Nemescsó
Alsómajor
Gór
Hegyfalu
Kemenespuszta
S. Vid kápolna
Velem
Répceszentgyörgy
Csönge
Kőszegszerdahely
Pusztacsó
Meszlen
Zsédeny
Jákfa
Lukácsháza
Pósfa
Bozsok
Kőszegpaty
Acsád
Rábakövesd
Ostffyasszonyfa
Gyöngyösfalu
Benkeházmajor
Szeleste
Vasasszonyfa
Vasszilvágy
Ölbő
Rábapaty
Vönöck
Kemenessömjén
Salköveskút
Perenye
Gencsapáti
Söpte
Vassurány
Vát
Rábabogyoszló
Lánkapuszta
Kemenesmihályfa
Újmihályfa
Rábasömjén
Nemesbőd
Szinesemajor
Bucsu
Tokorcs
Celldömölk
Bögöt
Nagysimonyi
Zanat
Sárvár
Nádasdy-vár
Hegyközség
Narda
Sé
Porpác
Ságheggyi TK
Torony
Jardányi Paulovics István Romkert
Szombathely dóm
Vép
Csénye
Antóniamajor
Sitke
Dozmat
Ság
279
Újmajor
SZOMBATHELY
Péterfa puszta
Berekmajor
Hegyalja
Mesteri
Gérce
Vásárosmiske
Bokodpuszta
Nagyjápla
Bozzai
Megyehíd
Nárai
Perint
Tápiánszentkereszt
Tanakajd
Kenéz
Ikervár
Kemeneskápolna
Pecöl
Petőfitelep
Sótony
Köcsk
Horvátlövő
Vasszécsény
Nyőgér
Bob
Egyházashetye
Balogunyom
Meggyeskovácsi
Borgáta
Pornóapáti
Csempeszkopács
Káld
Kis-Somlyó
219
Ják
S. György templom
Kisunyom
Sorkikápolna
Sorkifalud
Nemeskolta
Bejcgyertyános
Kemenespálfa
Kissomlyó
Bildein
Sorokpolány
Rábatöttös
Rum
Egervölgy
Pusztaláne
Duka
Jánosháza
Vas-Soproni-síkság
Répce
Rába
Ikva
Gyöngyös
Perint
Jáki-Sorok
Csörnöc-Herpenyő
Lánka-patak
Kis-Rába
Berekpatak

Maßstab 1:300 000

0 5 10 15 20 25 Kilometer

0 5 10 15 Miles

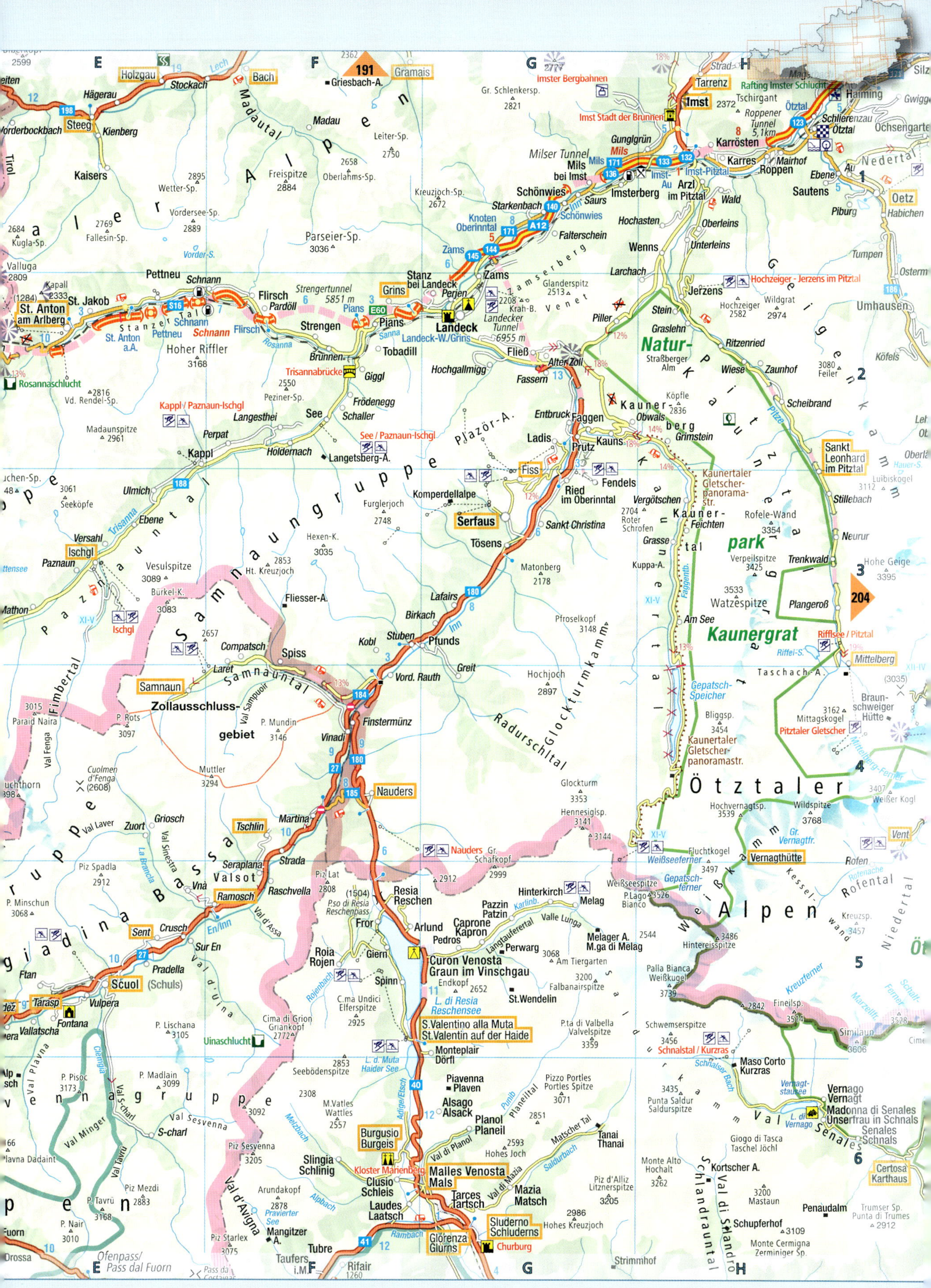

Holzgau
Steeg
St. Anton am Arlberg
Landeck
Imst
Tarrenz
Grins
Bach
Gramais
191
Fiss
Serfaus
Ischgl
Samnaun
Zollausschluss-gebiet
Nauders
Tschlin
Ramosch
Sent
Scuol
Tarasp
Sankt Leonhard im Pitztal
Mittelberg
Vernagthütte
Vent
Oetz
204
Naturpark Kaunergrat
Ötztaler Alpen
Samnaungruppe
Resia Reschen
Curon Venosta Graun im Vinschgau
S.Valentino alla Muta St.Valentin auf der Haide
Burgusio Burgeis
Malles Venosta Mals
Glorenza Glurns
Sluderno Schluderns
Certosa Karthaus
Pfunds
Prutz
Kauns
Zams
Pians
Strengen
Flirsch
Pettneu
Schnann
Kappl
See

Maßstab 1:300 000

0 5 10 15 20 25 Kilometer

0 5 10 15 Miles

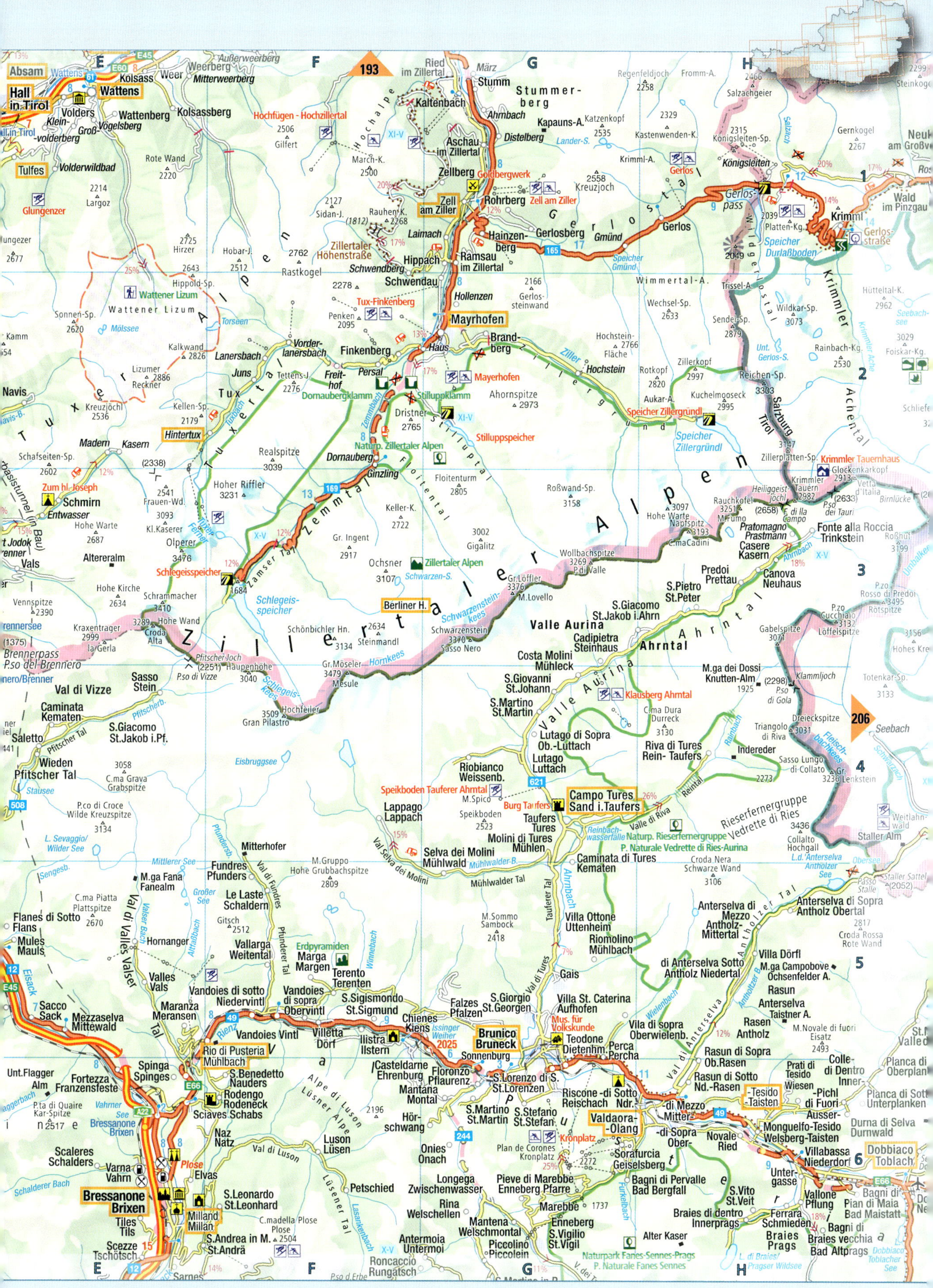

193
206
E
F
G
H
1
2
3
4
5
6
Absam
Hall in Tirol
Wattens
Kolsass
Weer
Weerberg
Außerweerberg
Mitterweerberg
Volders
Wattenberg
Kolsassberg
Klein-volderberg
Groß-Vogelsberg
Tulfes
Volderwildbad
Glungezer
Rote Wand 2220
2214 Largoz
Hochfügen - Hochzillertal
2506 Gilfert
Ried im Zillertal
Kaltenbach
Stumm
März
Stummer-berg
Ahrnbach
Distelberg
Kapauns-A.
Katzenkopf 2535
Lander-S.
Aschau im Zillertal
Hochalpe
March-K. 2500
Zellberg
Goldbergwerk
Zell am Ziller
Rohrberg
2558 Kreuzjoch
Gerlosberg
Gerlostal
Gmünd
Gerlos
Gerlospass
Speicher Gmünd
Regenfeldjoch 2258
Fromm-A.
2329
Kastenwenden-K.
Krimml-A.
2315 Königsleiten-Sp.
Königsleiten
Salzachgeier
Salzach
Gernkogel 2267
Neukirchen am Großvenediger
Wald im Pinzgau
Krimml
Gerlosstraße
Platten-Kg.
Speicher Durlaßboden
Wildgerlostal
Krimmler Achental
2127 Sidan-J.
Rauhen-K. 2268
(1812)
Laimach
Zillertaler Höhenstraße
Hainzenberg
Hippach
Ramsau im Zillertal
Schwendberg
Schwendau
2762 Rastkogel
Hobar-J. 2512
2725 Hirzer
2643 Hippold-Sp.
Wattener Lizum
Torseen
Mölssee
Sonnen-Sp. 2620
Kalkwand 2826
Lizumer Reckner 2886
2278
Tux-Finkenberg
Penken 2095
Hollenzen
2166 Gerlos-steinwand
Mayrhofen
Wimmertal-A.
Wechsel-Sp. 2633
Trissel-A.
Sendel-Sp. 2879
Wildkar-Sp. 3073
Hüttetal-K. 2962
Seebachsee
Unt. Gerlos-S.
Rainbach-Kg. 2530
Foiskar-Kg.
3029
Vorder-lanersbach
Lanersbach
Finkenberg
Haus
Brand-berg
Hochstein-Fläche 2766
Hochstein
Zillergrund
Zillerkopf 2997
Rotkopf 2820
Reichen-Sp. 3303
Kuchelmooseck 2995
Aukar-A.
Speicher Zillergründl
Juns
Tettens-J. 2276
Freithof
Persal
Dornaubergklamm
Stilluppklamm
Mayerhofen
Tux
Tuxertal
Tuxer Alpen
Navis
Kreuzjöchl 2536
Kellen-Sp. 2179
Hintertux
Madern
Kasern
Dristner 2765
Ahornspitze 2973
Stilluptal
Stilluppspeicher
Zemmbach
Naturp. Zillertaler Alpen
Dornauberg
Ginzling
Floitental
Floitenturm 2805
Realspitze 3039
Schafseiten-Sp. 2602
(2338)
Zum hl. Joseph
Schmirn
Entwasser
2541 Frauen-Wd.
Hoher Riffler 3231
Zemmtal
Roßwand-Sp. 3158
Salzburg
Tirol
Zillerplatten-Sp.
Krimmler Tauernhaus
Glockenkarkopf 2913
Krimmler Tauern 2982
Heiliggeistjöchl
Vetta d'Italia
Birnlücke
Rauchkofel 3251
(2633)
(2658)
M.Fumo
P.so di Tauri
F. di lla Campo
Pratomagno Prastmann
Fonte alla Roccia Trinkstein
3097 Hohe Warte
Napfspitz 3193
C.ma Cadini
Casere Kasern
Ahrnbach
Rosshuf 3199
Umbalkees
Hohe Warte 2687
3093 Kl.Kaserer
Olperer 3476
Tuxer Ferner
Keller-K. 2722
3002 Gigalitz
Gr. Ingent 2917
Ochsner 3107
Zillertaler Alpen
Schwarzen-S.
Wollbachspitze 3269
P.di Valle
Zillertaler Alpen
Predoi Prettau
Canova Neuhaus
St.Jodok
Brenner
Vals
Altereralm
Schlegeisspeicher
Zamser Tal
1684
Hohe Kirche 2634
Schrammacher 3410
Schlegeis-speicher
Berliner H.
Gr.Löffler 3376
M.Lovello
Schwarzenstein-kees
S.Pietro St.Peter
S.Giacomo St.Jakob i.Ahrn
Valle Aurina
Cadipietra Steinhaus
Ahrntal
Gabelspitze 3071
P.zo Rosso di Predoi 3495 Rotspitze
P.zo Cucchiaio 3132 Löffelspitze
3156 Hohes Kreuz
Vennspitze 2390
Brennersee
(1375)
Brennerpass P.so del Brennero
Kraxentrager 2999
la Gerla
3289
Croda Alta
Hohe Wand
Schönbichler Hn. 3134
2634 Steinmandl
Schwarzenstein 3370
Sasso Nero
Costa Molini Mühleck
Pfitscher Joch (2251)
P.so di Vizze
Hochfeiler
Hornkees
Hauptenhöhe 3040
Gr.Möseler 3479
Mesule
Schlegeis-kees
S.Giovanni St.Johann
M.ga dei Dossi Knutten-Alm 1925
(2298)
Klammljoch
P.so di Gola
Totenkar-Sp. 3133
Val di Vizze
Sasso Stein
Caminata Kematen
Pfitscherb.
S.Giacomo St.Jakob i.Pf.
3509 Gran Pilastro
S.Martino St.Martin
Klausberg Ahrntal
Cima Dura Durreck 3130
Dreieckspitze 3031
Triangolo di Riva
Seebach
Saletto
Pfitscher Tal
Wieden Pfitscher Tal
3058 C.ma Grava Grabspitze
Eisbruggsee
Lutago di Sopra Ob.-Luttach
Lutago Luttach
Riva di Tures Rein-Taufers
Rainbach
Indereder
Fleischbachkees
Sasso Lungo di Collato
Gr. Lenkstein 3236
Stausee
508
P.co di Croce Wilde Kreuzspitze 3134
Riobianco Weissenb.
621
Speikboden Tauferer Ahrntal
M.Spico
Burg Taufers
Campo Tures Sand i.Taufers
Taufers Tures
Lappago Lappach
Speikboden 2523
Reintal
2273
Rieserfernergruppe Vedrette di Ries
3436
Collalto Hochgall
Weitlahnwald
Staller Alm
L. Sevaggio/ Wilder See
Pfundersb.
Mitterhofer
Molini di Tures Mühlen
Reinbach-wasserfälle
Valle di Riva
Naturp. Rieserfernergruppe
P. Naturale Vedrette di Ries-Aurina
L.d. Anterselva Antholzer See
Obersee
Staller Sattel Passo Stalle (2052)
Selva dei Molini Mühlwald
Mühlwalder B.
Mühlwalder Tal
Val Selva dei Molini
Caminata di Tures Kematen
Croda Nera Schwarze Wand 3106
Mittlerer See
Sengesb.
M.ga Fana Fanealm
Fundres Pfunders
Val di Fundres
M.Gruppo Hohe Grubbachspitze 2809
Ahrnbach
Tauferer Tal
Antholzer Tal
Anterselva di Sopra Antholz Obertal
2817 Croda Rossa Rote Wand
C.ma Piatta Plattspitze 2670
Großer See
Le Laste Schaldern
Flanes di Sotto Flans
Mules Mauls
Val di Valles
Valser Tal
Valser Bach
Hornanger
Altfaßbach
Gitsch 2512
Vallarga Weitental
Pfunderer Tal
M.Sommo Samboock 2418
Villa Ottone Uttenheim
Riomolino Mühlbach
Anterselva di Mezzo Antholz-Mittertal
Villa Dörfl
M.ga Campobove Ochsenfelder A.
Erdpyramiden
Marga Margen
Terento Terenten
Winnebach
Val di Tures
Gais
di Anterselva Sotto Antholz Niedertal
Rasun Anterselva
Taistner A.
12
E45
Eisack
Valles Vals
Vandoies di sotto Niedervintl
Vandoies di sopra Obervintl
S.Sigismondo St.Sigmund
Falzes Pfalzen
S.Giorgio St.Georgen
Villa St. Caterina Aufhofen
Mus. für Volkskunde
Wielenbach
Rasen Antholz
M.Novale di fuori Eisatz 2493
Sacco Sack
Mezzaselva Mittewald
Maranza Meransen
Rienz
49
Vandoies Vintl
Villetta Dörf
Chienes Kiens
Issinger Weiher
2025
Ilistra Ilstern
Brunico Bruneck
Teodone Dietenheim
Perca Percha
Vila di sopra Oberwielenb.
Val di Anterselva
Rasun di Sopra Ob.Rasen
Rasun di Sotto Nd.-Rasen
Colle di Dentro Inner-
Prati di Tesido Wiesen
Pichl di Fuori
Planca di Sopra Oberplanken
Planca di Sotto Unterplanken
Unt.Flagger Alm
Fortezza Franzensfeste
Spinga Spinges
Rio di Pusteria Mühlbach
Sonnenburg
Casteldarne Ehrenburg
Floronzo Pflaurenz
S.Lorenzo di S. St.Lorenzen
Riscone Reischach
di Sotto Ndr.
di Mezzo Mitter-
Tesido Taisten
Ausser-
Monguelfo-Tesido Welsberg-Taisten
Durna di Selva Durnwald
E66
S.Benedetto Nauders
Rodengo Rodeneck
Alpe di Luson
Lüsner Alpe
Mantana Montal
S.Martino St.Martin
S.Stefano St.Stefan
Valdaora-Olang
di Sopra Ober-
Novale Ried
Villabassa Niederdorf
Dobbiaco Toblach
P.ta di Quaire Kar-Spitze 2517
Vahrner See
Bressanone Brixen
Sciaves Schabs
2196
Hörschwang
244
Kronplatz
Plan de Corones Kronplatz
2272
Sorafurcia Geiselsberg
Naz Natz
Luson Lüsen
Onies Onach
Scaleres Schalders
Varna Vahrn
Plose
Elvas
Val di Luson
Longega Zwischenwasser
Pieve di Marebbe Enneberg Pfarre
Bagni di Pervalle Bad Bergfall
Unter-gasse
Vallone Pflung
Bagni di Pian di Maia Bad Maistatt
Schalderer Bach
Bressanone Brixen
S.Leonardo St.Leonhard
Petschied
Lüsener Tal
Rina Welschellen
Marebbe
1737
S.Vito St.Veit
Braies di dentro Innerprags
Ferrara Schmieden
Braies Prags
Bagni di Braies vecchia Bad Altprags
Milland Millan
C.madella Plose Plose 2504
Lasankenbach
Mantena Welschmontal
Enneberg S.Vigilio St.Vigil
Alter Kaser
Tiles Tils
Scezze Tschötsch
S.Andrea in M. St.Andrä
Antermoia Untermoi
Piccolino Piccolein
Naturpark Fanes-Sennes-Prags P. Naturale Fanes Sennes
L. di Braies/ Pragser Wildsee
Dobbiaco Toblacher See
Sarnes
Roncaccio Rungatsch
P.so d.Erbe
S.Martino in B.

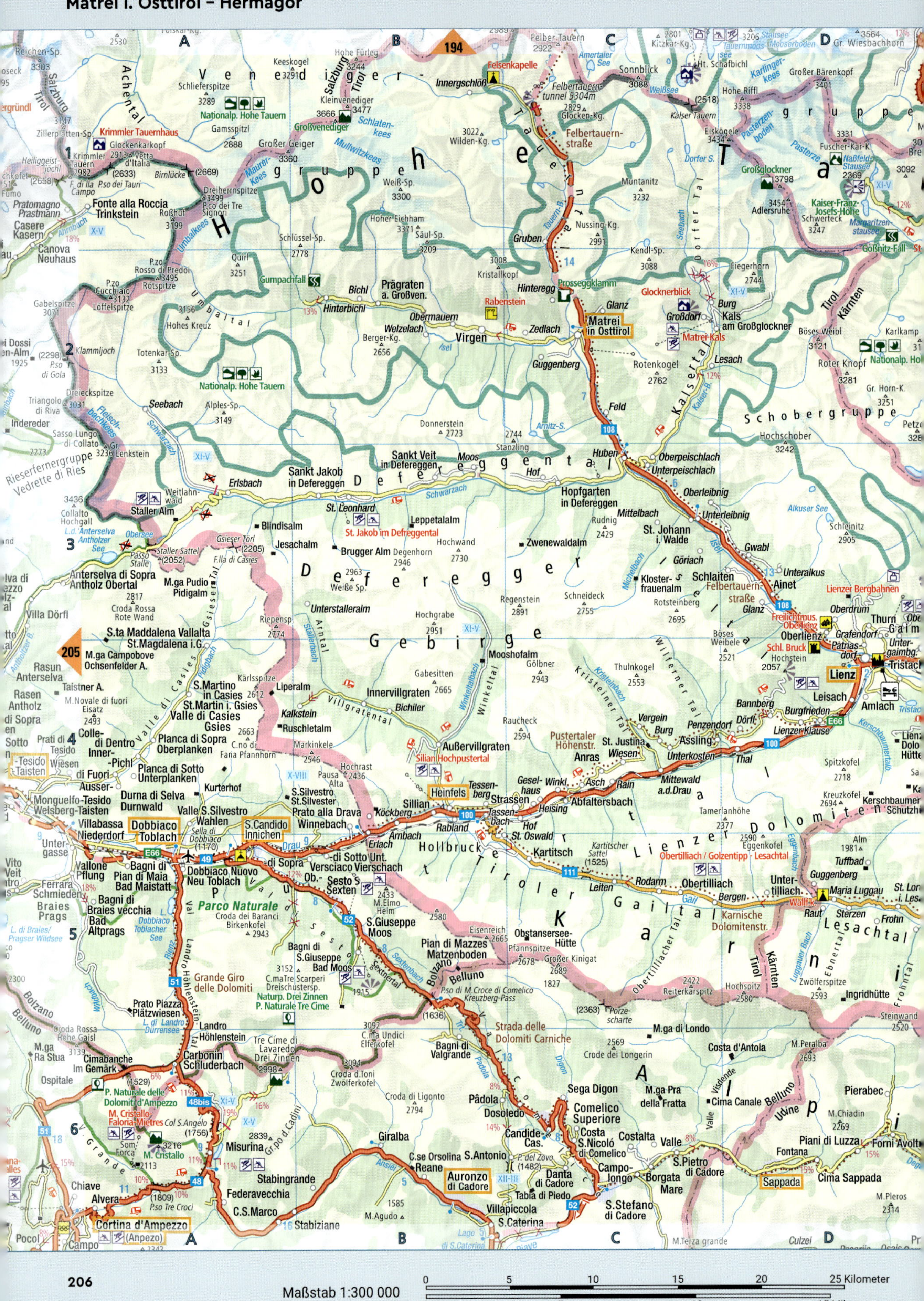

Maßstab 1:300 000

0 5 10 15 20 25 Kilometer
0 5 10 15 Miles

Maßstab 1:300 000

0 5 10 15 20 25 Kilometer

0 5 10 15 Miles

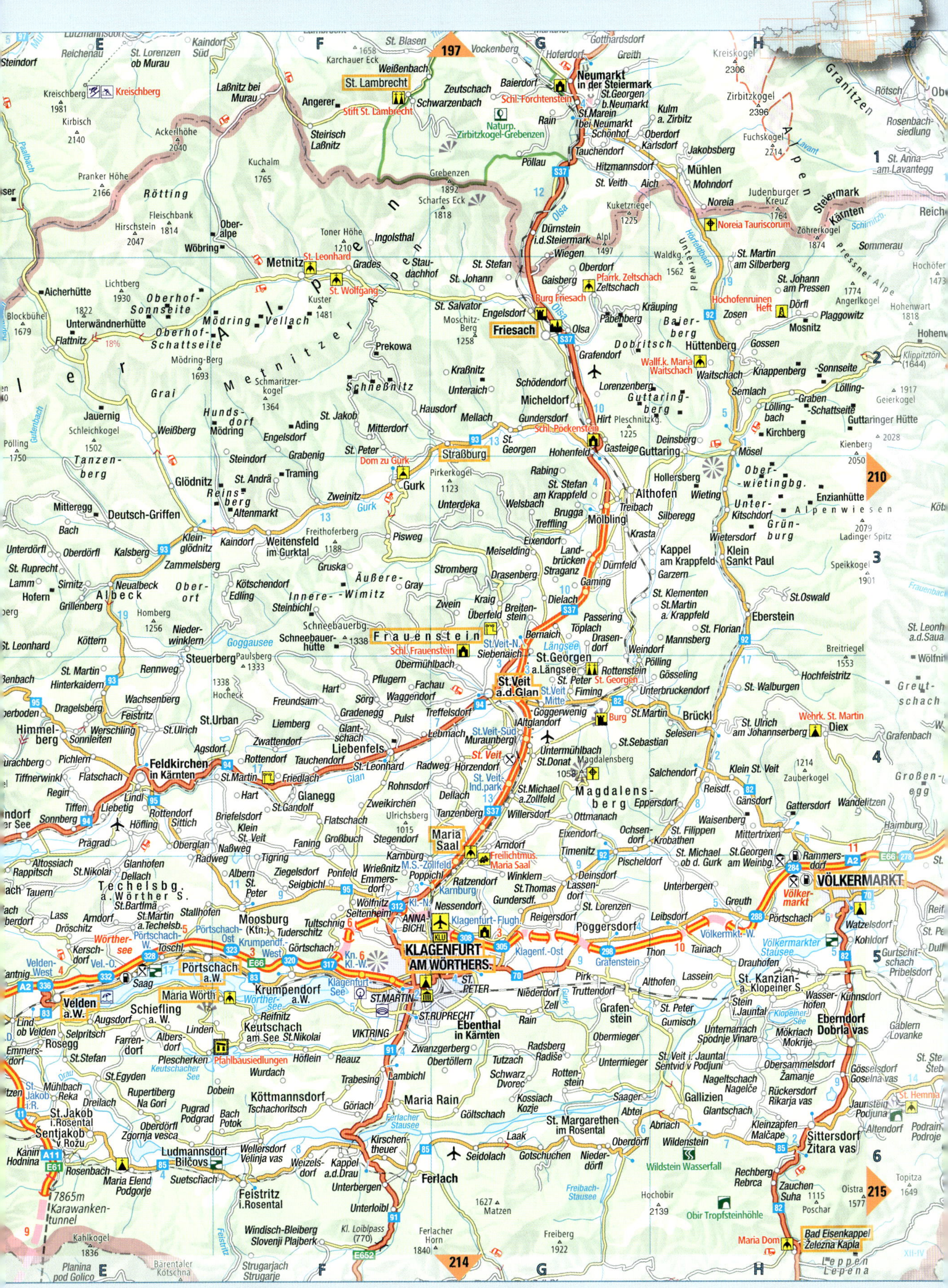

E
F
G
H
197
Reichenau
St. Lorenzen ob Murau
Kaindorf Süd
Steindorf
Karchauer Eck
St. Blasen
Vockenberg
Hoferdorf
Gotthardsdorf
Greith
Kreiskogel 2306
Weißenbach
St. Lambrecht
Stift St. Lambrecht
Schwarzenbach
Zeutschach
Baierdorf
Schl. Forchtenstein
Neumarkt in der Steiermark
St.Georgen b.Neumarkt
St.Marein bei Neumarkt
Kulm a. Zirbitz
Zirbitzkogel 2396
Rötsch
Granitzen
Rosenbach-siedlung
Kreischberg
Kreischberg 1981
Lassnitz bei Murau
Angerer
Steirisch Laßnitz
Naturp. Zirbitzkogel-Grebenzen
Rain
Schönhof
Oberdorf
Karlsdorf
Tauchendorf
Fuchskogel 2214
Kirbisch 2140
Ackerlhöhe 2040
Kuchalm 1765
Pöllau
Jakobsberg
Mühlen
Mohndorf
Noreia
Hitzmannsdorf
St. Veith
Aich
1 St. Anna am Lavanttegg
Pranker Höhe 2166
Rötting
Grebenzen 1892
Scharfes Eck 1818
S37
12
Kuketzriegel 1225
Judenburger Kreuz 1764
Steiermark
Kärnten
Noreia Tauriscorum
Zöhrerkogel 1874
Reich
Fleischbank 1814
Hirschstein 2047
Ober-alpe
Wöbring
Toner Höhe 1210
Ingolsthal
Dürnstein i.d.Steiermark
Wiegen
Alpl 1497
Waldkg. 1562
Sommerau
Pressner Alpe
St. Martin am Silberberg
Metnitz
St. Leonhard
Grades
Staudachhof
St. Stefan
St. Johann
Oberdorf
Gaisberg
Pfarrk. Zeltschach
Zeltschach
Hochöfer 1473
St. Johann am Pressen
Aicherhütte
Lichtberg 1930
Oberhof-Sonnseite
St. Wolfgang
Kuster 1481
Burg Friesach
St. Salvator
Engelsdorf
Moschitz-Berg 1258
Friesach
Olsa
S37
Kräuping
Hochofenruinen Heft
Dörfl
Angerlkogel 1774
Hohenwart 1818
Blockbühel 1679
Unterwändnerhütte
Mödring
Vellach
Oberhof-Schattseite
Flattnitz
18%
Pabenberg
Baierberg
Zosen
Mosnitz
Plaggowitz
Prekowa
Grafendorf
Dobritsch
Hüttenberg
Gossen
Wallf.k. Maria Waitschach
Waitschach
Sonnseite
Klippitztörl (1644)
2
Mödring-Berg 1693
Metnitzer Alpen
Schmaritzer-kogel 1364
Schneßnitz
Kraßnitz
Unteraich
Schödendorf
Lorenzenberg
Guttaring-berg
Knappenberg
Semlach
Lölling-Graben
Lölling
Schattseite
Geierkogel 1917
Grai
Hausdorf
Micheldorf
Hirt
Pleschnitzkg. 1225
Lölling-bach
Kirchberg
Guttaringer Hütte
Jauernig
Schleichkogel 1502
Weißberg
Hunds-dorf
Mödring
Ading
Engelsdorf
St. Jakob
Mitterdorf
Mellach
Gundersdorf
Schl. Pöckenstein
Gasteige
Guttaring
Deinsberg
Mösel
2028
Kienberg 2050
Pölling 1750
Tanzenberg
Steindorf
Grabenig
St. Peter
Dom zu Gurk
Straßburg
St. Georgen
Hohenfeld
210
Obervietingbg.
Pirkerkogel 1123
Rabing
Hollersberg
Wieting
Enzianhütte
Glödnitz
Reinsberg
St. Andrä
Traming
Zweinitz
Gurk
St. Stefan am Krappfeld
Althofen
Unter-Kitschdorf
Grünburg
Alpenwiesen
Mitteregg
Deutsch-Griffen
Altenmarkt
Gurk
13
Unterdeka
Welsbach
Brugga
Treibach
Silberegg
Bach
Klein-glödnitz
Freithoferberg
Pisweg
Treffling
Mölbling
Krasta
Wietersdorf
Ladinger Spitz 2079
Unterdörfl
Oberdörfl
Kalsberg
Kaindorf
Weitensfeld im Gurktal
1188
Eixendorf
Meiselding
Landbrücken
Straganz
Kappel am Krappfeld
Garzern
Klein Sankt Paul
3
St. Ruprecht
Zammelsberg
Gruska
Äußere-Wimitz
Stromberg
Dürnfeld
Speikkogel 1901
Lamm
Simitz
Neualbeck
Albeck
Ober-ort
Kötschendorf
Edling
Innere-Wimitz
Gray
Drasenberg
Gaming
St. Klementen
St. Oswald
Hofern
Grillenberg
Steinbichl
Zwein
Kraig
Dielach
St. Martin a. Krappfeld
Eberstein
19
Homberg 1256
Nieder-winklern
Schneebauerbg.
Überfeld
Breitenstein
S37
Passering
Töplach
St. Leonhard
Köttern
Goggausee
Schneebauer-hütte
1338
Frauenstein
Schl. Frauenstein
Bernaich
Drasendorf
Mannsberg
St. Florian
Breitriegel 1553
St. Leonhard a.d. Saualpe
Wölfnitz
St. Martin
Hinterkaidern
Rennweg
Steuerberg
Paulsberg 1333
Obermühlbach
St.Veit-N.
Siebenaich
St.Georgen a.Längsee
Längsee
Weindorf
Pölling
Gösseling
Hochfeistritz
Eixendorf
1338 Hocheck
Pflugern
Fachau
St. Veit a.d. Glan
St. Peter
St. Georgen
Rottenstein
St. Walburgen
Greutschach
Dragelsberg
Wachsenberg
Hart
Sörg
Waggendorf
St.Veit Mitte
Firning
Unterbruckendorf
Feistritz
Freundsam
Gradenegg
Pulst
Treffelsdorf
Goggerwenig
Burg
St. Martin
Brückl
Himmelberg
Werschling
Sonnleiten
St. Ulrich
St. Urban
Liemberg
Glantschach
Lebmach
St.Veit-Süd
Muraunberg
Altglandorf
St. Sebastian
Selesen
St. Ulrich am Johannserberg
Wehrk. St. Martin
Diex
Grafenbach
Agsdorf
Zwattendorf
Liebenfels
St. Veit
Untermühlbach
St.Donat
Magdalensberg
Pichlern
Feldkirchen in Kärnten
Rottendorf
Tauchendorf
St. Leonhard
Radweg
Hörzendorf
1058
Salchendorf
Klein St. Veit
1214 Zauberkogel
4
Großenegg
Tiffnerwinkl
Flatschach
St.Martin
Friedlach
Glan
St. Veit-Ind.park
St. Michael a.Zollfeld
Magdalensberg
Regin
Lindl
Hart
Glanegg
Rohnsdorf
Dellach
Reisdorf
Gänsdorf
Gattersdorf
Wandelitzen
Tiffen
Liebetig
Rottendorf
St.Gandolf
Zweikirchen
Willersdorf
Ottmanach
Eppersdorf
Sonnberg
Höfling
Sittich
Briefelsdorf
Flatschach
Ulrichsberg 1015
Maria Saal
Ochsendorf
St. Filippen
Waisenberg
Mittertrixen
Haimburg
Prägrad
Oberglan
Klein St. Veit
Faning
Großbuch
Stegendorf
Arndorf
Eixendorf
Krobathen
Timenitz
Pischeldorf
St. Michael ob d. Gurk
St.Georgen am Weinbg.
Rammersdorf
Altossiach
Rappitsch
Glanhofen
Naßweg
Radweg
Tigring
Karnburg
M.S.-Zollfeld
Freilichtmus. Maria Saal
Winklern
Deinsdorf
Unterbergen
Völkermarkt
Tauern
St.Nikolai
Dellach
Techelsberg a.Wörther S.
Ziegelsdorf
Seigbichl
Ponfeld
Wrießnitz
Emmersdorf
Poppichl
Ratzendorf
St.Thomas
Lassendorf
Gundersdf.
St. Bartlmä
St. Lorenzen
Greuth
Leibsdorf
Lass
Arndorf
St.Martin a.Techelsb.
Stallhofen
Moosburg
Tultschnig
Albern
St. Peter
Wölfnitz
Seltenheim
Nessendorf
Reigersdorf
Poggersdorf
Portschach
Watzelsdorf
Dröschitz
Pörtschach-West
Pörtschach-Ost
Tuderschitz
Krumpendf.-West
Görtschach
Klagenfurt-Flugh.
ANNABICHL
KLU
Kohldorf
Kerschdorf
Wörthersee
Toschl
Völkermkt.-W.
Völkermarkter Stausee
Velden-West
Vel.-O.
Pörtschach a.W.
Kn. Kl.-W.
KLAGENFURT AM WÖRTHERS.
Klagenf.-Ost
Thon
Tainach
Gurtschitschach
Pribelsdorf
5
Saag
Grafenstein
Drauhofen
Velden a.W.
Maria Wörth
Krumpendorf a.W.
Klagenfurt See
ST.MARTIN
ST. PETER
Pirk
Truttendorf
Althofen
Lassein
St. Kanzian a. Klopeiner S.
Wasserhofen
Kühnsdorf
Schiefling a.W.
Wörthersee
Niederdorf
Zell
Grafenstein
St. Peter
Stein i.Jauntal
Eberndorf Dobrla vas
Lind ob Velden
Augsdorf
Linden
Reifnitz
Keutschach am See
St.Nikolai
ST.RUPRECHT
Ebenthal in Kärnten
Rain
Gumisch
Klopeiner See
Gablern Lovanke
Selpritsch
Rosegg
Farrendorf
Albersdorf
VIKTRING
Obermieger
Unternarrach Spodnje Vinare
Mökriach Mokrije
Emmersdorf
St.Stefan
Pleschern Keutschacher See
Pfahlbausiedlungen
Höflein
Reauz
Zwanzgerberg
Obertöllern
Radsberg Radiše
Tutzach
Untermieger
St. Veit i. Jauntal Šentvid v Podjuni
Obersammelsdorf Žamanje
St. Stefan
Mühlbach
Reka
St.Egyden
Wurdach
Trabesing
Lambichl
Schwarz Dvorec
Rottenstein
Nageltschach Nagelče
Gösselsdorf Goselna vas
St. Jakob i.R.
Dreilach
Rupertiberg Na Gori
Dobein
Köttmannsdorf Tschachoritsch
Göriach
Maria Rain
Kossiach Kozje
Saager
Gallizien
Rückersdorf Rikarja vas
St. Hemma
St.Jakob i.Rosental
Sentjakob v Rožu
Oberdörfl Zgornja vesca
Pugrad Podgrad
Bach Potok
Ferlacher Stausee
Göltschach
St. Margarethen im Rosental
Abtei
Glantschach
Jaunstein Podjuna
Altendorf
Podrain Podroje
Kirschentheuer
Laak
Abriach
Kleinzapfen Malčape
Sittersdorf Žitara vas
Kanin Hodnina
Rosenbach
Ludmannsdorf Bilčovs
Wellersdorf Velinja vas
Weizelsdorf
Kappel a.d.Drau
Seidolach
Gotschuchen
Niederdörfl
Oberdörfl
Wildenstein
6
Maria Elend Podgorje
Suetschach
Ferlach
Wildstein Wasserfall
Rechberg Rebrca
Zauchen Suha
Topitza 1649
7865m Karawanken-tunnel
Feistritz i.Rosental
Unterbergen
1627 Matzen
Freibach-Stausee
Hochobir 2139
Obir Tropfsteinhöhle
1115 Poschar
Oistra 1577
215
Unterloibl
Kl. Loiblpass (770)
Windisch-Bleiberg Slovenji Plajberk
Kahlkogel 1836
Ferlacher Horn 1840
Freiberg 1922
Maria Dom
Bad Eisenkappel Železna Kapla
Strugarjach Strugarje
Planina pod Golico
Barentaler Kotschna
214
Leppen Lepena
A2
A11
E61
E66
E652
S37
91
92
93
94
95
82
83
85

Maßstab 1:300 000

0 5 10 15 20 25 Kilometer

0 5 10 15 Miles

199
213
E
F
G
H
1
2
3
4
5
6
GRAZ
Weiz
Gleisdorf
Feldbach
Leibnitz
Riegersburg
Bad Gleichenberg
Ehrenhausen a.d. Weinstraße
Mureck
Stubenberg (Steiermark)
Raabklamm
Peggau
Deutschfeistritz
Gratkorn
Straßengel
Seiersberg-Pirka
Feldkirchen b.Graz
Lieboch
Premstätten
Kalsdorf bei Graz
Lannach
Wildon
St.Radegund b.Graz
Kumberg
Eggersdorf b.Graz
Mitterdorf a.d.Raab
Pischelsdorf
Ilz
Hausmannstätten
Heiligenkreuz a.Waasen
Kirchbach-Zerlach
St. Stefan im Rosental
Gnas
Straden
Gralla
Tillmitsch
Gamlitz
Leutschach a.d. Weinstraße
Deutsch Goritz
Halbenrain
Šentilj
Kaiserwald
Thermenland-weinstr.
Südsteir. Weinstr.
Schl. Herberstein
Schl. Kornberg
Schl. Seggau
Grazer Dom

Maßstab 1:300 000

0 5 10 15 20 25 Kilometer

0 5 10 15 Miles

Maßstab 1:300 000

0 5 10 15 20 25 Kilometer

0 5 10 15 Miles

210
212
E
F
G
H
1
2
3
4
5
6
St. Andrä
St. Paul i.Lavanttal
Griffen
Wolfsberg
Koralpe
Koralpenhaus
Steiermark
Kärnten
Koralmbahn (in Bau)
Hollenegg
Schwanberg (Steiermark)
St.Martin i.Sulmtal
Gleinstätten
Wies
Eibiswald
steiermark
NP
Oberhaag
Lavamünd
Neuhaus (Kärnten)
Bleiburg Pliberk
Dravograd
Muta
Vuzenica
Radlje ob Dravi
Kozji Vrh
Podvelka
Kozjak
Drava
Prevalje (Prävali)
Ravne na Koroškem
Mežica
Slovenj Gradec
Pohorje
Ribnica na Pohorju
Črna na Koroškem
Mislinja
Šoštanj
VELENJE
Velenjski Grad
Dobrna
Mozirje
Ljubno ob Savinji
Gornji Grad
Nazarje
Polzela
Šempeter
Žalec
CELJE
Stari grad
Vransko
Tabor
Prebold
Menia
Dobroveljska
Trojane
Slovenske Konjice
Vojnik
Lovrenc na Pohorju
Zreče
Vitanje
Velika Kopa
Rimska nekropole
Novi Klošter
Snežna jama
Soteska Savinje pri Igli
Krajinski park Ponikovski kras
Jama Pekel
A1
E57

A

B

C

D

E

F

G

H

I

J

K

L

M

N

O

P

R

S

REGISTER

BILDNACHWEIS

Abkürzungen:
G = Getty Images
M = Mauritius Images

Cover:
Vorderseite: Creative Travel Projects/Shutterstock.com (Vorderer Gosausee, Salzkammergut); Rückseite: Yevhenii Chulovskyi/Shutterstock.com (Hallstatt, Hallstätter See)

S. 2–3 M/Herwig Czizek, S. 4–5 M/Matthias Pinn, S. 6 M/Andreas Strauß, S. 6 G/Stefan Schurr, S. 6 Look/VWPics, S. 7 grafxart/Shutterstock.com, S. 8–9 Look/Andreas Straufl, S. 12–13 G/Amriphoto, S. 14–15 G/Westend61, S. 16–17 Look/Harald Eisenberger, S. 18 M/Udo Siebig, S. 19 G/Photoposter, S. 19 G/Hans Georg Eiben, S. 19 G/A. Dagli Orti, S. 20 Look/age fotostock, S. 21 Giannis Papanikos/Shutterstock.com, S. 21 G/Imagno, S. 21 G/Gonzalo Azumendi, S. 22 Karl Allen Lugmayer/Shutterstock.com, S. 23 Look/Thomas Stankiewicz, S. 23 Look/age fotostock, S. 23 G/Westend61, S. 24–25 G/Kirill Rudenko, S. 26 Look/VWPics, S. 28–29 Look/Daniel Schoenen , S. 29 kasakphoto/Shutterstock.com, S. 30 Look/Hans Georg Eiben, S. 30–31 G/Richard Bosomworth, S. 32 trabantos/Shutterstock.com, S. 32 M/Klaus Neuner, S. 35 Look/Norbert L. Maier, S. 37 M/Peter Weimann, S. 38 G/Stefan Schurr, S. 40 G/Martin Siepmann, S. 41 Look/Axel Ellerhorst, S. 42 aaddyy/Shutterstock.com, S. 43 Rachel Poirot/Shutterstock.com, S. 43 M/Wolfgang Weinhäupl, S. 44 Look/Andreas Strauß, S. 44 M/Ludwig Mallaun, S. 46 M/Peter Sürth, S. 46 Look/Helmuth Rier, S. 49 M/Ludwig Mallaun, S. 50 M/Wolfgang Veeser, S. 52–53 DT Production/Shutterstock.com, S. 53 trabantos/Shutterstock.com, S. 54–55 G/Cyril Gosselin, S. 55 Look/Jan Greune, S. 57 M/Peter Weimann, S. 57 Look/Wilfried Feder, S. 57 Look/Christian Mueringer, S. 58 M/Go-images, S. 60 Look/Andreas Straufl, S. 62–63 M/Rainer Mirau, S. 63 Look/Rainer Mirau, S. 64 G/Apisak Kanjanapusit, S. 64 Look/Thomas Stankiewicz, S. 66 M/Thomas Haupt, S. 67 Look/Andreas Strauß, S. 68 M/Maria Breuer, S. 68 G/Ellen van Bodegom, S. 69 M/Helmut Meyer zur Capellen, S. 70 Michael Derrer Fuchs/Shutterstock.com, S. 72 M/Spotcatch, S. 74 M/Van der Meer Rene, S. 74 Olimpiu Pop/Shutterstock.com, S. 75 M/Dennis Schmelz, S. 77 M/Andreas Strauß, S. 77 M/Gerhard Wild, S. 77 Look/Andreas Strauß, S. 78 Look/Steffen Hoppe, S. 78 Look/Rainer Mirau, S. 81 M/Manfred Kostner, S. 81 Look/Thomas Stankiewicz, S. 81 G/Sack, S. 82 FooTToo/Shutterstock.com, S. 83 G/ Sergio Parisi, S. 84 Look/Rainer Mirau, S. 86–87 Look/Florian Werner, S. 87 M Nash/Shutterstock.com, S. 87 Look/Heinz Wohner, S. 89 Look/Jan Greune, S. 89 M/Stefan Schurr, S. 90 M/Hans-Peter Merten, S. 90 M/Rainer Mirau, S. 90 G/Ah_fotobox, S. 94 Look/Rainer Mirau, S. 96 Look/Brigitte Merz, S. 96 G/Harald Nachtmann, S. 99 Look/Rainer Mirau, S. 99 Look/Andreas Strauß, S. 99 M/Olga Gajewska, S. 100 M/John Elk III, S. 100 Rudy Balasko/Shutterstock.com, S. 102 M/Fred de Noyelle, S. 103 M/Busse & Yankushev , S. 104–105 M/Stefan Obermeier, S. 106 Look/age fotostock, S. 108 M/Karl Allen Lugmayer, S. 108 U. Eisenlohr/Shutterstock.com, S. 109 M/imageBROKER, S. 110 M/Volker Preusser , S. 110 M/Ernst Weingartner, S. 111 M/Manfred Glueck, S. 112 M/Chromorange, S. 115 Look/Rainer Mirau, S. 115 M/Norbert Eisele-Hein, S. 118 M/Martin Siepmann, S. 120–121 M/Nave Orgad, S. 121 M/Christian Handl, S. 121 M/Ernst Weingartner, S. 123 M/Bruno Kickner, S. 123 Look/Andreas Straufl, S. 124 Look/Rainer Mirau, S. 124 M/Paul Williams – Funkystock, S. 124 Look/Rainer Mirau, S. 127 Karl Allen Lugmayer/Shutterstock.com, S. 127 M/Martin Siepmann, S. 128 M/Volker Preusser , S. 130 M/Thomas Aichinger, S. 132 M/Jacek Nowak, S. 132 grafxart/Shutterstock.com, S. 134–135 Look/Iris Kürschner , S. 134–135 M/Edwin Stranner, S. 136–137 Look/Tobias Richter, S. 140 G/Magobert, S. 142–143 G/Mauro grigollo, S. 143 Wirestock Creators/Shutterstock.com, S. 145 G/Mystockimages, S. 145 M/imageBROKER, S. 145 M/Martin Siepmann, S. 146-147 Look/Andreas Straufl, S. 148 Look/Ingolf Pompe, S. 149 M/Edwin Stranner, S. 150 Look/Franz Suflbauer, S. 152 yorgil/Shutterstock.com, S. 154 M/Stefan Hefele, S. 155 ddisq/Shutterstock.com, S. 155 G/Hans Georg Eiben , S. 156 Look/ClickAlps, S. 156 M/Günter Lenz, S. 158 M/Dr. Wilfried Bahnmüller, S. 158 G/Martin Siepmann, S. 159 G/Goran-Stimac, S. 160 M/Volker Preusser, S. 161 M/Martin Siepmann, S. 162 Przemek Iciak/Shutterstock.com, S. 164 Wirestock Creators/Shutterstock.com, S. 164 M/Volker Preusser, S. 165 Look/Thomas Stankiewicz, S. 166 Look/Franz Marc Frei, S. 168 Look/Manuel Bischof, S. 170 M/Volker Preusser, S. 170 Michael Schroeder/Shutterstock.com, S. 172-173 M/Matthias Pinn

IMPRESSUM

© 2024 Kunth Verlag, München –
MAIRDUMONT GmbH & Co. KG, Ostfildern
Kistlerhofstraße 111
81379 München
Telefon +49.89.45 80 20-0

www.kunth-verlag.de
info@kunth-verlag.de

ISBN 978-3-96965-178-0
1. Auflage

Printed in Italy

Verlagsleitung: Grit Müller
Redaktion: Stefanie Schuhmacher
Lektorat: Isabel Rößler
Gestaltung: Ulrike Lang
Text: Susanne Lipps, Sibylle von Kapff, Andrea Lammert, Heiner Newe, Stephanie Fischer, Peter Schmitz, Stephan Fennel, Snežana Šimičić, Thomas Krämer
Kartografie: © MAIRDUMONT GmbH & Co. KG, Marco-Polo-Straße 1, D-73751 Ostfildern